Schräder-Naef · Rationeller Lernen lernen

Regula Schräder-Naef

Rationeller Lernen lernen

Ratschläge und Übungen für alle Wißbegierigen

18. Auflage

Beltz Verlag · Weinheim und Basel

Über die Autorin:

Regula Schräder-Naef studierte Psychologie in Zürich und Richmond (USA). Sie leitet die Dienststelle für Erwachsenenbildung im Kultusministerium des Kantons Zürich und führt Kurse über Lern- und Arbeitstechniken in Deutschland und der Schweiz durch.
Im Beltz Verlag veröffentlichte sie u.a. »Lerntraining für Erwachsene«, die Lernhilfe »Der Lerntrainer für die Oberstufe«, die Ratgeber »Keine Zeit?« und »Informationsflut« und den Band »Schüler lernen Lernen« in der Reihe Beltz Praxis.

1. Auflage 1971
14. Auflage 1988 (133.–140. Tsd.)
18. Auflage 1994 (170.–182. Tsd.)

Lektorat: Ingeborg Strobel

© 1971 Beltz Verlag · Weinheim und Basel
Herstellung: Ute Jöst Publikations-Service, Weinheim
Satz (DTP): Satz- und Reprotechnik GmbH, Hemsbach
Druck: Druckhaus Beltz, Hemsbach
Umschlaggestaltung: Bernhard Zerwann, Bad Dürkheim
Printed in Germany

ISBN 3-407-36316-8

Inhaltsverzeichnis

Vorwort zur 18. Auflage

Seit vielen Jahren schon erklären Lehrerinnen und Lehrer aller Stufen, daß Kinder und Jugendliche vor allem andern das Lernen lernen sollten. Heute ist diese Forderung aktueller denn je. Wir sprechen von einer Wissensexplosion in allen Bereichen und von der uns alle umgebenden Informationsflut. Eine gute Erstausbildung genügt nicht mehr. Die Veränderungen der Arbeitswelt zwingen Erwachsene in allen Berufen zur ständigen Weiterbildung. Damit wird die Fähigkeit zum selbständigen Lernen zur wichtigen Schlüsselqualifikation.

Eine systematische Neubearbeitung dieses Buches war mir aus verschiedenen Gründen ein Anliegen: Beim Schreiben der Erstauflage vor über 20 Jahren mußte ich noch vorwiegend auf amerikanischer Literatur aufbauen; in der Zwischenzeit haben sich auch in Europa viele Untersuchungen mit neuen, effizienten Lernmethoden befaßt und es liegt ein breites Spektrum von Ergebnissen vor. In manchen Bereichen (Hirnforschung, Speichersysteme, Informationstechnologie u.a.) wurden beträchtliche Fortschritte erzielt, fanden Kongresse und ein systematischer Austausch der Erkenntnisse statt.

Während die erste Ausgabe dieses Buches das Thema neu aufgriff und es deshalb auch möglichst breit behandelt werden mußte, sind in der Zwischenzeit zahlreiche andere Bücher erschienen, für verschiedene Altersgruppen und für bestimmte Themenbereiche. In der vorliegenden Neubearbeitung konnte ich das Buch gezielter auf die Probleme und Bedürfnisse von Studentinnen und Studenten und Erwachsener in Aus- und Weiterbildung ausrichten.

Neu einbezogen wurden neben den erwähnten Forschungsergebnissen vor allem jene Bereiche der Lerntechnik, in denen Computer heute wichtige Hilfsmittel sind: Datenbanken, Literaturverarbeitung, Informationssuche.

Zürich, Januar 1994   Regula Schräder-Naef

Vorwort zur 1. Auflage

Den ersten Anstoß zu diesem Buch erhielt ich bei der Auswertung einer Umfrage, die in verschiedenen Gymnasien durchgeführt wurde. Auf die Frage nach den Ursachen einer Überlastung der Mittelschüler antworteten nämlich die meisten Lehrer, daß vor allem eine richtige Arbeitstechnik fehle.

Unsere Untersuchungen bei Schülern und Studenten zeigten sodann, daß unrationelle Lernmethoden weit verbreitet sind.

Beauftragt, Kurse über die Technik der geistigen Arbeit durchzuführen, begann ich mit der Durchsicht der Literatur. Dabei fiel mir auf, daß zwar im englischen Sprachbereich zahlreiche Texte zu diesem Thema existieren, die Auswahl der deutschsprachigen Bücher aber recht klein ist. Viele Werke sind zudem auf ganz bestimmte Fragestellungen zugeschnitten.

Aus der erfolglosen Suche nach einem Werk, das ganz allgemein die Probleme der persönlichen Arbeitstechnik behandelt, konkrete, realisierbare Ratschläge gibt, entstand der Gedanke, selbst alle wichtigen Aspekte zusammenzutragen.

Das vorliegende Buch ist über weite Strecken eine Literaturarbeit. Ich habe die Erkenntnisse und Hinweise verschiedener Richtungen (Lernpsychologie, Motivationsforschung, Gruppendynamik, Arbeitsphysiologie, Lesetechnik usw.) einbezogen und teilweise durch eigene Untersuchungen und Erfahrungen ergänzt. Für genauere Informationen über die einzelnen Spezialgebiete sei auf die im Literaturverzeichnis aufgeführten Werke verwiesen.

Was dieses Buch von andern unterscheidet, sind die Übungen, die zu den einzelnen Kapiteln gehören. Damit fordert es den Leser zur Auseinandersetzung und zur eigenen Aktivität auf.

Es wendet sich an alle Schüler der Oberstufe, die ihre Aufgaben, ihre freie Zeit von Anfang an systematisch organisieren und nicht erst schlechte Gewohnheiten aufkommen lassen wollen; an Studenten, die sich bisher auf irgendeine Weise beholfen haben, aber unter dem Eindruck stehen, daß ihre Arbeitsweise wirkungsvoller gestaltet werden könnte; an Berufstätige, die sich auf einem Gebiet weiterbilden möchten und deshalb zur Schulbank zurückkehren und die von dieser Zeit soviel wie möglich profitieren wollen;

sowie an alle anderen Leute, die Kurse besuchen, Bücher lesen, Arbeiten schreiben, ihre tägliche Arbeitszeit frei gestalten können.

Die Untersuchungen über die Arbeitstechnik der Mittelschüler und Studenten und die Arbeit an diesem Buch im Rahmen meiner Tätigkeit am Institut für Arbeitspsychologie der ETH wurden ermöglicht durch den Schweiz. Nationalfonds zur Förderung der wissenschaftlichen Forschung. Anregungen und Unterstützung erhielt ich von Herrn Prof. Dr. Hardi Fischer, wofür ich ihm herzlich danken möchte. Besonderer Dank gebührt Herrn Christoph Perret für seine Ideen und seine aktive Mithilfe sowie Herrn Hans K. Fischer und Herrn Antonio Suarez für das Durchlesen des Manuskripts.

Zürich, Dezember 1970   Regula D. Naef

Einführung

1. Wer muß das Lernen lernen?

Schulen aller Stufen bis hin zur Erwachsenenbildung betonen, daß die Fähigkeit, selbständig und eigenverantwortlich lernen zu können, in der heutigen Zeit als Schlüsselqualifikation zu bezeichnen ist. Mit dem raschen Wandel der beruflichen Anforderungen und dem immensen Informationszuwachs wird immer deutlicher, daß auf keiner Stufe mehr nur Kenntnisse vermittelt werden können, sondern vor allem Grundlagen für ein ständiges Weiterlernen gelegt werden müssen.

Lernen ist ein sehr komplexer Begriff. Er bezeichnet sowohl das Auswendiglernen, den Erwerb bestimmter Fertigkeiten, die Erweiterung von Kenntnissen, die Anwendung von Gelerntem als auch das Gewinnen von Erkenntnissen, Schlüsse ziehen aus Beobachtungen und Erfahrungen, Verstehen von Zusammenhängen.

Lernen, ob gezielt oder beiläufig, begleitet den Menschen durchs ganze Leben, ist eine Grundforderung in allen Kulturen und allen Altersstufen: Wir alle können uns neuen Situationen und Anforderungen anpassen, Erfahrungen ordnen, Ergebnisse interpretieren, einmal gemachte Fehler oder Irrwege vermeiden. Aber auch wenn jeder Mensch über eine immense angeborene Lernfähigkeit verfügt, gibt es sehr große individuelle Unterschiede.

Nach Ansicht vieler Lehrer sind Schulschwierigkeiten, schlechte Noten von Schülerinnen und Schüler aller Stufen vor allem darauf zurückzuführen, daß die Betreffenden nicht gelernt haben zu lernen. Aber auch jene, die ein Gymnasium durchlaufen, ihr Abitur gemacht und in eine Universität eingetreten sind, verfügen nicht unbedingt über optimale Lernmethoden: Manche verschwenden viel Zeit, geraten vor Prüfungen in Dauerstreß und schneiden dennoch häufig schlechter ab als andere.

In manchen Fächern brechen über die Hälfte der Studierenden ihr Studium vorzeitig ab, viele andere kommen auf überlange Studienzeiten, vor allem in den nicht klar strukturierten Studiengängen. Die psychologischen Beratungsstellen der Universitäten sind fast so überlaufen wie die Seminare: Prüfungsangst, Lern- und Arbeitsschwierigkeiten und mangelndes Selbstwertgefühl sind die häufigsten Probleme und führen oft genug zum Studienabbruch.

Nicht unbegabte oder faule Studenten suchen am meisten Hilfe, sondern vor allem ehrgeizige, die unter Prüfungsangst leiden, Angst vor Blockaden haben.

Natürlich sind viele Faktoren für den Studienerfolg von Bedeutung, gute Lernmethoden alleine können den Erfolg nicht garantieren: Überfüllte Universitäten, Konkurrenzdruck, schlechte Dozenten belasten die Studierenden: In einer Umfrage erklärte nur eine Minderheit der Studierenden, daß sie während der Vorlesungen fachlich viel lernen; viele verneinten die Frage, ob die besuchte Veranstaltung ihr Interesse am Fach gefördert und Zusammenhänge verdeutlicht habe. Noch weniger antworteten, sie hätten Anregungen erhalten, sich tiefer mit dem Stoff zu befassen, oder gar gelernt, wie man in ihrem Fach wissenschaftlich arbeitet. Aus Hilflosigkeit und mangelnder Übersicht schreiben sie alles mit, ohne zu wissen, was sie eigentlich wollen.

Entsprechend den verschiedenen Begriffen und Definitionen von Lernen fallen auch die Ratschläge zur Verbesserung der Lerntechnik aus. In den Schulen liegt der Schwerpunkt nach wie vor auf der mündlichen Übermittlung von Wissen und dem Lernen aus Textbüchern. Viele Lernstrategien gehen denn auch vor allem dahin, wie besser auswendig gelernt werden kann.

Als gute Lernmethoden werden in diesem Buch vor allem Strategien bezeichnet, die den Lernenden die selbständige Auseinandersetzung mit Wissensstoff, die eigenverantwortliche Weiterbildung ermöglichen. Mit guten Lernmethoden sind Studierende weniger von der Kompetenz und den didaktischen Fähigkeiten der Dozenten abhängig, sie verfügen über mehr Möglichkeit, selbständig zum eigenen Lernziel zu kommen.

Es geht nicht darum, wie ein vorgegebener Stoff möglichst ohne eigenen Aufwand in das Gehirn des Lernenden gepflanzt wird, sondern vielmehr um Hinweise, wie selbständig gelernt werden kann und Lernen dabei auch befriedigend und in Übereinstimmung mit den eigenen Bedürfnissen erfolgen kann. Am wichtigsten ist dabei, eigene Fragen wahrnehmen und ihnen nachgehen zu können.

Sinnvolle Lernstrategien helfen vor allem Zeit sparen. Statt beispielsweise das gleiche Buch fünfmal lesen zu müssen, weil wir den Inhalt immer wieder vergessen, können wir uns einer guten Lesemethode bedienen, das Wesentliche klarer erkennen und länger behalten.

Die hier dargelegten Lernmethoden stammen aus verschiedenen Quellen:

● Manche Methoden sind das Resultat von gezielten Untersuchungen und langjährigen Erfahrungen. Dies gilt beispielsweise für die Lese- oder die Notizentechniken.

● Andere ergeben sich aus der praktischen Anwendung der Ergebnisse verschiedener Wissensgebiete: So haben Lernpsychologen, Hirnforscher, Arbeitsphysiologen und Pädagogen dazu beigetragen, bessere Bedingungen für das selbständige Lernen zu schaffen.

- Untersuchungen zeigen, daß sich die Strategien von Schülerinnen und Schülern mit guten und solchen mit schlechten Schulleistungen im Unterricht und bei der Auseinandersetzung mit neuen Inhalten deutlich unterscheiden. Guter Schulerfolg bedeutet jedoch nicht, daß die Lernenden über optimale Methoden und eigene Ziele verfügen. Viele von ihnen entwickeln verschiedene Strategien, mit denen sie den Erwartungen der Schule genügen können, ohne sich wirklich mit dem Lehrstoff auseinandersetzen zu müssen.

Schülerinnen und Schüler eignen sich eine bestimmte Arbeitsweise im Laufe ihrer Schulzeit an und stellen sie nachher kaum mehr in Frage. Sie kommen gar nicht auf die Idee, daß sie ein Buch auch auf andere Weise lesen, ihre Notizen auch übersichtlicher gestalten könnten. Der Amerikaner F. Robinson, der seine Studienhilfe schon in den 50er Jahren veröffentlichte, zieht dazu einen hübschen Vergleich: Nichtschwimmer, die ohne Anleitung einfach ins Wasser geworfen werden, paddeln und rudern nach Hundeart und können damit im Laufe der Zeit auch recht gut vorankommen. Gegenüber anderen Schwimmern, die einen Stil systematisch gelernt haben, sind sie jedoch chancenlos. Die modernen Schwimmstile wurden nicht entwickelt, indem man gute und schlechte »Hundeschwimmer« miteinander verglich, sondern durch wissenschaftliche Forschungen über Wasserwiderstand, ökonomischen Einsatz der Muskelkraft usw.

Auch beim Schwimmen hilft allerdings das Wissen um gute Techniken nicht viel, wir müssen trainieren und schlechte Gewohnheiten ablegen.

Es gibt mittlerweile eine Fülle von Untersuchungen, die die Auswirkungen gezielter Trainings auf die Lernleistungen oder die Noten prüfen. Erhalten ganze Klassen Einführungen in Lernstrategien, sind meist keine eindeutigen Ergebnisse zu finden: Ohne Not stellen sich Schüler nicht um, viele haben eigene gute Lernstrategien entwickelt, die zu befriedigenden Ergebnissen führen. Die besten Ergebnisse bringen gezielte Lernstrategieprogramme bei Lernenden, die diese Hilfe selbst suchen. Dabei genügt es nicht, lediglich Lernstrategien ohne das entsprechende Grundwissen zu vermitteln; die Lernenden wenden sonst nur vorübergehend diese Vorgehensweisen an und kehren dann zu ihren ineffizienten, aber vertrauten Methoden zurück. Verhaltensänderungen setzen Verständnis für die Zusammenhänge voraus.

Nicht für alle ist das gleiche Vorgehen zu empfehlen. Ein wesentliches Anliegen dieses Buches ist es, Sie anzuregen, Ihre Methoden auf ihre Wirksamkeit zu überprüfen.

Die Verwendung sinnvoller Lern- und Arbeitsmethoden ist auf der anderen Seite nicht nur für Schüler und bei der Aneignung von Schulstoff empfehlenswert. Besondere Wichtigkeit gewinnen diese Techniken beim selbständigen Arbeiten zu Hause, bei der Weiterbildung im Beruf, bei der Einarbeitung in neue Gebiete und Auseinandersetzung mit neuen Informationen. Eine gute Arbeitstechnik hilft uns, die *von uns* gesteckten Lernziele leichter zu erreichen, unsere Zeit so zu gestalten, wie es unseren Bedürfnissen am ehesten entspricht, Informationen kritisch zu bewerten, einen Überblick über große Stoffgebiete zu behalten.

Es gibt viele Ursachen für Schulschwierigkeiten. Eine der wichtigsten ist die fehlende Motivation: Wer nicht einsieht, wozu er neues Wissen erwerben soll, wird auch Hinweisen zur Verbesserung der Lerntechnik kein Interesse entgegenbringen.

Die Möglichkeiten und Grenzen eines Lerntrainings müssen deshalb realistisch gesehen werden. Die in diesem Buch beschriebenen Methoden können Ihnen helfen, die Hindernisse zu überwinden, die in Ihrem eigenen Verhalten liegen, und dadurch Ihre Lernziele schneller und besser zu verwirklichen – Voraussetzung dafür ist, daß Sie solche Ziele haben.

2. Aufbau

2.1   Arbeiten mit diesem Buch

In letzter Zeit haben sich viele Untersuchungen mit Lernmethoden befaßt, haben auch viele Privatschulen und Nachhilfelehrer diesen Markt entdeckt und bemühen sich, ihre Schüler gut auf künftige Lernanforderungen vorzubereiten. Mit der steigenden Notwendigkeit für jedermann, sich umzuorientieren, immer mehr Zeit in Aus- und Weiterbildung zu investieren, steigt auch die Zahl der Angebote, die Abkürzungen versprechen, müheloses Lernen und phantastische Gedächtnisleistungen. Dieses Buch verspricht dies nicht. Niemand kann für uns lernen – wir müssen es selbst tun und dabei zumindest mitentscheiden, wie und was wir lernen wollen.

Um die praktische Anwendung zu erleichtern, sind dem Buch Übungen beigegeben. Sie haben so Gelegenheit, die allgemeinen Hinweise zu prüfen und auf Ihre eigenen Verhältnisse zu übertragen. Die meisten Übungen sind direkt zwischen die einzelnen Textstellen geschaltet oder folgen am Ende des Kapitels. Alle Kontrollfragen zu den Lesetests und ihre Auflösungen befinden sich im Anhang am Schluß des Buches.

Das Buch ist im quadratischen Format und weist breite Ränder auf. Nutzen Sie diese, um Ihre Auseinandersetzung sichtbar zu machen: Schreiben Sie, wo Sie einverstanden sind und wo nicht, wo Ihnen noch Informationen fehlen, Ihre Bemerkungen, Fragen, Ergänzungen.

Wenn Sie das Buch ernsthaft durcharbeiten wollen, nehmen Sie sich Zeit dafür. Lesen Sie pro Tag höchstens ein Kapitel, setzen Sie sich mit dem Inhalt auseinander und führen Sie die Übungen durch.

Die Hinweise und Aufforderungen zu Übungen sind durch Einrahmungen und ein Symbol in der Randspalte gekennzeichnet. Sollten Sie an den Übungen nicht interessiert sein und nur die theoretischen Ausführungen und Ratschläge zur Kenntnis nehmen wollen, überspringen Sie beim Lesen einfach alles Eingerahmte mit Übungssymbol. Lehrer, die diesen Ratgeber als Leitfaden für Kurse über Arbeitstechnik benützen, seien zudem auf das im gleichen Verlag erschienene Lehrerhandbuch (R. Schräder-Naef) Schüler lernen Lernen verwiesen.

2.2 Aufbau des Stoffes

Lern- und Arbeitstechniken umfassen zahlreiche Tätigkeiten. Die Ratschläge und Informationen stammen aus verschiedenen Wissensgebieten. Es ließ sich nicht vermeiden, daß Zusammenhängendes auseinandergerissen, Verbindungen zerstört wurden. Durch Benützung des Inhaltsverzeichnisses und ein vorheriges Vertrautmachen mit dem Aufbau können Sie die gewünschten Informationen dennoch finden. Ständige Hinweise auf Querbeziehungen sollen zudem das nachträgliche Zusammenfügen der einzelnen Abschnitte erleichtern.

Ganz an den Anfang wurde das Kapitel über schnelleres und besseres Lesen gestellt. Dies geschah in der Absicht, Ihnen die sofortige Anwendung der Techniken beim Durcharbeiten des Buches zu ermöglichen. Das gleiche gilt für das Kapitel über Zusammenarbeit: Die Spielregeln für Diskussions- und Lerngruppen können bei der Bearbeitung des Buches angewandt werden, falls einige Kollegen beschließen, sich gemeinsam mit den Problemen der Arbeits- und Lerntechnik auseinanderzusetzen.

Das Kapitel über Lernpsychologie dient als Leseübung und faßt einige Forschungsergebnisse zusammen, die für die Gestaltung des Lernens von Bedeutung sind. Die für die geistige Arbeit wichtigsten Ergebnisse verschiedener Wissensgebiete (Motivation, Konzentration, Arbeitsphysiologie) sind im Kapitel »Innere Voraussetzungen« zusammengefaßt. Das Kapitel »Äußere Bedingungen« zeigt, wie man sich am besten einrichtet, zurechtfindet, organisiert.

Der Problemkreis »Aufnehmen und Weitergeben von Wissen« behandelt die mündliche Übermittlung von Wissen und geht auf zwei Ausnahmesituationen ein: das Vorbereiten einer größeren Arbeit und das Lernen für Prüfungen.

Das Buch enthält somit ein weites Spektrum von Themen. Nicht für alle Lesenden werden alle Punkte gleichermaßen aktuell sein. Vieles mag Ihre Arbeit kaum berühren, anderes erst zu einem späteren Zeitpunkt von Interesse sein. Lesen Sie diese Hinweise daher nicht einfach Seite für Seite, sondern lassen Sie sich von Ihren jeweiligen Bedürfnissen und Problemen leiten.

Anschließend an dieses Kapitel finden Sie einen Fragebogen (S. 21–24) über die persönliche Arbeitstechnik, wie er in ähnlicher Form bereits für viele Untersuchungen an Universitäten, Fachhochschulen und Gymnasien verwendet wurde. Sämtliche Fragen können mit Ja oder Nein beantwortet werden; kreuzen Sie das entsprechende Kästchen an. Auf diese Weise können Sie sich klar werden, wo Ihre Probleme liegen. Jeder Punkt wird im Laufe des Buches einmal zur Sprache kommen. Kontrollieren Sie dann Ihre Antwort, überlegen Sie sich, ob Ihre Arbeitsweise optimal ist oder wo Verbesserungen ansetzen müssen. Dann wird dieses Buch auch Ihnen helfen, Ihre Arbeitstechniken Ihren Bedürfnissen anzupassen.

Fragebogen zur persönlichen Arbeitstechnik

	Ja	Nein
1) Lernen Sie gewöhnlich jeden Tag am gleichen Ort?	☐	☐
2) Gibt es etwas auf Ihrem Arbeitstisch, das Sie vom Lernen oder Arbeiten ablenken könnte?	☐	☐
3) Wenn Sie beim Lesen auf ein Wort stoßen, das Sie nicht kennen, schlagen Sie es gewöhnlich im Wörterbuch nach?	☐	☐
4) Halten Sie bei der Lektüre eines Fachbuches die Hauptpunkte in Ihren Notizen fest?	☐	☐
5) Fühlen Sie sich der Rolle eines Diskussionsleiters gewachsen?	☐	☐
6) Wenn Sie sich auf eine Prüfung vorbereiten, versuchen Sie, soviel wie möglich von Ihrem Lehrbuch auswendig zu lernen?	☐	☐
7) Überprüfen Sie manchmal Ihre Arbeit, um herauszufinden, wo Ihre schwachen Punkte liegen?	☐	☐
8) Wenn Sie bei einem Vortrag Notizen machen, schreiben Sie gewöhnlich so schnell Sie nur können?	☐	☐
9) Wenn Sie freiwillig einen Fachvortrag besuchen, machen Sie sich auf jeden Fall Notizen?	☐	☐
10) Wenn Sie eine Vorlesung besuchen, in der keine Untertitel gegeben werden, strukturieren Sie den Stoff selbst durch solche Untertitel?	☐	☐
11) Wissen Sie am Anfang einer Woche, welche Stunden Sie der Arbeit und welche der Erholung widmen werden?	☐	☐
12) Kommt es vor, daß Sie sich beim Lesen von Büchern Notizen machen oder Zeitungsausschnitte aufbewahren, wenn Sie auf etwas stoßen, das für ein Fachgebiet interessant sein könnte?	☐	☐
13) Besuchen Sie regelmäßig nur Lehrveranstaltungen aus Ihren Fachgebieten?	☐	☐
14) Reagieren Sie beleidigt, wenn es Ihnen in Diskussionen nicht gelingt, andere von Ihrer Meinung zu überzeugen?	☐	☐
15) Treiben Sie regelmäßig (wöchentlich mindestens einmal) Sport?	☐	☐
16) Fällt es Ihnen schwer, in einer größeren Gruppe zu sprechen und Ihre Meinung zu vertreten?	☐	☐

	Ja	Nein
17) Wenn Sie lernen wollen, brauchen Sie dann längere Zeit, bis Sie sich hinsetzen und wirklich beginnen?	☐	☐
18) Werden Sie mit Ihren Arbeiten normalerweise rechtzeitig fertig?	☐	☐
19) Versuchen Sie, im Hörsaal in den hinteren Bankreihen zu sitzen?	☐	☐
20) Überfliegen Sie ein Kapitel eines Fachbuches zuerst, bevor Sie es genau lesen?	☐	☐
21) Gehen Sie beim Lesen gern über graphische Darstellungen und Tabellen hinweg?	☐	☐
22) Halten Sie alle Notizen für ein Fach zusammen (z.B. in einem Ordner)?	☐	☐
23) Fertigen Sie selbst einfache Zeichnungen, Diagramme und Tabellen an, um für sich den gelesenen Wissensstoff zusammenzufassen?	☐	☐
24) Haben Sie Mühe, sich schriftlich auszudrücken?	☐	☐
25) Bereiten Sie sich bis spät in die Nacht auf eine Prüfung vor?	☐	☐
26) Haben Sie auf Ihrem Arbeitstisch einen freien, unbelegten Platz von ungefähr 100 × 50 cm?	☐	☐
27) Leiden Sie unter Prüfungsangst?	☐	☐
28) Finden Sie sich in großen Bibliotheken zurecht?	☐	☐
29) Schlafen Sie genug?	☐	☐
30) Können Sie mit einem Textverarbeitungsprogramm umgehen?	☐	☐
31) Wissen Sie, welches die besten Informationsquellen für Ihre Bedürfnisse sind?	☐	☐
32) Kennen Sie Ihren Lernstil?	☐	☐
33) Kommt es vor, daß Sie bei einem Vortrag den Faden verlieren, weil Sie zu sehr mit Ihren Notizen beschäftigt sind?	☐	☐
34) Arbeiten Sie lieber mit begleitender Radio- oder Schallplattenmusik?	☐	☐

	Ja	Nein
35) Kommt es öfter vor, daß Sie einen großen Teil einer Vorlesung ganz in Gedanken bei etwas anderem verbringen?	☐	☐
36) Arbeiten Sie manchmal im Team mit Kollegen?	☐	☐
37) Haben Sie das Gefühl, Sie seien überlastet?	☐	☐
38) Liegen an Ihrem Arbeitsplatz alle Hilfsmittel (Schreib- und Zeichenutensilien, Papier, Nachschlagewerke usw.) an ihrem festen Platz bereit?	☐	☐
39) Wenn Sie mehrere Stunden hintereinander arbeiten, schalten Sie gewöhnlich mehrere Pausen ein?	☐	☐
40) Wenn Sie in einer Vorlesung etwas nicht verstehen, melden Sie sich mit Ihren Fragen?	☐	☐
41) Sind Sie der Meinung, daß es Ihnen gelingt, in Ihren Notizen das Wesentliche einer Vorlesung zu erfassen?	☐	☐
42) Bringen Sie während einer Vorlesung Ihre Meinung und Gegenargumente vor?	☐	☐
43) Gehen Sie Ihre Notizen gewöhnlich am gleichen Tag nochmals durch?	☐	☐
44) Wenn Sie für eine Prüfung lernen, versuchen Sie aufgrund Ihrer Notizen selbst Prüfungsfragen zu formulieren?	☐	☐
45) Setzen Sie sich öfters konkrete Ziele beim Lernen einzelner Wissensstoffe (z.B. Beherrschen eines bestimmten Vokabulars, bestimmter Gesetzmäßigkeiten oder Gebiete bis Ende der Woche)?	☐	☐
46) Prüfen Sie gelegentlich, ob Sie die gesetzten Ziele erreicht und Ihre Vorsätze ausgeführt haben?	☐	☐
47) Stehen Sie normalerweise früh genug auf, um in Ruhe Ihre Morgentoilette durchführen und frühstücken zu können?	☐	☐
48) Lassen Sie sich leicht von persönlichen Problemen oder von Tagesereignissen vom Lernen und Arbeiten abhalten?	☐	☐
49) Kommt es oft vor, daß Sie eine ganze Seite lesen, ohne etwas vom Inhalt aufzunehmen?	☐	☐
50) Haben Sie ein gutes Gedächtnis?	☐	☐

Selbstdiagnose: Welches sind meine größten Lernprobleme?

✎ _____

_____

_____

_____

_____

_____

Welche Gewohnheiten will ich ändern?

✎ _____

_____

_____

_____

_____

_____

_____

Grundlagen
für die Lernarbeit

1. Bevor Sie beginnen – lernen Sie lesen

Natürlich können Sie bereits lesen, sonst würden Sie dieses Buch kaum in Händen halten. Obwohl jedoch in den meisten Studienfächern sehr viel mit schriftlichem Material gelernt wird, erfolgt in den Schulen keine gezielte Vorbereitung auf Techniken der Textverarbeitung. Vielmehr gehen Lehrer davon aus, daß die Schüler dies automatisch lernen. Von Studierenden wird erwartet, daß sie die inhaltlichen Zusammenhänge in anspruchsvollen Lehrbüchern verstehen und selbständig Schlüsse daraus ziehen können. Die Wahrscheinlichkeit ist aber groß, daß Sie mit Ihrem Leseverhalten nicht vollauf zufrieden sind. Die meisten Erwachsenen haben mit einer oder mehreren der folgenden Schwierigkeiten zu kämpfen:

● Das Lernen und *Weiterbilden durch die Lektüre von Fachbüchern* erweist sich oft als mühsam. Dies trifft besonders auf die – leider zahlreichen – Bücher zu, die in schwer verständlichem Fachjargon geschrieben sind. Aber auch bei gut aufgebauten Texten fällt es vielen Lesern schwer, die wesentlichen Inhalte zu erkennen, in die richtigen Zusammenhänge einzuordnen, zu behalten und (beispielsweise bei Prüfungen) wiederzugeben.

● Vielen Lesern fehlt die *kritische Distanz* zur Lektüre – sie nehmen allzu gutgläubig auf, was schwarz auf weiß gedruckt ist. Die Unterscheidung, was sachliche Information, erhärtete Tatsachen und was persönliche Meinung oder eine Hypothese des Verfassers ist, wird dem Leser oft nicht leichtgemacht, das *kritische* Lesen in der Schule wohl auch zu wenig geübt.

● Oft besteht das Hauptproblem darin, mit der *Fülle der gedruckten Informationen fertig zu werden*. Viele Berufstätige stapeln die ungelesenen Fachzeitschriften immer höher – stets in Erwartung der Mußezeiten, während deren alles bewältigt wird. Neben einer bewußten Zeiteinteilung (s. S. 146) geht es hier einerseits um eine gezielte Auswahl, andererseits um eine *Steigerung des Lesetempos*.

Zum Lernen aus Texten, das ja für Erwachsene, für Studierende, für selbständig Lernende die größte Bedeutung hat, liegen zahlreiche Untersuchungen vor, welche Faktoren den Lernerfolg beeinflussen. Die Ergebnisse zeigen, daß der eigentliche Lesevorgang nur einen Teil des Prozesses darstellt. Wichtig sind vor allem die Vor- und die Nachbereitung der Lektüre, die Auswahl, die Motivation, die Einordnung und die aktive Auseinandersetzung. Daraus ergeben sich die nachstehenden Lesestrategien.

1.1 Vorbereitung der Lektüre

1.1.1 Festsetzung des Leseziels

Umfang und Art sowohl der Vor- und Nachbereitung als auch des Lesens selbst hängen vom *Leseziel* ab. Dient uns die Lektüre lediglich zum *Zeitvertreib* (im Wartezimmer oder während einer längeren Bahnfahrt) oder zur *Entspannung* am Abend, können wir natürlich voraussetzungslos beginnen. Bei fachlicher Lektüre wollen wir die Inhalte aber nicht nur an uns vorbeiziehen lassen, sondern uns mit ihnen *auseinandersetzen*. Fachbücher und -zeitschriften lesen wir, um zu lernen, uns weiterzubilden, uns auf eine Prüfung vorzubereiten, neue Ideen oder andere Standpunkte kennenzulernen, unsere bisherige Position kritisch zu überdenken oder um selbst eine Arbeit über ein bestimmtes Thema schreiben zu können.

Die Lesemethode muß diesen Zielen angepaßt werden. Je nach Art des Textes und Leseziel besteht das Lesen eher in dem Versuch, sich den Inhalt möglichst genau »anzueignen«, oder aber in einer Diskussion mit dem Autor und einer kritischen Prüfung von Standpunkten, Ideen oder Erkenntnissen.

1.1.2 Auswahl der Texte

Zeitungen und Zeitschriften

Den wenigsten Menschen ist es möglich, ihre Tageszeitung von Anfang bis Schluß durchzulesen. Trotzdem kommt kaum einer auf die Idee, die noch nicht »durchgearbeiteten« Zeitungen aufzubewahren. Die meisten Zeitungsleser haben ihre bestimmten Interessengebiete (Innen- oder Außenpolitik, Sport, Leserbriefe etc.), auf die sie sich konzentrieren, während ihnen für eine allgemeine Orientierung über die anderen Informationen das Überfliegen der Überschriften und Schlagzeilen genügt. Nur wenn diese Kurzinformationen besonders interessant erscheinen oder noch Fragen offenlassen, vertieft man sich noch weiter in den entsprechenden Artikel.

Wenn wir in ähnlicher Weise auch mit größeren Zeitschriften verfahren, läßt sich die Fülle des »Gedruckten« einigermaßen in den Griff bekommen. Dazu müssen wir uns einmal klar werden, welches unsere Interessenschwerpunkte sind, über welche Gebiete wir möglichst umfassend informiert sein wollen und bei welchen ein grober Überblick über die aktuellen Entwicklungen genügt. Wenn wir dabei nicht den »Mut zur Lücke« aufbringen (was sich darin zeigt, daß sich die ungelesenen Zeitschriften immer weiter stapeln), werden wir bald erkennen, daß wir nicht nur stets im Rückstand sind, sondern auch über unsere Spezialgebiete nicht mehr orientiert sind.

Fachbücher

Die Bearbeitung eines Fachbuches erfordert sehr viel Zeit, die gezielte Auswahl ist hier deshalb noch wichtiger. Bevor wir ein Buch in der Bibliothek ausleihen (zur gezielten Büchersuche in Bibliotheken siehe S. 115ff.) oder kaufen, müssen wir sorgfältig prüfen, ob es unseren Bedürfnissen entspricht. Da der Titel oft genug irreführend ist, sind dazu eine Reihe von weiteren Informationen notwendig:

● Was wissen wir über den *Autor?* Ist er ein Fachmann auf dem Gebiet, hat er bereits andere Publikationen dazu verfaßt?

● Auch die Prüfung, in welchem *Verlag* das Buch erschienen ist, kann uns einen Hinweis geben. Viele Verlage sind auf bestimmte Fachgebiete spezialisiert, andere sind weltanschaulich festgelegt.

● Wichtig ist das *Erscheinungsjahr* des Buches. Manche Bücher werden seit Jahrzehnten unverändert nachgedruckt. Wenn es sich dabei um ein Werk von historischer Bedeutung handelt, ist dies selbstverständlich. Vorsicht ist aber am Platze, wenn es sich beispielsweise um Einführungstexte in Wissensgebiete handelt, bei denen ständig neue Erkenntnisse gewonnen werden. Das Erscheinungsdatum der vorliegenden *Auflage* darf dann nicht darüber hinwegtäuschen, daß die Informationen längst veraltet sein können. Anders verhält es sich natürlich, wenn der Vermerk »überarbeitete« oder »neugestaltete Auflage« erscheint; dann kann davon ausgegangen werden, daß der Verfasser den Text ergänzt und die neueren Entwicklungen einbezogen hat.
Bei Fachbüchern, die aus anderen Sprachen übersetzt wurden (z.B. aus dem Amerikanischen), ist außer dem Erscheinungsdatum in deutscher Sprache auch auf jenes der Originalausgabe zu achten, um Hinweise auf die Aktualität des Werkes zu erhalten.

- Nach diesen ersten Abklärungen empfiehlt sich ein Blick auf den *Klappentext*, in das *Inhaltsverzeichnis* und das *Vorwort*. Hier erfahren wir genauer, welche Punkte zur Sprache kommen, wo der Schwerpunkt liegt, welchen Zugang der Autor zum Problem gewählt hat. Die Durchsicht des *Literaturverzeichnisses* zeigt uns, welche Quellen er benützt hat, auf welchen Grundlagen er aufbaut. Die Prüfung dieser verschiedenen Angaben hilft uns festzustellen, ob das Buch für unser Lernziel geeignet ist, ob es zusätzliche Informationen oder neue Aspekte über uns bereits bekannte Gebiete bringt.

- Das Überfliegen einzelner Seiten des Buches zeigt uns zudem, ob uns der Stil des Autors anspricht, ob er klar formuliert oder einen für uns unverständlichen Fachjargon verwendet.

Nur wenn die Prüfungen der genannten Punkte positiv ausfällt, bereiten wir uns auf die Lektüre vor.

1.1.3 Gezielte Lesevorbereitung

Überblick gewinnen

Auch wenn wir uns für die Bearbeitung eines Textes entschieden haben, beginnen wir noch nicht sofort mit der Lektüre. Nur allzuleicht verlieren wir uns sonst in Details oder lesen, ohne die Zusammenhänge zu kennen.

Anhand von Kapitelüberschriften, Untertiteln oder Schlagzeilen läßt sich die *Gliederung* des Stoffes erkennen. Wir erhalten eine Strukturierungshilfe, ein Gerüst, mit dessen Hilfe wir den neuen Lernstoff am richtigen Platz verankern können.

In der Literatur wird von *Advance Organizer* gesprochen. Der Überblick dient der Motivation und aktiviert beim Lernenden frühere Gedächtnisinhalte, die mit dem Lernstoff in Zusammenhang stehen. Die Anknüpfung an im Gedächtnis schon Vorhandenes trägt dazu bei, daß der Lernstoff leichter aufgenommen und behalten werden kann. In ähnlicher Weise dient auch das Lesen der Zusammenfassungen am Anfang oder Schluß des Artikels oder Kapitels der Vorbereitung.

Gleichzeitig überlegen wir uns, was wir über den behandelten Stoff bereits wissen, was wir anderswo gehört oder gelesen haben und wie die neuen Informationen eingeordnet werden können.

Von eigenen Fragen ausgehen

Wenn wir ein Buch für eine Prüfungsvorbereitung bearbeiten oder wenn es aus anderen Gründen besonders wichtig ist, daß wir uns mit dem Inhalt intensiv auseinandersetzen, können *Fragen* uns die Konzentration auf das Wesentliche erleichtern. Experimente zeigen, daß Fragen, die an Studenten vor dem Lesen eines Textes abgegeben werden, die Behaltensleistungen deutlich verbessern. Fragen, die *wir selbst* vor dem Lesen formulieren, motivieren, weil sie unsere Neugier wecken, uns helfen, das Wesentliche zu erkennen und unsere Aufmerksamkeit auch bei schwierigen Texten aufrechterhalten.

Fragen dienen sowohl der Lesevorbereitung als auch der Entscheidung, ob und wie intensiv wir einen Abschnitt lesen. Titel lassen sich beispielsweise in Fragen umwandeln, wir fragen nach Zusammenhängen oder der praktischen Relevanz, nach der Beziehung zu bisherigen Kenntnissen, nach Definitionen neuer Begriffe und Fachausdrücke. Andere Fragen ergeben sich beim Überfliegen des Textes, beim Betrachten der Illustrationen und graphischen Darstellungen, aus dem Wunsch nach näheren Informationen, nach Erläuterung der Zusammenhänge.

Wenn wir uns zudem fragen, welche Bedeutung die zu erwartenden Informationen für uns und unsere Arbeit haben, wissen wir, mit welcher Intensität wir uns mit dem Text auseinandersetzen wollen.

Die Lesevorbereitung dient somit einerseits dazu, uns einen »Rahmen« zu geben, in den wir die Informationen einordnen können, andererseits uns Ziele zu setzen, uns zu aktivieren. Sie läßt sich vergleichen mit dem Verhalten von Reisenden, die zum ersten Mal in eine Stadt kommen: Sie steigen zuerst auf den höchsten Turm und schauen sich alles von oben an. Sie registrieren die markantesten Gebäude, herausragende Kirchen, den Verlauf des Flusses, die umgebende Hügelkette und können sich nachher daran orientieren. Gleichzeitig überlegen sie sich mit Hilfe des Stadtplanes, welche Sehenswürdigkeiten sie näher betrachten, was sie kennenlernen wollen: sie setzen eigene Schwerpunkte.

Übung

Blättern Sie die nachfolgenden Seiten des Kapitels über Lesen durch und formulieren Sie mindestens fünf Fragen, die Sie durch die Lektüre beantworten wollen. Einige Beispiele finden Sie auf S. 213.

1.2 Lesen

1.2.1 Intensive Auseinandersetzung mit der Lektüre

Viele Leute lesen Fachbücher in gleicher Weise wie einen Roman. Der Romanleser läßt sich die Geschichte vorsetzen, erklären und beschreiben, von unerwarteten Wendungen überraschen; er ist zumeist enttäuscht, wenn er das Ende schon nach den ersten Seiten erraten kann. Ist die Geschichte hingegen interessant geschrieben, fällt es ihm schwer, das Buch wegzulegen, erliegt er oft der Versuchung, das Ganze in einem Atemzug durchzulesen.

Versuchen wir nun aber, auf gleiche Art ein Fachbuch zu lesen, werden wir vom Resultat kaum befriedigt sein – nicht nur, weil die wenigsten Fachbücher von atemberaubender Spannung sind. Vielmehr verlangt das richtige Lesen eines Fachbuches Arbeit; wir müssen die Überlegungen des Autors nachvollziehen, in Frage stellen, vorausdenken, bewußt aufnehmen. Wie viel wir von der Lektüre eines anspruchsvollen Buches profitieren, hängt nicht zuletzt davon ab, was wir dazu mitbringen an Kenntnissen, Interesse und Aufmerksamkeit. Die Überschriften, das Inhaltsverzeichnis, das wir zuerst durchgesehen haben, haben Erwartungen in uns geweckt, die Fragen uns ein Ziel gegeben. Dank dieser Vorbereitungen können wir aktiv und gezielt lesen, unsere Aufmerksamkeit auf das Wesentliche zu richten, das Tempo bewußt wählen und dem Schwierigkeitsgrad, der gewünschten Behaltensrate anpassen.

Ein gut gegliedertes Buch enthält normalerweise pro Abschnitt eine Hauptaussage, eine Grundidee. Der geübte Leser sucht nach diesen Hauptaussagen, folgt der natürlichen Gliederung des Textes, schenkt dabei auch den einleitenden und überleitenden Ausdrücken wie »an erster Stelle zu nennen…«, »außerdem ist von Wichtigkeit…«, »zusammenfassend«, »abschließend« seine Beachtung. Natürlich bedient er sich auch aller anderen Hilfen und Hinweise des Autors, seien es besonders hervorgehobene Wörter und Ausdrücke, seien es Illustrationen, Tabellen und Graphiken, die die Darlegungen unterstreichen und erläutern.

Sind einzelne Sätze zu lang und kompliziert, hilft es oft, einmal nur dem Hauptsatz, ohne eingeschobene Nebensätze, nachzugehen. Bleibt ein Gedankengang trotz mehrmaligen konzentrierten Lesens unklar, empfiehlt es sich, die Stelle zu markieren (z.B. mit einem Fragezeichen am Rand) und zunächst weiterzulesen. Nach der Lektüre des ganzen Kapitels ist es meist einfacher, die Ausführungen aus dem Zusammenhang heraus zu verstehen.

Auch Fremdwörtern und Fachausdrücken ist besondere Aufmerksamkeit zu widmen. Vergewissern Sie sich, daß Sie wissen, was gemeint ist, lesen Sie die Definitionen mehrere Male und blättern Sie notfalls zurück, wenn Sie den

Faden verloren haben. Viele Begriffe lassen sich aus dem Zusammenhang erklären. Sonst hilft Ihnen ein Wörterbuch oder Fachlexikon weiter.

Die Überschriften und die vorher gestellten Fragen sollten beim Lesen stets im Auge behalten werden, so daß die Gefahr des »Verirrens« gebannt ist.

Zum kritischen Lesen gehört es, daß wir zwischen Tatsachen und Meinungen unterscheiden, daß wir uns klar werden, wo der Autor wissenschaftliche Erkenntnisse weitergibt, wo er eigene Interpretationen und wo Spekulationen darlegt.

Rekapitulieren

Wichtig ist auch, daß wir nicht zu große Bissen hintereinander zu schlucken versuchen, sondern rechtzeitig innehalten, um über das Gelesene nachzudenken, zu prüfen, was wir verstanden und behalten haben, und Notizen zu machen.

Zu diesem Zweck sehen wir vom Buch weg und versuchen uns in Erinnerung zu rufen, was wir gelesen haben. Haben wir den Sinn verstanden? Wie verhält sich die neue Information zu bisherigem Wissen? Gibt es Widersprüche? Benötigen wir weitere Abklärungen? Beim Rekapitulieren geben wir somit nicht nur wieder, was wir gelesen haben, sondern prüfen und überdenken den Inhalt, versuchen ihn mit anderen Kenntnissen zu verknüpfen. Jetzt sollten wir auch in der Lage sein, die in der Vorbereitungsphase formulierten Fragen zu beantworten.

Lesenotizen

Ein gutes Hilfsmittel beim Rekapitulieren ist es, aus der Erinnerung die wichtigsten Sätze aufzuschreiben oder in Stichworten die Hauptpunkte festzuhalten. Entscheidend ist aber dabei, daß wir unsere eigenen Formulierungen brauchen. Nur was wir selbst ausdrücken können, ist wirklich verstanden worden. Natürlich können wir auch nur im Geiste rekapitulieren. Das schriftliche Niederlegen hat jedoch den Vorteil, daß wir aktiv werden, das Gelesene wirklich nochmals durchdenken, Wesentliches von Unwesentlichem unterscheiden müssen. Auch zwingt es zur Klarheit, eine präzise, überprüfbare Aussage wird gemacht. Wird nur im Geiste rekapituliert, sind Selbsttäuschungen häufig, ein vages Gefühl des Verstandenhabens wird allzuleicht für wirkliches Beherrschen gehalten. Ein weiterer Grund für das Notizenmachen ist das Festhalten von Wissen aus Büchern, die wir zurückgeben müssen, und das Erleichtern des späteren Repetierens.

Wichtig ist, daß die Notizen wenig Zeit und Energie beanspruchen, also sehr kurz gehalten werden und wirklich nur die wichtigsten Informationen enthalten. Viele Studenten machen den Fehler, größere Abschnitte einfach abzuschreiben oder auch unwichtige Details zu notieren, weil ihnen beim Lesen der Überblick fehlt, welche Punkte wichtig sind. Wir sollten deshalb nicht zu schreiben beginnen, bevor wir den Abschnitt zu Ende gelesen haben. Wir benötigen Strategien, um längere Texte auf die wesentlichen Inhalte zu reduzieren, von denen wir bei der Weiterbearbeitung ausgehen können. Versuchen Sie beispielsweise, sich pro Textseite für die drei wichtigsten Informationen zu entscheiden und diese zusammenzufassen. Komplizierte Sachverhalte verstehen wir vielleicht besser, wenn wir eine Skizze anfertigen, die aufzeigt, welches die zentralen Aussagen sind, in welcher Beziehung die einzelnen Abschnitte zueinander stehen. Gut gegliederte Texte lassen sich auch in einer hierarchisch strukturierten Darstellung oder tabellarisch zusammenfassen (vgl. Abb.).

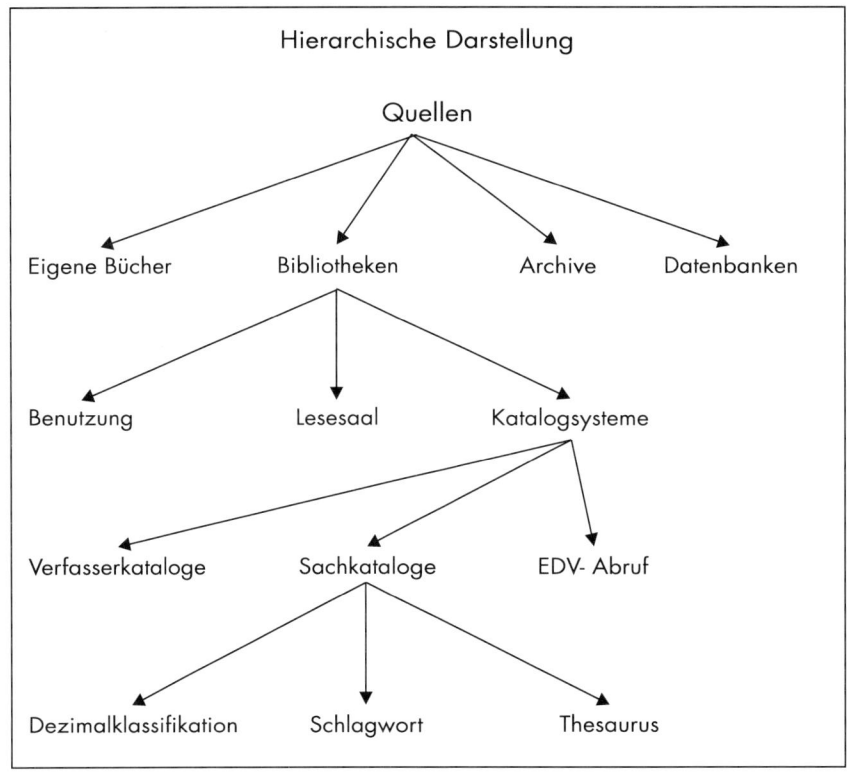

Die meisten Menschen gehören dem visuellen Lerntypus an. Es fällt uns wesentlich leichter, Bilder zu speichern als abstrakte Begriffe: Das Bildergedächtnis ist viel älter als die Schrift. Wenn wir komplexe Begriffe und Sachverhalte in Bilder umsetzen, tragen wir dieser Tatsache Rechnung.

Viele Lernende sind deshalb dazu übergegangen, ihre Aufzeichnungen als »mind maps« anzufertigen. Der Erfinder dieser Methode, T. Buzan, weist darauf hin, daß sie der Funktionsweise des Gehirns entspreche. Um das zentrale Thema in der Mitte sind die Hauptgedanken als Äste dargestellt. Beispiele, Ergänzungen, Erklärungen dazu sind als Zeichnungen oder Nebenäste angebracht (vgl. Abb.). Dies ermöglicht eine Übersicht über die großen Zusammenhänge.

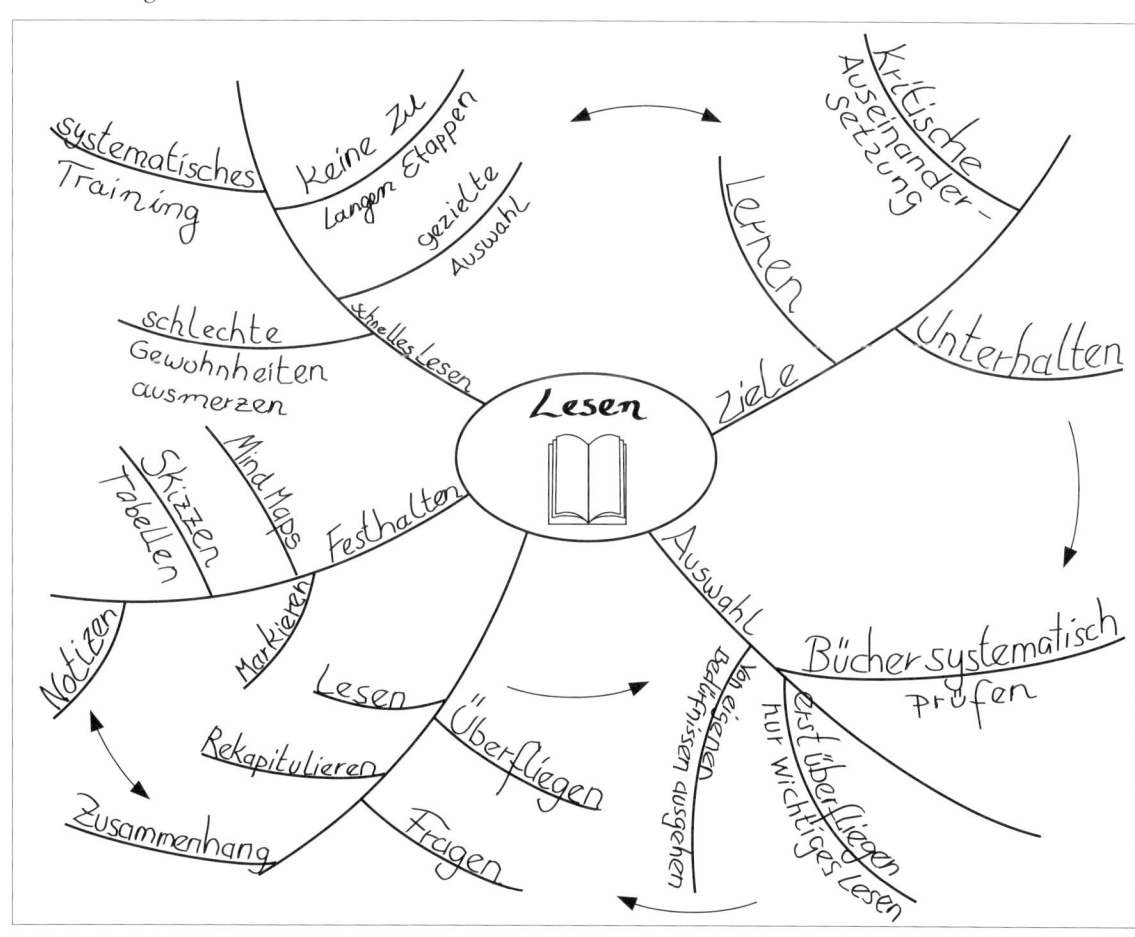

Markieren

Manche Leser ziehen es vor, ihre Notizen direkt im Buch anzubringen. Sie unterstreichen die wichtigsten Stellen, heben sie mit Leuchtmarkern hervor, versehen den Rand mit Schlagwörtern oder kurzen Zusammenfassungen, um das spätere Auffinden einer Stelle zu erleichtern, bringen auch Hinweise wie Fragezeichen für Unverstandenes, Ausrufezeichen für besonders Wichtiges, Querverweise auf andere Bücher oder Textstellen an. Auch das Unterstreichen muß sparsam angewendet werden, wenn es wirkungsvoll sein soll, und wird am besten erst nach der Lektüre eines Abschnittes vorgenommen.

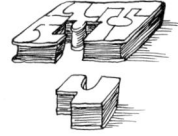

Übung

Zeigen Sie Ihre Auseinandersetzung mit diesem Buch und nutzen Sie den breiten Rand für Ihre Markierungen. Erfinden Sie Symbole, mit denen Sie zum Ausdruck bringen, mit welchen Aussagen Sie einverstanden sind, welche Sie in Zweifel ziehen, welche Sie noch überprüfen wollen usw.

Positiv wirkt es sich auch aus, wenn wir das Gelesene einem Kollegen erklären. Wie beim Notizenmachen wird dadurch verhindert, daß wir nur mechanisch auswendig lernen, und kontrolliert, ob wir die Bedeutung des Gelesenen mit eigenen Worten ausdrücken können.

Das Rekapitulieren dient einerseits dem bewußteren Aufnehmen und besseren Verankern im Gedächtnis, andererseits können wir beim Innehalten den Stoff kritisch überdenken und zu unseren bisherigen Kenntnissen in Beziehung setzen. Ohne diese »Denkpausen« haben wir meist schon am Ende des Kapitels die Hälfte wieder vergessen, wenige Tage später bleiben nur noch einige Bruchstücke in der Erinnerung zurück.

Durch den Wechsel zwischen Lesen und Schreiben, zwischen Aufnehmen und Analysieren wird zudem die Ermüdung hinausgeschoben, das Interesse länger wachgehalten.

1.2.2 Schneller lesen

Wenn von einer Verbesserung der Lesetechnik die Rede ist, denken die meisten Leute an eine Erhöhung des Tempos. Voll Bewunderung werden dann bekannte Persönlichkeiten zitiert, die angeblich über phantastische Lesegeschwindigkeiten verfügen.

Tatsächlich können die meisten Leute ihr Lesetempo durch gezielte Übung beträchtlich steigern. Allerdings müssen wir uns dabei klar sein, daß diese Steigerung nur den eigentlichen Lesevorgang betrifft, der aber, wie bereits ausgeführt, beim kritischen, gezielten, intensiven Lesen nur einen kleinen Teil der Arbeit darstellt. Wichtiger ist in jedem Fall die Auswahl der Texte und die geschilderte Vor- und Nachbereitung.

Es würde den Rahmen dieses Buches sprengen, wenn ein ganzes Trainingsprogramm für schnelleres Lesen aufgenommen werden müßte. Es sollen hier nur einige Prinzipien des Schnellesens zusammengestellt werden. Die Einübung und Verwirklichung muß dem Leser überlassen werden.

Viele Leute glauben, daß mit einer Erhöhung des Lesetempos automatisch eine Verflachung der Verarbeitung einhergehe. Dies trifft aber nur dann zu, wenn allein die Augenbewegung beschleunigt wird, ohne daß der Lesende geistig damit Schritt hält. Dasselbe kann aber auch beim langsamen Lesen geschehen. Jeder hat sich sicher schon dabei ertappt, daß er eine ganze Seite »gelesen« hat, ohne auch nur ein Wort davon aufzufassen. Die Augen wanderten wohl auf den Zeilen hin und her, die Gedanken waren aber ganz woanders. Konzentration gehört somit auf alle Fälle zum Lesen. Das schnelle Lesen erleichtert aber die Konzentration – wir haben erstens keine Zeit, dazwischen an etwas anderes zu denken, weil die Aufnahmefähigkeit voll ausgelastet wird.

Zweitens können Texte leichter verstanden werden, wenn mehrere Wörter in sinnvollen Gruppen zusammen aufgenommen werden, als wenn die Information Wort für Wort oder gar Buchstabe für Buchstabe ins Gehirn gelangt – wir denken ja auch in Sinnzusammenhängen und nicht in Einzelbuchstaben.

Natürlich läßt sich das Lesetempo nicht beliebig steigern. Es gibt physiologische Grenzen. Zum Lesen braucht man Auge und Gehirn. Das maximale Tempo hängt somit davon ab, wieviel das Auge in einer gegebenen Zeitspanne aufnehmen und wieviel das Gehirn verarbeiten kann.

Die Augenbewegung geht ruckweise vor sich. Während der Bewegung sehen wir nichts, aufgenommen wird während der Haltepunkte. Lesende richten ihre Augen auf einen bestimmten Punkt und erfassen dabei, je nach Geübtheit, einen Buchstaben, eine Buchstabengruppe, ein Wort oder eine ganze Wortgruppe. Dann verschieben sie ihren Fixationspunkt für die nächste Einheit. Um eine etwa 10 cm breite Zeile eines leichten Textes zu lesen, halten die meisten Erwachsenen fünf- oder sechsmal an, bei einem schwierigen Text noch öfter.

Nun können aber die meisten Leute bei einem Fixationspunkt, d.h., ohne die Augen zu bewegen, zwei Wörter klar und je ein Wort links und rechts davon unscharf erkennen. Bei einem kontinuierlichen Text müssen die einzelnen Wörter weniger klar gesehen werden, da sie weitgehend aus dem Zusammenhang ergänzt werden. Somit sollten für eine Zeile von zehn oder zwölf Wörtern drei oder vier Haltepunkte genügen.

Gute Leser benötigen denn auch weniger Fixationspunkte, halten weniger lange an und vermeiden vor allem das Rückwärtsspringen auf bereits Gelesenes. Trainingsprogramme, die nur darin bestehen, die Augenbewegungen von langsamen Lesern denjenigen von schnellen Lesern anzugleichen, haben sich allerdings als wenig erfolgreich erwiesen. Wichtig ist nicht das schnelle »Entziffern« des Textes, d.h. das Übertragen des Geschriebenen ins Sprechen, sondern das *Verstehen* größerer Einheiten, das Ziehen von Schlußfolgerungen. Wieviel Text verarbeitet werden kann, hängt vor allem vom Schwierigkeitsgrad ab. Unbekannte Wörter hemmen den Lesefluß, eine Vergrößerung des Wortschatzes führt dagegen automatisch zur Steigerung des Lesetempos.

Das Training für schnelleres Lesen verlangt zunächst einmal das *Ausmerzen schlechter Lesegewohnheiten.* Viele dieser Gewohnheiten wurden in den ersten Schuljahren als Hilfen beim Lesenlernen erworben und dann beibehalten, obwohl sie den erfahrenen Leser nur blockieren. Unter diesen Überbleibseln aus der Abc-Schützen-Zeit sind zu nennen:

● *Mitsprechen:* Lippenbewegungen, Flüstern, jede Art von Beteiligung der Sprechorgane beim Lesen hemmt das Tempo, da Auge und Gehirn einen Text viel schneller bewältigen können, als er gesprochen werden könnte. Diese Gewohnheit kann durch Selbstbeobachtung bekämpft werden; oft wird auch empfohlen, Kaugummi zu kauen oder ein Blatt zwischen die Lippen zu nehmen.

● *Wort für Wort lesen:* Diese Art zu lesen ist zwar fortgeschrittener als das Buchstabieren, wirkt sich aber immer noch hemmend auf die Lesegeschwindigkeit aus. Übungen können helfen, die Blickspanne zu weiten, so daß ganze Wortgruppen auf einmal erfaßt werden. Bei einem zusammenhängenden Text wird dann kaum mehr auf den Satzbau geachtet, vielmehr von einzelnen Schlüsselwörtern direkt auf den Inhalt geschlossen. Die Sätze werden somit auch nicht im Geiste mitformuliert (subvokalisiert).

● *Starres Lesen:* Die meisten Leute, die sich noch nicht speziell mit diesem Problem auseinandergesetzt haben, lesen alle Texte im gleichen Tempo, handle es sich um eine komplizierte wissenschaftliche Abhandlung oder um einen leichten Unterhaltungsroman. Ein rein unterhaltender Text wird aber viel schneller verstanden und muß zudem nicht im Gedächtnis fixiert werden. Ein Schritt zur Verbesserung der Lesefertigkeit ist die bewußte

Anpassung der Lesegeschwindigkeit an den Schwierigkeitsgrad und die gewünschte Aufnahmequote der Lektüre.

● *Beschränkter Wortschatz:* Wenn unser Wortschatz relativ gering ist, wirkt sich dies vor allem beim Lesen von anspruchsvollen Artikeln und Büchern aus. Wir stoßen öfters auf Wörter, deren Bedeutung wir nicht oder nur ungenau kennen, und haben dann nur die Wahl, die Bedeutung aus dem Zusammenhang zu erraten, in einem Wörterbuch nachzuschlagen oder jemanden zu fragen. In jedem Fall verlieren wir Zeit. Vergrößern können wir unseren Wortschatz, indem wir viel und bewußt lesen und über unbekannte Wörter nicht hinweggehen, sondern ihre Bedeutung suchen und uns einprägen.

● *Unbeteiligtes Lesen:* Wie bei jeder Tätigkeit ist die Motivation auch beim Lesen sehr wichtig (siehe Kapitel über Motivation). Aktive, interessierte Leser sind schneller, weil sie bei der Sache bleiben und weil sie den Blick auf das Wesentliche richten.

● *Auslassen von Illustrationen:* Viele geübte Leser pflügen ein Fachbuch beharrlich Zeile für Zeile durch und überspringen dabei Illustrationen, graphische Darstellungen und Tabellen. Dadurch sparen sie aber nicht nur keine Zeit, sie riskieren auch eine Verständnislücke. Eine Illustration erhellt nämlich oft einen Tatbestand augenfälliger und klarer als viele Worte, und was im Text umständlich beschrieben werden muß, kann eine Graphik in vielen Fällen prägnanter und verständlicher aufzeigen.

● *Wahlloses Lesen, Lesen ohne eigene Prioritäten:* Wenn wir beim Lesen unser Leseziel vor Augen haben, ist es nicht erforderlich, alle Texte vollständig zu lesen. Wir müssen lernen, Ausführungen, die uns nicht interessieren, zu übergehen, Informationen, die wir nicht benötigen, auszulassen, um uns intensiv mit jenen Inhalten auseinandersetzen zu können, die wir gesucht haben oder die uns wesentlich erscheinen. Ausgehend von unserem Leseziel, werden wir deshalb einzelne Abschnitte oder auch ganze Kapitel nur kurz überfliegen, andere dagegen sehr genau lesen, Fragen dazu stellen und wichtige Gedanken notieren.

● *Zu lange Leseetappen:* Das Schnellesen erfordert Konzentration. Durch die einseitige Belastung ermüden die Augen. Es soll deshalb nicht zu lange geübt, sondern spätestens nach 10 Minuten bewußt »abgeschaltet« werden. Schließen Sie die Augen und rekapitulieren Sie dann, was Sie gelesen haben.

Neben der Bekämpfung der schlechten Gewohnheiten hilft nur ständige Übung zur Verbesserung des Lesetempos. Wenn Sie sich darin schulen wollen, versuchen Sie in den nächsten Tagen und Wochen, geeignete Texte so schnell wie möglich zu lesen.

Prüfen Sie aber immer wieder, wieviel Sie von der Lektüre verstanden haben. Dieses Buch hilft Ihnen dabei. Verschiedene Kapitel können Sie als Schnelleseübung verwenden. Messen Sie die Zeit, die Sie für das Durchlesen des entsprechenden Abschnittes benötigen; teilen Sie sodann die angegebene Gesamtwortzahl durch Ihre Zeit in Sekunden und multiplizieren Sie mit 60. Diese Rechnung zeigt Ihnen, wie viele Wörter Sie pro Minute lesen. Im Anhang finden Sie Fragen über diese Kapitel. Sie können somit Ihr Tempo überprüfen und dazu ständig kontrollieren, wieviel Sie verstanden und behalten haben. Ebenfalls am Schluß des Buches befindet sich eine Tabelle, in die Sie Ihre Leistungen eintragen und so die Verbesserung der Lesegeschwindigkeit und der Behaltensquote verfolgen können.

1.3 Nachbereitung

Zusammenhänge herstellen

Nachdem der ganze Artikel, das ganze Kapitel im oben beschriebenen Wechsel zwischen Lesen und Rekapitulieren durchgearbeitet ist, muß zuerst der Gesamtzusammenhang hergestellt werden. Zu diesem Zweck lesen wir die Notizen der einzelnen Abschnitte nochmals durch und überprüfen, ob auch die Beziehungen der einzelnen Aussagen zueinander und die Gliederung klar sind. Falls wir zu Beginn Fragen formuliert haben, wird jetzt nochmals kontrolliert, ob alle befriedigend beantwortet wurden oder ob eventuell neue aufgetaucht sind. Gleichzeitig prüfen wir, ob unsere Fragen auf alle wesentlichen Inhalte abzielten. Vorher gestellte Fragen verbessern zwar das Aufnahmevermögen beim Lesen deutlich, richten aber die Aufmerksamkeit vor allem auf die entsprechenden Informationen. Durch die nachträgliche Kontrolle wird eine mögliche Einseitigkeit vermieden.

Fragen nach der Lektüre

Die Form und Intensität der Nachbereitung hängt natürlich wieder von unserem Leseziel (Lernen eines neuen Wissensstoffes, kritische Auseinandersetzung mit anderen Ideen, Prüfen von neuen Erkenntnissen) und der Art des Textes ab. Wenn wir nicht nur »schlucken«, sondern uns aktiv mit dem Inhalt auseinandersetzen, wird es oft vorkommen, daß sich erst aus der Lektüre neue Fragen ergeben, die auch nicht immer sofort beantwortet werden können (z.B.: Wie kommt der Autor zu dieser Aussage? Könnte man dieses Ergebnis auch anders interpretieren? Widerspricht sich der Autor hier nicht selbst? Hat er alle Fakten berücksichtigt oder vielleicht »unbequeme« unter den Tisch fallen lassen? Verfolgt er mit seinen Ausführungen bestimmte Absichten? Welche Reaktionen will er mit seinem Text hervorrufen? Usw.). Je nach Art dieser Fragen werden sie – als unsere eigenen Überlegungen gekennzeichnet – unter die Notizen der Lektüre oder ins Buch geschrieben oder, wenn wir uns gezielt um weitere Informationen bemühen wollen, in unser Notizbuch (s. auch S.180).

Kritische Auseinandersetzung

Beim Lernen, beim Bearbeiten eines Fachbuches geht es in erster Linie darum, den Inhalt zu *verstehen*, die Darlegungen des Verfassers nachvollziehen, in unsere Wissensstruktur einordnen zu können. Oft aber liegen uns verschiedene Texte vor, Meinungsäußerungen, Interpretationen, philosophische oder politische Texte. Dabei müssen wir zwischen sachlichen Informationen und subjektiven Ansichten unterscheiden lernen. Kein Autor ist unfehlbar, auch klassische Texte können kritisch hinterfragt werden; wir können prüfen, was die Autoren an Neuem beitragen, wo sie sich selbst widersprechen, auch wo sie im Sinne der damaligen Zeit und auf einem früheren Erkenntnisstand argumentieren.

Oft ist gerade das Lesen eines Textes, mit dem wir nicht einverstanden sind, die Auseinandersetzung mit Theorien, denen wir ablehnend gegenüberstehen, besonders anregend und gewinnbringend. Durch das kritische Nachvollziehen der Gedanken des Autors überprüfen wir unseren eigenen Standpunkt, untermauern ihn mit neuen Argumenten oder – wenn wir dies nicht können – stellen ihn auch in Frage. Wenn uns die Ausführungen verwirren, formulieren wir unsere Gedanken am besten schriftlich, halten die »Pro«- und »Contra«-Argumente fest, um den Überblick zu behalten.

Vielleicht erkennen wir dabei auch, daß wir unsere bisherige Meinung aufgrund mangelhafter Kenntnisse gebildet oder uns nur oberflächlich mit dem Thema befaßt haben. In diesem Fall ist es besonders wichtig, daß wir nun nicht einfach die neuen Behauptungen übernehmen, sondern uns überlegen, welche Informationen zu einer objektiven Stellungnahme erforderlich sind: Auf welche Weise können die Aussagen überprüft, aufgestellte Behauptungen bewiesen werden? Welche zuverlässigen Quellen können die notwendigen Auskünfte liefern? Die intensive Auseinandersetzung mit einem Buch wird auf diese Weise zum Ausgangspunkt einer gezielten Weiterbildung bzw. des Vertiefens und Erweiterns unserer Kenntnisse.

1.4 Zusammenfassung

Für die systematische Auseinandersetzung mit einem Fachbuch empfiehlt sich folgender Ablauf:

- *Leseziel festlegen*

- *Gezielte Auswahl der Texte*

- *Überblick gewinnen*
  Um die Informationen richtig einordnen zu können, verschaffen wir uns zunächst anhand von Inhaltsverzeichnis, Titel, Untertiteln, Schlagzeilen und Zusammenfassungen einen Überblick über den Aufbau, die Gliederung, die Art der zu erwartenden Informationen.

- *Fragen stellen*
  Durch das Formulieren von Fragen, die wir durch die Lektüre beantworten wollen, wecken wir unsere Neugier, setzen uns ein Ziel und verhindern ein passives, oberflächliches Lesen.

- *Lesen*
  Aktives, konzentriertes Lesen, Tempo dem Leseziel und dem Schwierigkeitsgrad des Textes angepaßt.

- *Rekapitulieren*
  Nach jedem größeren Abschnitt, nach jedem Kapitel halten wir inne und überlegen, welche Informationen geboten und welche Fragen beantwortet wurden. Wir erstellen Notizen, Skizzen oder (sparsame) Markierungen im Buch.

- *Nachbereiten*
  Am Ende der Lektüre müssen die Zusammenhänge wieder hergestellt, die Notizen überprüft und kontrolliert werden, ob alles verstanden wurde und alle Fragen beantwortet sind. Die Notizen werden ergänzt durch eigene Überlegungen, kritische Anmerkungen und Verweise auf andere Quellen.

Bei der weiteren Lektüre dieses Buches haben Sie Gelegenheit, das schnellere und bessere, vor allem aber das bewußtere Lesen zu trainieren. Folgen Sie deshalb den Hinweisen auf die Übungen, und wenden Sie die beschriebene Lesemethode an.

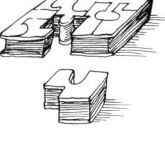

Leseübung

Das nachfolgende Kapitel über Lernpsychologie kann Ihnen dazu dienen, die geschilderte Lesemethode einzuüben. Gehen Sie von der Annahme aus, daß Sie den Inhalt genau erfassen und länger behalten müssen. Prüfen Sie durch die abschließenden Kontrollfragen, wie nahe Sie an dieses Ziel herankamen.

Gewinnen Sie zuerst einen Überblick über das ganze Kapitel. Wie ist es aufgebaut?

_____

_____

_____

_____

_____

_____

_____

Konzentrieren Sie sich dann auf den Abschnitt 2.1 »Arten des Lernens«, und formulieren Sie Fragen, deren Beantwortung Sie von dem Text erwarten.

_____

_____

_____

_____

_____

_____

Vergleichen Sie Ihre Fragen mit denjenigen auf S. 213

Beginnen Sie jetzt mit dem Lesen des Kapitels.

2. Ergebnisse der Lernpsychologie

Es scheint selbstverständlich, daß sich Studentinnen und Studenten auf der Suche nach den besten Lernmethoden der Lernpsychologie zuwenden, um aus deren Forschungen Schlußfolgerungen für die eigene Situation zu ziehen. Sie erhoffen sich von dieser Disziplin Antwort auf die Frage, wie der Lernprozeß abläuft, welche Faktoren sich positiv und welche negativ auf den Erwerb neuen Wissens auswirken – kurz, wie sie ohne Anstrengung in weniger Zeit mehr lernen können.

Meist aber werden die Ratsuchenden von den Publikationen über Lernpsychologie enttäuscht: Statt auf das ihnen vordringlich erscheinende Problem des mühelosen Lernens einzugehen, befassen sich die meisten Forscher mit Ratten und Mäusen in Labyrinthen, Tauben oder Katzen in Käfigen und ab und zu mit dem Pauken von sinnlosen Silben. Diese Experimente mögen zwar für die Grundlagenforschung interessant sein, den Lernenden bieten sie auf den ersten Blick wenig Anhaltspunkte.

Wenn deshalb in diesem Buch auf die Erkenntnisse der Lernpsychologie eingegangen wird, so keineswegs in einer chronologischen und erschöpfenden Übersicht. Vielmehr sollen aus den Untersuchungen über den Erwerb, das Speichern und Reproduzieren von Kenntnissen und Verhaltensweisen diejenigen Ergebnisse herausgegriffen werden, die für Studentinnen und Studenten sowie alle Erwachsenen in Aus- und Weiterbildung von praktischer Bedeutung sein können.

2.1   Arten des Lernens

Die ersten Forscher, die sich mit Lernpsychologie befaßten, versuchten im allgemeinen, alles Lernen auf ein Grundelement zurückzuführen; sie waren der Meinung, jeder Lernakt vollziehe sich nach den gleichen Gesetzmäßigkeiten. Heute hat sich die Ansicht durchgesetzt, daß es verschiedene Arten des Lernens gibt, die je nach Situation zur Anwendung kommen.

2.1.1 Die klassische Konditionierung

Als elementarste Lernform gilt der *bedingte* (konditionierte) *Reflex*, der um die Jahrhundertwende von dem russischen Physiologen Iwan P. Pawlow beschrieben wurde. Pawlow studierte die *unbedingten* (unkonditionierten) Reflexe, die einem Organismus von Geburt anhaften und die eine Reaktion auf einen Umweltreiz darstellen. Beispiele unbedingter, angeborener Reflexe sind die Saug- und Schluckbewegungen des Neugeborenen, das Hervorschnellen des Beines auf einen leichten Schlag gegen das Knie, die Speichelabsonderung bei der Nahrungsaufnahme usw. Diese Reflexe erfolgen *immer* auf den auslösenden Reiz; es handelt sich somit um eine feste Verbindung zwischen Stimulus (S_1) und Reaktion (R).

Pawlow arbeitete mit Hunden. Mit Hilfe eines speziell konstruierten Gerätes maß er die Speichelabsonderung seiner Versuchstiere bei der Fütterung. Die Nahrung gilt in diesem Fall als Stimulus (S_1), der die Speichelabsonderung (R) auslöst.

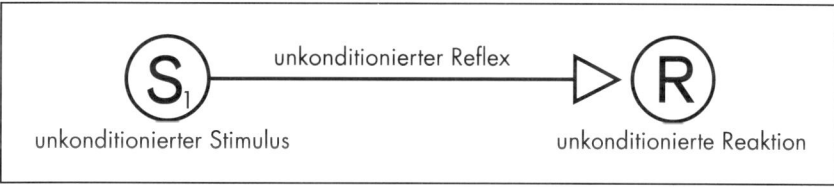

Der Forscher ließ nun jeweils unmittelbar vor der Nahrungsabgabe eine Glocke ertönen. Ein Glockenton ist für einen Hund ein neutraler Stimulus, der zunächst keine Reaktion (jedenfalls keine Speichelabsonderung) bewirkt. In unserer Darstellung wird das Ertönen der Glocke mit S_2 bezeichnet.

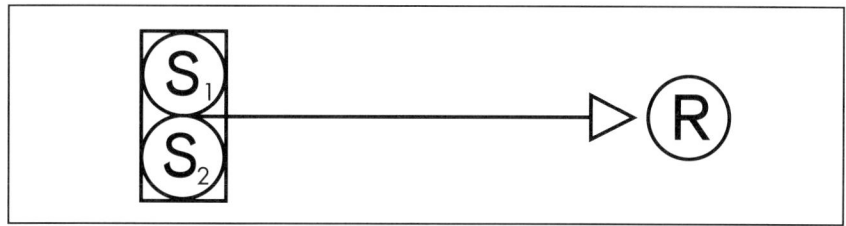

Nachdem diese Koppelung von Fütterung und Glockenton über einige Zeit hin konsequent durchgeführt worden war, erfolgte die Speichelabsonderung bereits auf das Ertönen der Glocke *allein:* Ein *konditionierter Reflex* hatte sich ausgebildet.

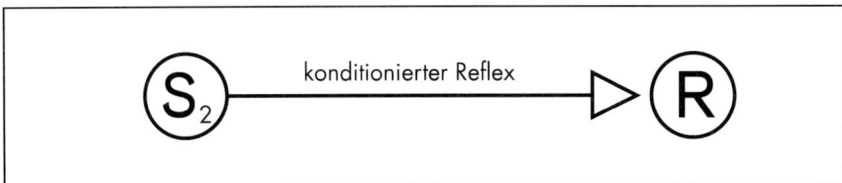

Das Charakteristische am Vorgang der klassischen Konditionierung ist die *Passivität* des »lernenden« Organismus. Er wirkt in keiner Weise auf seine Umgebung ein, sondern paßt sich lediglich den Gegebenheiten an. Bestimmte Reize erhalten *Signalfunktion* (der Glockenton signalisiert die Fütterungszeit).

Auch viele andere Verhaltensweisen werden durch die Substituierung eines ursprünglichen Stimulus mit einem andern gelernt, erfolgen also durch *klassische Konditionierung.*

Bei Neugeborenen spielt diese Lernform eine wichtige Rolle bei ihrer Anpassung und Orientierung in der Reizwelt. Insgesamt dürften vor allem gefühlsmäßige Reaktionen, Vorlieben und Abneigungen auf Konditionierung zurückgehen. Bei jedem Lernvorgang speichern wir nicht nur das, worum wir uns bemühen: Wir reagieren auf die ganze Situation mit unseren Gefühlen, Ängsten und Hoffnungen. Wenn Kinder beispielsweise Fahrradfahren oder Schreiben lernen, erfahren sie gleichzeitig mit den Techniken auch vieles über sich selbst, über ihre Geschicklichkeit oder Ungeschicklichkeit, ihre Ausdauer oder Risikobereitschaft, über ihre Spielkameraden und über die Folgen, die ihre Bemühungen haben. Diese Erfahrungen werden gespeichert, die Lernenden damit für spätere Situationen geprägt. Einstellungen und Überzeugungen, positive Gefühle (»Lernen macht Spaß«) oder Blockierungen (»Immer bin ich langsamer als die anderen«) sind mit diesen Informationen verbunden. Abwehrhaltungen gegenüber bestimmten Fachbereichen und Aufgabentypen können auf diesen negativen Einstellungen beruhen.

Durch eine freundliche Lernumgebung, Entspannungsübungen lassen sich negative Assoziationen durch positive ersetzen. In diesen Fällen können sich *Superlearning oder Suggestopädie* bewähren. Diese auf den bulgarischen Arzt und Psychotherapeuten G. Lozanov zurückgehende Lehrmethode setzt auf entspanntes Lernen in einer angstfreien Umgebung.

Praktischen Gebrauch vom Phänomen der Konditionierung läßt sich beispielsweise auch bei der Wahl des Arbeitsplatzes machen (siehe S. 107). Wenn wir einen bestimmten Tisch und Stuhl *immer* zum Arbeiten und *nur* zum Arbeiten benützen, wird uns an diesem Ort mit der Zeit die Konzentration leichter fallen: Wir kommen bereits in Arbeitsstimmung, wenn wir uns hinsetzen, der Schreibtisch hat *Signalfunktion* erhalten.

STOP

Unterbrechen Sie hier die Lektüre und kontrollieren Sie Ihr Aufnahmevermögen mit Hilfe der Fragen auf S. 214

2.1.2 Die operante Konditionierung

Ungefähr zur Zeit der Pawlow-Versuche veröffentlichte der Amerikaner Edward L. Thorndike die Resultate seiner Lernversuche. In kleine Käfige, die mit einem speziellen Mechanismus ausgestattet waren, sperrte er hungrige Katzen. Durch Ziehen an einer Schlaufe ließ sich die Türe öffnen. Die Katzen rannten anfangs aufgeregt im Käfig hin und her, kratzten an verschiedenen Orten und versuchten mit Krallen und Zähnen eine Öffnung zu schaffen. Früher oder später lösten sie dabei zufällig den Mechanismus aus und konnten zum Futter vor dem Käfig gelangen. Bei der späteren Wiederholung des Experiments brauchten die Tiere immer weniger Zeit, um aus dem Käfig zu entkommen. Schließlich öffneten sie die Tür, sobald sie eingesperrt wurden.

Aufgrund dieser Beobachtungen formulierte Thorndike seine Lerngesetze. Er wies darauf hin, daß in einer neuen Problemsituation das Versuchstier zunächst wahllos bestimmte Bewegungen ausführte, und nannte diese Phase *Versuch und Irrtum* (trial und error). Diejenige Reaktion, die von einem befriedigenden Zustand gefolgt wird, wird dann verstärkt, die Wahrscheinlichkeit ihres zukünftigen Auftretens damit erhöht. Das Versuchstier lernt *am Erfolg*. Damit eine Verhaltensweise gelernt wird, genügt es somit, sie zu belohnen, d.h., das Resultat für den Lernenden angenehm zu gestalten.

Burrhus F. Skinner führte später diese Erkenntnisse weiter. Er arbeitete mit Ratten, die lernten, eine Taste zu drücken, um Futter zu erhalten. In Versuchen mit Tauben zeigte er, daß Tiere beliebige Verhaltensweisen (natürlich innerhalb ihrer physischen Leistungsfähigkeit) lernen, wenn sie nach den entsprechenden Lerngesetzen trainiert werden. Dazu gehört, daß die zu lernende Reaktion in kleine Teilbewegungen aufgegliedert und das Tier sofort belohnt wird, wenn es sich auch nur andeutungsweise auf die gewünschte Weise verhält. Soll beispielsweise eine Taube dazu gebracht werden, sich zweimal um sich selbst zu drehen, wenn ein rotes Lichtzeichen erscheint, so wird das Signal gegeben, und das Tier erhält Futter, wenn es auch nur den Kopf leicht dreht, einen Fuß anhebt usw. Auf diese Weise erreicht man in kürzester Zeit eine Konditionierung, die sich lange erhält.

Skinner übertrug diese Ergebnisse auf das menschliche Lernen und unterrichtete nach folgendem Prinzip: Er unterteilte den zu vermittelnden Stoff in kleine Einheiten und provozierte die gewünschten Verhaltensweisen – die richtigen Antworten – durch ständiges Fragen. Als Belohnung genügt nach seiner Ansicht bei Menschen das Wissen um die Richtigkeit des eigenen Verhaltens; er verstärkte die korrekten Antworten somit durch sofortige Bestätigung. Nach dem gleichen Prinzip entwarf er Lehrmaschinen, die den Schüler im Wechsel zwischen Fragen und Antworten in bisher unbekannte Gebiete einführen.

Seinen Erkenntnissen wurde weltweite Beachtung geschenkt: Die Entwicklung von Lehrprogrammen, programmiertem und computerunterstütztem Unterricht nahm damit ihren Anfang. Heute werden multimediale Lernprogramme nicht nur in die Grundausbildung, sondern vor allem in die betriebliche und allgemeine Erwachsenenbildung einbezogen, das Lernen am Computer ständig weiterentwickelt.

Für den Lernenden sind Skinners Experimente aber nicht nur wegen ihrer Bedeutung für die Lerntechnologie wichtig. Sie weisen auch darauf hin, daß die Fixierung einer Verhaltensweise von deren Konsequenzen für das Individuum abhängt. Gelernt wird, was befriedigende Resultate hervorbringt. Wenn beim Menschen bereits die Kenntnis, daß er richtig reagiert hat, als Belohnung genügt, kommt dieser *Rückbestätigung* (Feedback) große Bedeutung zu. Wir können unser Verhalten nur ändern, neue Reaktionen nur lernen, wenn wir Informationen über unsere Fortschritte erhalten. Wir werden beispielsweise kaum die korrekte Aussprache für eine fremdsprachige Vokabel erwerben, wenn uns niemand bei unseren fehlerhaften Versuchen korrigiert, wenn uns auch kein Tonband auf den Unterschied zwischen der richtigen und unserer eigenen Aussprache hinweist. Gibt uns ein Lehrer nicht mit ständigen Fragen und Prüfungen Gelegenheit, unser Verständnis des neuen Stoffes, unsere Fortschritte zu kontrollieren, ist es leicht möglich, daß wir auf Fehlern verharren und unsere Wissenslücken nicht entdecken. Prüfungen und Lehrerfragen erfüllen somit für den Schüler eine wichtige Funktion. Muß er ohne diese Hilfen auskommen, können Diskussionen mit Kollegen, gegenseitige Kontrollen ähnliche Dienste leisten.

Rekapitulieren Sie diesen Abschnitt aufgrund der Fragen auf S. 215

2.1.3 Lernen durch Einsicht

Vor allem die Gestaltpsychologen wandten sich gegen die etwas mechanistische Auffassung des Lernaktes durch die sogenannten Assoziationspsychologen. Sie warfen diesen Forschern vor, daß sie ihre Versuchstiere in künstliche, ihnen vollkommen fremde und nicht überblickbare Situationen brächten. Den Tieren bleibe dann gar nichts anderes übrig, als nach Versuch und Irrtum vorzugehen, weil sie frühere Erfahrungen nicht anwenden können. Unter anderen Umständen hingegen könne ihr Verhalten von *Einsicht* bestimmt werden.

Zur Stützung dieser Behauptung führten auch sie zahlreiche Experimente durch. Berühmt sind die Schimpansenversuche W. Köhlers. Er hängte z.B. eine Banane außer Reichweite an die Decke des Käfigs oder legte sie in einiger Entfernung vor dem Käfig hin. Den Schimpansen standen dabei irgendwelche Hilfsmittel zur Verfügung, einmal ein langes Rohr, ein andermal zwei kürzere, ineinanderschiebbare Rohre, eine Kiste oder mehrere Kisten, auf die sie klettern konnten. Und viele seiner Versuchstiere kamen, nach einigen vergeblichen Bemühungen, plötzlich auf die »Idee«, die begehrte Frucht mit Hilfe des Rohres heranzuholen oder die Kisten aufeinanderzuschichten und als Leiter zu benutzen.

Daß es sich dabei um *Einsicht in die Situation* und nicht um ein zufälliges Finden der richtigen Lösung handelte, bewies vor allem die Tatsache, daß die Tiere die erfolgbringende Verhaltensweise beim nächsten Versuch sofort wiederholten.

Die Gestaltpsychologen sind der Meinung, daß beim menschlichen Lernen die Einsicht eine sehr große Rolle spielt. Das einsichtige Lernen weist dabei entscheidende Vorteile gegenüber der Konditionierung auf:

– Die langwierige Phase von Versuch und Irrtum fällt praktisch weg, was einmal erkannt wurde, steht jederzeit wieder zur Verfügung.
– Es braucht kein langes Üben und Einprägen, wenn der Überblick über die Situation vorhanden ist, kann sofort und zielsicher gehandelt werden.
– Das neue Wissen wird nicht nur rascher erworben, sondern auch besser behalten und leichter auf ähnliche Situationen übertragen.

Unterbrechen Sie hier Ihre Lektüre und rekapitulieren Sie das Gelesene. (Fragen S.216)

Wo immer möglich, sollte daher versucht werden, das Wissen durch Einsicht zu erwerben, die Problemsituation zu strukturieren und die Zusammenhänge zu erkennen.

2.1.4 Zusammenfassung

Dieser kurze Überblick über einzelne Schulen der Lernpsychologie zeigt vor allem die Grundformen des Lernens:

- Die *klassische Konditionierung* als Koppelung eines ursprünglich neutralen Reizes mit einem einen bestimmten Reflex auslösenden Reiz, so daß schließlich der Reflex auch auf den Zusatzreiz allein erfolgt.

- Die *operante Konditionierung* als Verbindung der zum Erfolg führenden Handlung mit der vorausgegangenen Problemsituation und damit Erhöhung der Wahrscheinlichkeit des Auftretens dieser Handlung in einer ähnlichen oder gleichen Problemsituation.

- Das *Lernen durch Einsicht* als plötzliches Erkennen der zur Lösung entscheidenden Faktoren.

Der Grund, daß jeder Forscher bei seinen Experimenten immer nur die Bestätigung seiner eigenen Theorien fand, liegt darin, daß jeder von einer ganz bestimmten Problemsituation ausging: Pawlow vom Studium der Reflexe, Thorndike von der Untersuchung des Verhaltens bei für die Tiere neuen und unüberblickbaren Problemen und die Gestaltpsychologen von der Beobachtung des Vorgehens in Lernsituationen, in denen frühere Erfahrungen zur Anwendung kommen.

Die *klassische Konditionierung* spielt für den Menschen vor allem bei Gefühlsreaktionen eine Rolle sowie bei Situationen, in denen er sich einer bestehenden Ordnung anpassen muß.

Nach *Versuch und Irrtum* hingegen gehen wir normalerweise vor, wenn das Problem für uns unüberblickbar ist. Wenn das Radio plötzlich versagt oder das Auto nicht anspringen will, wird der technische Laie mehr oder weniger wahllos verschiedene Knöpfe drehen, darauf schlagen usw. Der Radio- oder Automechaniker hingegen wird mit *Einsicht* in die Zusammenhänge vorgehen, die Störung gezielt beheben und damit wesentlich bessere Resultate erzielen.

Sie haben jetzt den ganzen Abschnitt 2.1 gelesen. Kontrollieren Sie Ihr Aufnahmevermögen anhand der Fragen auf S. 216ff.

Überfliegen Sie jetzt den 2. Teil des Kapitels Lernpsychologie, und formulieren Sie dann Ihre Fragen:

✎ _____

_____

_____

_____

2.2 Speichern und Reproduzieren

Mit dem Lernen allein ist es nicht getan. Den Lernenden muß der Stoff auch weiterhin zur Verfügung stehen, sie müssen ihn behalten und reproduzieren können. Werden Erwachsene gefragt, welches ihre größten Lernprobleme sind, nennen die meisten ihr schlechtes Gedächtnis. Sie erkennen, daß sie Mühe haben, Einzelheiten zu speichern oder Namen zu behalten. Erinnerungen verblassen, auswendig Gelerntes verschwindet aus dem Gedächtnis. Auf der anderen Seite gibt es für jeden Ereignisse, die, obwohl längst vergangen, noch frisch und in allen Details gegenwärtig sind. Welchen Gesetzen unterliegen diese Prozesse?

Gleichzeitig ist uns klar, daß das Vergessen auch notwendig und wohltuend sein kann: Wir können nicht sämtliche Eindrücke behalten, die Tag für Tag auf uns einstürmen, sondern wir müssen eine Auswahl treffen. Wie aber kann diese Auswahl gesteuert werden?

Grob lassen sich drei Gedächtnisformen unterscheiden: das Kurzzeit-, das intermediäre und das Langzeitgedächtnis. Das Kurzzeitgedächtnis hält Sinneswahrnehmungen kurz fest (Nachbild). Das Langzeitgedächtnis behält die Erinnerung tage-, jahre- oder ein Leben lang. Die Bildung der dauerhaften Gedächtnisspur nimmt einige Zeit in Anspruch. Zur Überbrückung dient das *intermediäre* Gedächtnis. Es ist durch äußere Einflüsse störbar. Der Biochemiker F. Vester vergleicht den Speicherprozeß anschaulich mit der Herstellung eines Fotos: Das Kurzzeitgedächtnis entspricht dem Nachleuchten eines Bildes auf einer phosphoreszierenden Platte. Das intermediäre Gedächtnis kann mit dem Entwickeln des Negativs einer fotografischen Aufnahme verglichen werden. Wird das Negativ ohne Fixierung aus dem Entwickler genommen und ins Licht gehalten, wird es schwarz und ist bald nicht mehr zu erkennen. Nur wenn das Negativ entwickelt, kopiert und die Kopie im Fixierbad behandelt wird, ist die längere Speicherung – entsprechend dem Langzeitgedächtnis – gesichert.

Die langfristige Speicherung von Wissen in unserem Kopf stellen wir uns als ein Netzwerk vor, in dem die Wissenseinheiten vielfältig miteinander verknüpft sind. Die Verknüpfungen spielen dabei in mehrfacher Hinsicht eine wichtige Rolle: Sie geben den Informationen Sinn und ermöglichen es, in der Erinnerung von allgemeinen Einheiten zu Einzelheiten fortzuschreiten.

2.2.1 Faktoren, die das Behalten beeinflussen

Systematische Untersuchungen zeigen, daß verschiedene Faktoren das Behalten beeinflussen.

● Als erster Faktor ist die *Art des Materials* zu nennen, ob es sinnlos oder sinnvoll, gegliedert oder ungegliedert, einfach oder schwierig ist. Die nachfolgende Tabelle zeigt an einigen Beispielen, wie die *Vergessenskurven* von hundertprozentig beherrschtem Material über die Dauer von 30 Tagen verlaufen.

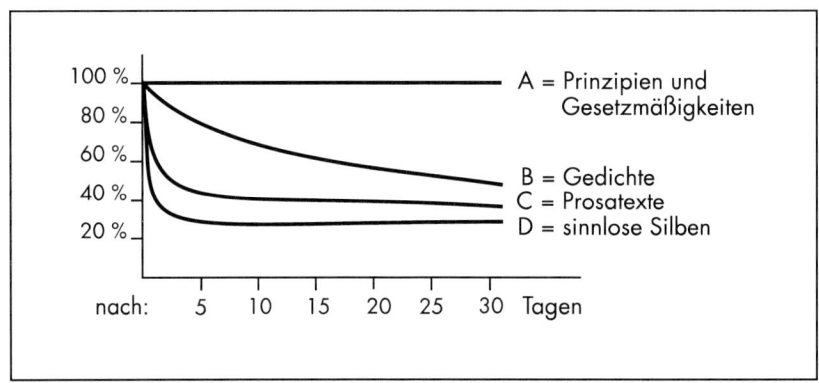

Wie ersichtlich, wird von sehr sinnvollem Material, nämlich Gesetzmäßigkeiten, Regeln, logischen Strukturen usw. wenig vergessen. Auch nach 30 Tagen kann fast alles Gelernte reproduziert werden. Für alle anderen Inhalte gilt, daß sie um so schneller vergessen werden, je weniger strukturiert sie sind. Gedichte, die Rhythmus und Reim aufweisen, werden besser behalten als Prosatexte, diese wiederum besser als sinnlose Silben.

Bei den beiden letzten Kategorien ist deutlich, daß vor allem die erste Zeit nach dem Lernen kritisch ist. Kurz nach dem Lernen sinkt die Kurve am steilsten ab und wird nachher immer flacher. Wichtig ist es deshalb, daß wir rechtzeitig wiederholen, bevor die Kurve an ihrem tiefsten Punkt angelangt ist.

● Ein zweiter Faktor, der das Behalten beeinflußt, ist die *Lernmethode*. Das gleiche Material wird weit besser behalten, wenn der Lernende sich aktiv bemüht, den Stoff zu verstehen. Zu den aktiven Lernmethoden, die die Gedächtnisleistung verbessern, gehören das Elaborieren und das Reduzieren. *Elaborationen* sind Verknüpfungen der neu aufzunehmenden Inhalte mit bereits gespeicherten Kenntnissen, beispielsweise durch selbstgestellte Fragen, bildhafte Vorstellungen, Analogien. Bedeutungslose Einzelheiten wie Zahlen, Daten, Formeln, Fremdwörter werden strukturiert. Statt Einzelwörter und Begriffe zu lernen, suchen wir nach Überbegriffen, bringen sie in eine Ordnung, gruppieren sie und haben dadurch vielfältige Gedächtnisstützen. Wir *reduzieren* die Anzahl der Einheiten, indem wir zusammenfassen oder umwandeln, beispielsweise zu einer Geschichte, vor allem aber indem wir gezielt auswählen, eigene Prioritäten setzen.

● Eine Gedächtnisstrategie beruht darauf, Zahlen (beispielsweise Telefonnummern oder zu lernende Daten) durch Buchstaben zu ersetzen und daraus sinnvolle Wörter zu bilden, die weit besser behalten werden.

● Wichtig ist die *Verteilung der Lernperioden*. Müssen wir beispielsweise eine größere Zahl von fremdsprachigen Vokabeln lernen, benötigen wir wesentlich weniger Wiederholungen, wenn wir die Lernarbeit auf mehrere Tage verteilen. Gleichzeitig sichern wir auf diese Weise eine bessere längerfristige Verankerung im Gedächtnis. Die Vorteile der verteilten Übung sind um so größer, je mehr Material gelernt und je später der Stoff reproduziert werden muß. Durch die Aufteilung auf verschiedene Lernperioden ergibt sich somit nicht nur ein Zeitgewinn bei der Aufnahme, sondern auch ein dauerhafteres Behalten. Auch wenn wir ein Klavierstück einüben, gelangen wir beim überlangen Lernen an einen Punkt, an dem wir infolge der Ermüdung immer mehr statt weniger Fehler machen.

● Innerhalb der einzelnen Lernperioden stellt sich die Frage nach der *Gliederung des Stoffes*. Soll beispielsweise bei einem Gedicht jeden Tag eine oder mehrere Strophen gelernt oder gleich das ganze Gedicht als Einheit vorgenommen werden? Ist es besser, ein größeres Wissensgebiet in einzelne Kapitel aufzuteilen und sich immer nur ein Stück vorzunehmen, oder soll alles zusammen angegangen werden? Untersuchungen ergeben im allgemeinen beim Repetieren eine Überlegenheit des *Ganzlernverfahrens,* wenn es sich nicht um streng gegliederte, logisch strukturierte Stoffe handelt. Der Lernende kann beim Ganzlernverfahren mit *Einsicht* an das Material gehen, er sieht die Beziehungen zwischen den einzelnen Gebieten, sinnvolle Zusammenhänge anstelle von isolierten Fakten. Meist ist es somit vorteilhaft, zunächst den gesamten Stoff durchzusehen und einen Überblick zu gewinnen. Später kann dann auf die Einzelheiten eingegangen werden, wobei der gesamte Aufbau nicht aus den Augen verloren wird. Aus den gleichen Gründen bewährt sich ja auch die geschilderte Lesevorbereitung: Die Lektüre wird durch das vorherige Überfliegen sinnvoller, die Bezüge zum übergeordneten Ganzen können leichter hergestellt werden.

- *Berücksichtigung des eigenen Lerntyps:* Manche Menschen lernen leichter über das Auge, andere über das Ohr. Viele lernen im Gespräch und durch Diskussionen, andere durch Lesen und Schreiben. Dieser Lernstil ist teils angeboren, teils Produkt der eigenen Lerngeschichte und Erfahrungen. Versuchen Sie, bewußt Ihren Lernstil einzusetzen, indem Sie den Stoff diskutieren, sich eine Skizze machen, laut lesen. Das spätere Reproduzieren wird erleichtert, wenn Sie mehrere Sinne in den Lernprozeß einbeziehen, wenn Sie laut lesen und schreiben, zeichnen oder erproben.

- Einen großen Einfluß darauf, ob ein bestimmter Stoff, eine bestimmte Begebenheit behalten oder vergessen wird, hat auch die *Motivation.* Was uns interessiert, wofür wir uns persönlich engagieren, daran erinnern wir uns mühelos. Inhalte, die uns langweilen oder gleichgültig lassen, werden dagegen langsamer gelernt und schnell wieder vergessen.
Wie S. Freud bereits anfangs dieses Jahrhunderts erkannte, liegt dem Vergessen häufig ein unbewußter Widerstand zugrunde. Wir vergessen Personennamen, die unangenehme Gedankenverbindungen in uns auslösen, oder Aufgaben, gegen die wir uns innerlich sträuben.

- Auch die *Reihenfolge,* in der wir neue Inhalte aufnehmen, kann sich auf das Behalten auswirken. Untersuchungen zeigen immer wieder die störende Beeinflussung durch ähnliche Wissensstoffe. Es ist leichter, nacheinander ein Gedicht, eine Vokabelreihe und eine Anzahl Geschichtszahlen zu lernen und zu behalten als nur eine lange Liste von Vokabeln. Gleichartige oder sehr ähnliche Inhalte stören sich gegenseitig, ein Phänomen, das als *Interferenz* bezeichnet wird. Ganz allgemein gilt, daß von einem erworbenen Wissensstoff um so mehr behalten wird, je passiver man sich nach dem Lernen verhält. Enthält man sich jeder Aktivität und schläft, vergißt man am wenigsten. Dies haben Vergleiche von Schülergruppen gezeigt, von denen die eine nach dem Lernen verschiedene Tätigkeiten ausführte, die andere aber schlief.

Es scheint somit, daß das Vergessen weniger ein passives Verlieren von Kenntnissen ist, sondern vielmehr eine Überlagerung durch neue Inhalte und Eindrücke stattfindet.

2.2.2 Schlußfolgerungen für Lernende

● Da sinnvolles Material besser behalten wird, versuchen wir, wo immer möglich, eine *Struktur* in den Stoff zu bringen, die *Zusammenhänge* zu sehen, die *Gesetzmäßigkeiten* zu suchen. Verschwommene und halbverstandene Inhalte werden schneller vergessen. Achten Sie deshalb schon beim Aufnehmen, besonders aber beim Rekapitulieren auf Klarheit. Gehen Sie vom Ganzen, von einer Übersicht aus, bevor Sie sich den Details zuwenden, bringen Sie Einzelheiten in einen größeren Zusammenhang.

● Wichtig ist vor allem die *eigene Aktivität:* Wenn wir komplexe Sachverhalte durch Tabellen, Skizzen und graphische Darstellungen veranschaulichen, Zusammenfassungen der wichtigsten Gebiete in eigenen Formulierungen schreiben, eine eigene Gliederung mit Untertiteln und Schlagwörtern einführen, bekommen wir große Wissensbereiche besser in den Griff.

● Um lernen zu können, brauchen wir die *Information über den eigenen Leistungsstand (Feedback).* Kontrollieren Sie Ihren Lernverlauf, prüfen Sie regelmäßig, was Sie verstanden und was Sie behalten haben. Nach Prüfungen (die wir uns auch selbst gegenseitig stellen können) analysieren wir die gemachten Fehler. Auch Diskussionen oder gegenseitiges Abfragen in Lerngruppen verschaffen ein Feedback.

● Was Lernenden hilft, Neues zu verstehen, was sie anwenden können, wird nicht vergessen. Beim Erarbeiten neuer Kenntnisse trägt daher das Bemühen, sie zu bereits Gelerntem in Beziehung zu setzen, im Lichte früheren Wissens zu betrachten, dazu bei, die neuen Inhalte zu integrieren, die älteren aufzufrischen.

● Nicht immer ist der Lernstoff sinnvoll. Fremdsprachige Vokabeln, geschichtliche Daten, chemische Formeln usw. können oft nur durch Auswendiglernen erworben werden. Dann aber ist es wichtig, gegen das Fallen der Vergessenskurve anzukämpfen. Die ersten Tage sind besonders kritisch: Eine baldige Repetition nach dem Lernen ist müheloser und leistet bessere Dienste, als wenn sie erst dann angesetzt wird, wenn die Kurve bereits unten angelangt ist.

● Um den störenden Auswirkungen der Interferenz zu entgehen, sollten wir möglichst nicht tagelang gleiches oder ähnliches Material auswendiglernen. Sind beispielsweise sehr viele Formeln oder Vokabeln zu lernen, nehmen wir uns immer wieder eine Anzahl vor und arbeiten dazwischen an etwas ganz anderem, wechseln auch innerhalb der einzelnen Lernperioden zwischen Auswendiglernen und Rekapitulieren, zwischen Lesen und Schreiben.

● Überlegen Sie, welches Ihre bevorzugte Lernart ist, und setzen Sie den Lernstoff entsprechend um.

● Einige Hinweise, was zur Verbesserung und Beeinflussung der Motivation unternommen werden kann, finden sich auf S. 75ff.

● Für das bessere Verankern im Gedächtnis hilft das Wiederholen, das Sehen in verschiedenen Zusammenhängen. Kenntnisse, über die wir sprechen, die wir mit Kollegen diskutieren, die wir dauernd anwenden, werden zum bleibenden Besitz.
Wollen wir andererseits bestimmte Inhalte vergessen, unser Gedächtnis nicht mit unnötigem Ballast beschweren (z.B. dem Inhalt eines leichten Unterhaltungsfilmes, eines Kriminalromans usw.), gelten die umgekehrten Prinzipien: Wiederholen Sie diese Dinge nicht, sprechen Sie nicht mehr darüber.

● Helfen Sie dem Gedächtnis, indem Sie es entlasten und für wichtige Dinge freihalten: Anstatt zu versuchen, sich alle Aufträge, Aufgaben und spontanen Einfälle zu merken, tragen Sie ein Notizbuch bei sich, in das Sie auch unterwegs Beobachtungen, Ideen und zu erledigende Arbeiten eintragen können. An Ihrem Arbeitsplatz kann eine Pinnwand Ihre Merkzettel aufnehmen.

Unterbrechen Sie hier wieder die Lektüre und beantworten Sie die Fragen auf S. 220 zur Rekapitulation dieses Abschnittes.

2.3 Das Lernplateau

Abschließend soll hier noch kurz auf einen weiteren Begriff aus der Lernpsychologie eingegangen werden: das Lernplateau.

Es ist eine immer wiederkehrende Erfahrung, daß die Lernfortschritte nicht gleichmäßig vor sich gehen. Graphisch dargestellt bedeutet dies, daß die Kurve des erworbenen Wissens nicht linear, sondern schubweise ansteigt. Da für rein geistiges Lernen der Fortschritt schwierig zu messen ist, enthält die nachfolgende Illustration ein Beispiel über Maschinenschreiben. Die Kurve gibt an, auf wie viele Anschläge pro Minute ein Anfänger an jedem der 180 Übungstage kam (nach Maddox, 1963).

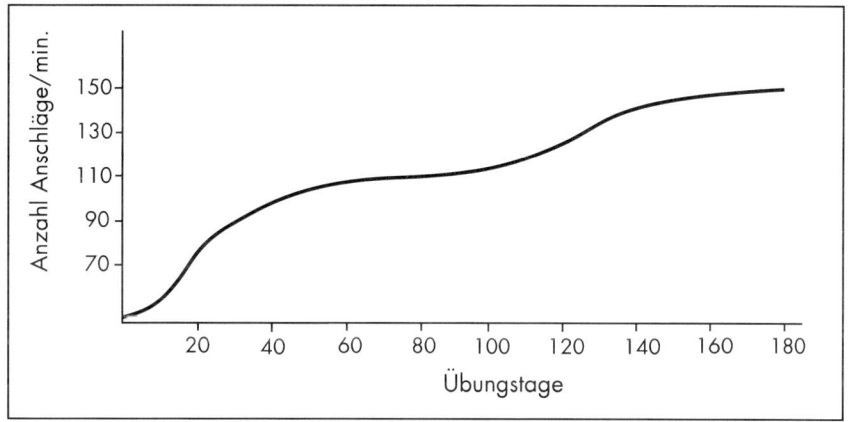

Der Lernfortschritt für viele andere Gebiete (Fremdsprachen, Lesen, Mathematik usw.) kann ähnlich verlaufen. Im allgemeinen erfolgt der Einstieg in einen neuen Wissensstoff, eine neue Fertigkeit in vier Phasen.

1) Der Anfang ist oft mühsam, die Lernenden müssen zuerst den Zugang zu ihren Aufgaben finden, sich mit den neuen Gesetzen vertraut machen.
2) Dann folgt einer Periode, in der sehr schnell gelernt wird, der »Dreh« ist gefunden, die Lernenden werden zudem von der Neuheit der Aufgabe und der Freude über ihre Leistungen angespornt.
3) An einem Punkt scheint man dann plötzlich stillzustehen; trotz täglichen Übens werden fast keine Fortschritte mehr gemacht, oft sogar bereits beherrschtes Material wieder verloren: Ein *Lernplateau* ist entstanden.
4) Nach Überwinden des Plateaus steigt die Kurve wieder langsam an, bis eine obere Grenze erreicht ist.

Das Wissen um diese Gesetzmäßigkeiten kann Lernende vor Entmutigung bewahren und ihnen helfen, auch dann mit ihrer Arbeit fortzufahren, wenn sie zu stagnieren beginnen.

Beheben läßt sich das Lernplateau in vielen Fällen durch das Abklären der Ursachen. Manchmal entstehen Stockungen im Lernfortschritt, weil falsche Arbeitstechniken angewandt werden. Die Nachteile dieser Techniken machen sich oft anfangs nicht bemerkbar, können sich sogar zunächst günstig auswirken. Von einem bestimmten Punkt an muß dann aber entweder umgelernt werden, oder man kommt nicht mehr weiter. Um beim Beispiel vom Maschinenschreiben zu bleiben: Man sucht die Tasten mit den Augen, weil dies anfänglich bessere Leistungen als das Blindschreiben zeitigt. Später aber bewirkt diese Technik ein Lernplateau.

Bei komplexeren Aufgaben kann der Lernfortschritt plötzlich zum Stillstand kommen, wenn wichtige Voraussetzungen, das Beherrschen elementarer Gebiete, für das Verständnis neuer Kapitel fehlen. Ein anderer Grund für das Flacherwerden der Kurve kann im Nachlassen der Motivation liegen. Dann mag eine neue Einstellung, ein Anpacken der Aufgabe von einer anderen Seite helfen.

Die hier kurz erwähnten Lerngesetze sollten Studierende und Erwachsene, die sich weiterbilden, berücksichtigen, wenn es um die Organisation ihrer Arbeit geht. Auf andere praktische Anwendungen der verschiedenen Prinzipien wird im weiteren Verlauf dieses Buches ab und zu hingewiesen.

Sie haben jetzt das ganze Kapitel »Lernpsychologie« gelesen. Rekapitulieren Sie den Stoff aufgrund der Hinweise auf S. 221ff.

Die Prinzipien der Lesetechnik wurden am Kapitel Lernpsychologie gezeigt. In den weiteren Kapiteln sind keine Stoppsignale mehr angebracht, wird die Rekapitulation nur teilweise durch Fragen unterstützt. Versuchen Sie aber trotzdem, nach der vorgeschlagenen Methode vorzugehen: Überfliegen Sie das Kapitel, bevor Sie zu lesen beginnen, notieren Sie Ihre Fragen, und halten Sie nach jedem Abschnitt an, um den Inhalt zu überdenken und zusammenzufassen.

Ihre Fragen zum Kapitel Zusammenarbeit

3. Zusammenarbeit

3.1 Möglichkeiten und Grenzen der Zusammenarbeit

Für manche geistig Tätige besteht das Idealbild des Wissenschaftlers in Faust, der allein in seinem Studierzimmer um Wahrheit ringt, alle Disziplinen beherrscht und sich selbst genügt. Sie sehen Wert nur in der einsam und ohne fremden Einfluß erbrachten Leistung. Eifersüchtig hüten sie ihre Gedanken und setzen sie höchstens in Buchform der Kritik der Welt aus.

Eine solche Einstellung hatte aber – wenn überhaupt – nur so lange eine Chance, als für ein Individuum noch die Möglichkeit bestand, sich zu einem Universalgelehrten auszubilden, der auf jedem Gebiet sattelfest war. In der heutigen Zeit, in der sich die Summe des Wissens der Menschheit mit unheimlicher Schnelligkeit vergrößert, kann ein Wissenschaftler auch nach jahrzehntelangem Studium und ständiger Weiterbildung nur noch auf einem kleinen Gebiet wirklich Bescheid wissen. Für alle anderen Informationen muß er sich an Spezialisten wenden, sich auf die Produkte fremder Geistestätigkeit verlassen.

Die Notwendigkeit der Arbeitsteilung und der gegenseitigen Ergänzung ergibt sich nicht nur aus der immer weiter fortschreitenden Spezialisierung. Die Gruppe ist auch in zahlreichen Fällen dem einzelnen überlegen und liefert qualitativ oder quantitativ höherstehende Produkte; viele Leistungen werden zudem erst durch die Zusammenarbeit möglich.

Ein weiterer wichtiger Grund für die Arbeit in Gruppen, für den Austausch von Gedanken und Erfahrungen liegt in der Natur des Menschen selbst. Jeder Mensch braucht zur Erhaltung seiner psychischen Gesundheit den Kontakt mit anderen, das Gefühl der Zugehörigkeit, das Wissen um die Bedeutung der eigenen Aktivitäten für die anderen. Die Zusammenarbeit mit Kollegen gibt ihm Anregung, Bestätigung und befriedigt seine sozialen Bedürfnisse. Es gibt somit sowohl innere als auch äußere, sowohl intellektuelle, emotionale als auch soziale Vorteile der Gruppenarbeit.

Trotzdem entstehen bei der Gruppenarbeit aber auch Probleme, wirkt sie sich keineswegs immer fördernd auf die Leistung aus. Das Bedürfnis nach Teamwork wird oft überdeckt durch die Tendenz zu rivalisieren, die eigene

Position auf Kosten der andern zu verbessern, oder durch die Unfähigkeit, konstruktiv auf die Beiträge der Mitmenschen einzugehen.

Die Schulen aller Stufen nennen zwar als eines ihrer wichtigsten Ziele die »Entwicklung der Teamfähigkeit« und der »Bereitschaft zur Zusammenarbeit«. Notendruck, ständige Auslese und ausschließliche Bewertung der Einzelleistungen fördern aber weit mehr ein Wettbewerbsdenken und zerstören das bei den Schülern vorhandene Zusammengehörigkeitsgefühl und ihre Bereitschaft zur Kooperation.

Studentinnen und Studenten, die sich aus eigener Initiative zu Lern- und Diskussionsgruppen zusammenschließen, erleben zudem oft, daß ihre Erwartungen enttäuscht werden und die Gemeinschaftsarbeit wenig bringt. Unzufrieden mit den Ergebnissen, verlieren sie die Lust zum Mitmachen und beschließen, fortan nur noch allein zu arbeiten.

Anstatt zu kapitulieren, ist es besser, sich klarzumachen, daß eine erfolgreiche Zusammenarbeit nicht nur den Wunsch nach Gemeinsamkeit, sondern vor allem auch Übung und die Einhaltung bestimmter Spielregeln voraussetzt.

3.2   Diskussionen

3.2.1 Warum diskutieren wir?

Diskussionen erfreuen sich großer Beliebtheit. Im Anschluß an Referate, an Jahresversammlungen, im Fernsehen vor der Wahl und bei der Behandlung von kontroversen Themen – es wird erwartet, daß eine Diskussion zumindest auf dem Programm steht. Für diese Gesprächsform sprechen auch eine ganze Reihe guter Gründe:

● Diskussionen helfen uns bei der *Auseinandersetzung mit neuem Wissensstoff*. Die Beiträge und Fragen der einzelnen Teilnehmer zeigen verschiedene Aspekte auf, rücken Dinge ins richtige Licht und verbessern so das Verständnis und den Überblick.

● Diskussionen führen zu größerer *Klarheit*, helfen uns, neuerworbene Kenntnisse zu vertiefen. Problemlösegruppen bauen auf einem koordinierten Informationsaustausch auf. Während wir beim Zuhören und beim Lesen oft versucht sind, zustimmend zu nicken oder uns im Gefühl zu wiegen, alles verstanden zu haben, müssen wir uns genauer ausdrücken und sorgfältiger formulieren, wenn wir uns andern mitteilen wollen. Vage Ideen können wir uns nicht erlauben.

● Viele unserer Ansichten sind in Wirklichkeit Vorurteile, an die wir uns gewöhnt haben und die wir nicht mehr in Frage stellen. Erst die Erkenntnis, daß andere nicht der gleichen Meinung sind, führt zu *neuem Überdenken.* In der Diskussion kommen wir mit leeren Behauptungen nicht weiter, wir müssen nach stichhaltigen Argumenten für unseren Standpunkt suchen.

● Bei der Suche nach Lösungen für ein Problem helfen Gruppendiskussionen, weil ein *breiteres Spektrum von Ideen* vorhanden ist, als wenn sich eine Einzelperson damit auseinandersetzt. Während sich ein einzelner leicht in eine »Sackgasse« verrennt, werden unrichtige Lösungen in einer Gruppe schneller erkannt, weil alle Vorschläge von den andern kritisch geprüft werden – und weil man Fehler beim andern schneller wahrnimmt als bei sich selbst.

● Sachliche Diskussionen führen zu *Toleranz;* in vielen Bereichen sind verschiedene Meinungen möglich. Die Erkenntnis, daß andere aus guten Gründen andere Ansichten vertreten, verhindert, daß wir uns »im alleinigen Besitz der Wahrheit« wähnen und Andersdenkende geringschätzen oder ablehnen. Dies gilt in besonderem Maße für Konflikte und Spannungen mit unseren Mitmenschen: Ein offenes Gespräch im Kreis der Betroffenen kann klären, wie die Situation von jedem einzelnen empfunden wird und welche Lösung von allen akzeptiert werden kann.

Diskussionen kommen somit nicht nur unserem Bedürfnis nach Kontakt und Gedankenaustausch entgegen. Sie sind für ein befriedigendes Zusammenleben und eine sinnvolle Zusammenarbeit mit andern unentbehrlich. Der Austausch von Gedanken und Wissen hält uns geistig lebendig, verhindert ein oberflächliches oder kritikloses Annehmen von Behauptungen oder passives Verharren auf unserem Wissensstand. Es lohnt sich deshalb, sich mit dieser Gesprächsform näher zu befassen und nach möglichst vielen Gelegenheiten zu suchen, sie auszuüben.

3.2.2 Häufige Probleme

Was allgemein zur Zusammenarbeit gesagt wurde, gilt in besonderem Maße für Diskussionen: Gute Diskussionen sind sehr positiv zu werten – doch ergibt sich längst nicht aus jedem Gespräch mit mehreren Teilnehmern eine gute Diskussion. Es müssen vielmehr eine ganze Reihe von Problemen erkannt und vermieden werden.

- Oft bestimmen einige wenige Teilnehmer völlig den Verlauf der Diskussion. Jeder Beitrag eines anderen wird lediglich als Atempause zwischen den eigenen Monologen benützt. Entsprechend hören sie kaum zu und können natürlich auch nicht auf die Argumente der anderen eingehen.

- Manchen Leuten geht es weniger um das Thema der Diskussion als darum, sich selbst reden zu hören; wenn sie das Wort haben, kommen sie vom Hundertsten ins Tausendste, schweifen endlos ab – nur um nicht aufhören zu müssen.

- Andere Teilnehmerinnen und Teilnehmer betrachten eine Diskussion als einen Kampf, in dem es darum geht, die anderen zu »besiegen«. Gelingt es ihnen nicht, alle von ihrer Meinung zu überzeugen, empfinden sie dies als eine Niederlage und reagieren beleidigt oder wütend. Natürlich müssen sie mit dieser Einstellung auch dann auf ihrem Standpunkt verharren, wenn sie im Grunde längst die Haltlosigkeit der eigenen Argumente erkannt haben. Um nicht als »Verlierer« dazustehen und ihre Position aufgeben zu müssen, finden sie immer neue, immer absurdere Gründe für ihre Ansicht.

Es ist für jeden Menschen befriedigend zu wissen, daß er mit seiner Meinung nicht allein steht und andere zu den gleichen Erkenntnissen und Schlüssen gekommen sind. Aus diesem Bedürfnis nach Einigkeit und Übereinstimmung ergeben sich aber auch Probleme:

- Experimente zeigen, daß viele Menschen wider besseres Wissen zustimmen, wenn die anderen Gruppenmitglieder sich in ihrer (falschen) Aussage einig sind. Die Angst, mit seiner Meinung allein zu stehen und zum Außenseiter zu werden, ist oft stärker als die eigene Überzeugung oder der Wunsch nach Wahrheit.

- Die Einigkeit einer Gruppe kann auch zu Intoleranz nach außen und dazu führen, daß die gemeinsamen Meinungen nicht mehr in Frage gestellt werden. In einem Kreis von Gleichgesinnten werden nicht nur Informationen ausgetauscht, sondern oft auch Vorurteile laufend bestärkt und erhärtet. Jeder Mensch zieht es vor, sich mit Freunden zu umgeben, die in wichtigen Fragen mit ihm übereinstimmen. Durch die gegenseitige Bestätigung werden aber Meinungen leicht zur »Gewißheit« – anstelle einer lebendigen Auseinandersetzung mit anderen Ideen und einem Erweitern des Horizontes führen solche »Diskussionen« zur Einengung und Erstarrung.

Die Aufzählung dieser Gefahren ist nicht als Argument gegen Diskussionen gedacht. Sie kann dazu dienen, die in der Gruppe wirksamen Mechanismen zu durchschauen und bewußt dagegenzusteuern.

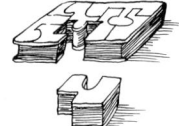

Übung

Unterziehen Sie die in der letzten Zeit geführten Diskussionen einer kritischen Prüfung. Konnten alle hier erwähnten Gefahren umgangen werden?

3.2.3 Spielregeln für Diskussionen

Falls Sie sich – zur Weiterbildung, zum Lösen von Problemen oder zur geistigen Anregung und Auseinandersetzung mit aktuellen Themen – regelmäßig mit andern zu Diskussionen treffen, prüfen Sie die folgenden zehn Regeln:

1) *Die Diskussion muß vorbereitet sein:* Ziel einer Diskussion ist der Austausch von Gedanken, Argumenten, Kenntnissen. Wenn wir nicht im »luftleeren Raum« diskutieren wollen, benötigen wir dazu Unterlagen, z.B. Ergebnisse wissenschaftlicher Untersuchungen, Statistiken, Informationen aus Fachbüchern und -zeitschriften. Statt den Teilnehmenden diese Unterlagen zu Beginn oder im Verlauf der Diskussion auszuhändigen und zu warten, bis sich alle durch den Papierstapel durchgepflügt haben, ist es sinnvoller, sie so rechtzeitig vor der Zusammenkunft zu verteilen, daß sie von allen sorgfältig durchgearbeitet werden können. Auch wenn keine schriftlichen Unterlagen abgegeben werden können – wenn es beispielsweise darum geht, einen Konflikt unter Kollegen zu lösen –, ist zu empfehlen, das Thema der Diskussion vorher allen Beteiligten mitzuteilen, um ihnen zu ermöglichen, sich schon vorher damit auseinanderzusetzen.
Natürlich entstehen oft spontane, unvorbereitete Diskussionen – die aber häufig wieder abgebrochen werden, weil keiner wirklich Bescheid weiß – oder weil alle unbesehen demjenigen glauben müssen, der für sich in Anspruch nimmt, über genaue Kenntnisse zu verfügen.

2) *Die Gruppe sollte weder zu groß noch zu klein sein:* Wie viele Personen an der Diskussion teilnehmen sollen, hängt in erster Linie vom Ziel und vom Thema ab. Die Erfahrung zeigt, daß die Beteiligung der einzelnen sehr unterschiedlich ist, wenn die Teilnehmerzahl über acht steigt: Während einzelne sehr viel sprechen, melden sich andere kaum oder gar nicht zu Wort. Nehmen nur drei oder vier Personen an der Diskussion teil, ist dagegen das

Spektrum von Meinungen, Ideen und Informationen begrenzt; auch besteht die Gefahr, daß das Gespräch ins Persönliche abgleitet.

Wird deshalb eine sachliche und anregende Diskussion gewünscht, an der sich alle Gruppenmitglieder gleichermaßen beteiligen, empfiehlt sich eine Teilnehmerzahl von fünf bis acht.

3) *Alle Teilnehmer sind gleichberechtigt:* Ein echtes Gespräch mit freien Meinungsäußerungen kommt zur zustande, wenn alle Gruppenmitglieder gleichermaßen ernst genommen werden, wenn jedem zugehört und auf alle Beiträge eingegangen wird.

4) *Kurz sprechen und beim Thema bleiben:* Manche Teilnehmerinnen und Teilnehmer überlegen erst dann, was sie sagen wollen, wenn ihnen das Wort erteilt wird. Sie »denken« dann laut und kommen dabei vielleicht zum Schluß, daß sie gar nichts zu sagen haben …

Wenn wir uns auf eine Diskussion vorbereiten, notieren wir uns die Punkte, die uns wichtig erscheinen. Beim Anhören der Beiträge der anderen werden diese Überlegungen ergänzt, Gegenargumente, Anmerkungen, Kritik usw. einbezogen. Wir bemühen uns, möglichst klar und knapp zu formulieren, auf Wiederholungen und Abschweifungen zu verzichten und jeweils nur auf *den* Punkt einzugehen, der gerade im Gespräch ist.

5) *Höflichkeit erleichtert die Diskussion:* Manche Leute formulieren leicht und flüssig, andere haben etwas Mühe, ihre Gedanken in Worte zu fassen. Um zu verhindern, daß die ersteren ständig sprechen, die letzteren immer wieder unterbrochen werden, wenn sie gerade erst angefangen haben, empfiehlt es sich zu vereinbaren, daß sich die Teilnehmer melden müssen. Wer das Wort hat, hat das Recht auf Aufmerksamkeit und darauf, zu Ende sprechen zu können.

Zur Höflichkeit gehört auch, auf spöttische oder abwertende Zwischenrufe ebenso wie auf halblaute Kommentare oder Privatgespräche zu verzichten.

6) *Andere Meinungen respektieren:* Sind alle Beteiligten einer Meinung, kann sich keine Diskussion entwickeln. Die Anregungen, Denkanstöße beziehen wir vor allem von den Argumenten, mit denen wir nicht übereinstimmen. Es hilft dem Gespräch nicht weiter, wenn wir schroff widersprechen, einen Standpunkt einfach als falsch oder unsinnig bezeichnen, ohne uns damit zu befassen. Oft ist es besser, wenn wir erst von den Gemeinsamkeiten ausgehen, hervorheben, wo Übereinstimmung besteht, bevor wir zu den kontroversen Punkten kommen.

Äußert eine Teilnehmerin oder ein Teilnehmer einen Gedanken, der uns völlig fremd ist oder den wir nicht nachvollziehen können, fordern wir sie oder ihn auf, uns die Überlegungen näher zu erläutern, die zu dieser Behauptung geführt haben.

7) *Die Diskussionsleitung kontrolliert das Einhalten der Spielregeln:* Eine Teilnehmerin oder ein Teilnehmer wird zum Diskussionsleiter gewählt, wobei bei regelmäßigen Zusammenkünften die Leitung im Turnus jedem Mitglied übertragen werden kann.
Der Diskussionsleiter oder die -leiterin führt in das Thema ein, nimmt die Wortmeldungen entgegen, achtet darauf, daß sachlich diskutiert und nicht abgeschweift wird.
Die Aufgabe, Vielredner dazu zu bringen, sich kurz zu fassen, Weitschweifige auf den zur Diskussion stehenden Punkt zurückzuholen und Ungeübten zu helfen, ihre Gedanken klar auszudrücken, erfordert einiges Fingerspitzengefühl.
Entsteht eine längere Pause, kann der oder die Leitende die bisherigen Ergebnisse zusammenfassen und auf die noch offenen Punkte verweisen. Natürlich können auch die Leitenden ihre eigene Meinung vertreten. Um das Gespräch aber nicht gleich »abzuwürgen«, tun sie gut daran, diese Meinung nicht am Anfang zu verkünden. Bei der Leitung der Diskussion ist darauf zu achten, daß alle Teilnehmenden gleichermaßen zu Wort kommen und zu Ende sprechen können und nicht diejenigen bevorzugt werden, deren Meinung mit jener der Diskussionsleitung übereinstimmt.
An den Schluß stellt er oder sie eine Bilanz. Diskussionen enden natürlich nicht immer in Einstimmigkeit. Die Zusammenfassung besteht dann in der Darstellung der verschiedenen Standpunkte und der entsprechenden Argumente. Auch dabei muß sich die Leitung bemühen, alle Ansichten in gleicher Weise aufzuführen und nicht den eigenen mehr Raum zu gewähren.

8) *Keiner wird zum Sprechen gezwungen:* Natürlich ist es wünschenswert, daß sich die ganze Gruppe an der Diskussion beteiligt. Manchen Leuten fällt es aber schwer, ihre Meinung frei zu äußern. Eine direkte Aufforderung zu sprechen empfinden sie als »Überrumpelung«; ihre Ängste werden dadurch wahrscheinlich nur verstärkt. Besser ist es deshalb zu warten, bis sich auch die schüchternen Mitglieder von selbst melden. Eine andere Möglichkeit besteht darin, sie zu bitten, sich zu einem bestimmten Thema Informationen zu beschaffen, die sie dann den andern weitergeben können. Wenn sie als »Experten« sprechen können, überwinden sie ihre Unsicherheit leichter.

9) *Das Thema steht im Mittelpunkt:* Gleichgültig, welches der Inhalt der Diskussion ist: Zu einem echten Gespräch kommt es nur dann, wenn es allen Teilnehmenden um die Sache und nicht um ihr persönliches Prestige geht. Es besteht kein Grund, beleidigt zu reagieren, wenn wir uns mit unseren Vorschlägen nicht durchsetzen, oder aufzutrumpfen, wenn sich die Behauptung eines anderen als unrichtig erweist. Wenn in der Diskussion gemeinsam geprüft wird, welche Argumente fundierter, welche Beweise stichhaltiger sind, werden alle Teilnehmer von den Anregungen und Auseinandersetzungen profitieren, ob sie nun von ihrem ursprünglichen Standpunkt abgerückt sind oder dafür weitere Unterstützung gefunden haben.

10) *Kritisch bleiben:* Um den im vorangehenden Kapitel erwähnten Gefahren zu begegnen, empfiehlt es sich, sich mit den Argumenten der anderen in Diskussionen ebenso kritisch auseinanderzusetzen wie mit schriftlichen Informationen (s. S. 41f.): Wir unterscheiden bei unseren eigenen Äußerungen, ob es sich um eine persönliche Meinung, eine Vermutung oder eine gesicherte Erkenntnis handelt – und analysieren die Aussagen der anderen in gleicher Weise. Bevor wir uns von Aussagen überzeugen lassen, prüfen wir, auf welcher Grundlage sie beruhen, ob die Quellen zuverlässig und die Informationen vollständig sind. Dies gilt auch dann, wenn sich die Gruppe schnell einig wird. Wir laufen weniger Gefahr, uns in unseren Vorurteilen nur gegenseitig zu bestätigen, wenn die Zusammensetzung der Gruppe öfter wechselt, wenn immer wieder neue Mitglieder aufgenommen werden oder wenn wir das Gespräch bewußt auch mit Kollegen und Bekannten suchen, die unsere Ansichten nicht teilen.

Zweifellos ist es nicht einfach, alle diese Regeln einzuhalten. Diskussionen, die am Fernsehen stattfinden, mißachten oft eine ganze Reihe davon. Das Ergebnis ist denn auch oft weniger eine echte Auseinandersetzung, die zu einem besseren Verständnis für den Standpunkt des anderen führt, als vielmehr eine gegenseitige Beschimpfung und ein Verhärten der Fronten.

3.3   Zusammenarbeit beim Lernen

3.3.1 Vorteile und Probleme

Viele Studentinnen und Studenten im ersten Semester klagen über den »Massenbetrieb« an der Hochschule. Erwachsene, die sich in Kursen oder Abendschulen weiterbilden, empfinden die Isolation als Problem. Schließen sich mehrere Studierende mit dem gleichen Ausbildungsziel zu einer *Lerngruppe* zusammen, profitieren sie von mehreren Vorteilen:

- Der *Kontakt* wirkt der Isolierung entgegen; in der Gruppe können nicht nur fachliche Ziele erarbeitet, sondern auch Gedanken und Erfahrungen ausgetauscht und Probleme besprochen werden, die sich beim Studium oder in Kursen ergeben.

- Gefühle sind wichtig für das Lernen: Wenn wir uns unter Kolleginnen und Kollegen geborgen und wohl fühlen, können wir besser aufnehmen und uns konzentrieren.

- Während in der Schule der Lernfortschritt durch Arbeiten und Prüfungen laufend kontrolliert wird, vergehen an der Hochschule und in der Erwachsenenbildung oft Jahre bis zum nächsten Prüfungstermin. Das für das Lernen so wichtige Wissen über den eigenen Leistungsstand (*Feedback,* vgl. auch S. 48) wird in Lerngruppen durch die gegenseitige Kontrolle vermittelt.

- Die Arbeit in Lerngruppen erfordert das Setzen von Zwischenzielen. Diese erleichtern die Aufrechterhaltung der *Motivation,* wenn der Abschluß noch in weiter Ferne liegt. Da das Zusammensein mit anderen dem Bedürfnis nach Geselligkeit entspricht, fällt das gemeinsame Lernen auch leichter. Der Gruppendruck unterstützt das Lernziel: Wenn wir gemeinsam das Ziel erreichen wollen, wenn darüber Klarheit herrscht, stützen wir uns gegenseitig. Herrscht Unklarheit oder Uneinigkeit über die Ziele, lenken wir uns dagegen ab. Bei Problemen und Verständnislücken gibt die Gruppe nicht so schnell auf – gemeinsam wird eher eine Lösung gefunden.

- Lerngruppen ermöglichen mehr *eigene Aktivität.* Wir können im gemeinsamen Training Techniken einüben. Während in Vorlesungen und auch in vielen Seminaren hauptsächlich der Dozent spricht und die Lernziele setzt, werden in der Lerngruppe Ziele, Fragen und Antworten von den Teilnehmenden formuliert. Dieser Vorteil ist vor allem dann von Bedeutung, wenn die Klassen oder Seminare sehr groß sind.

- Daß Diskussionen bei der Verarbeitung von neuem Wissensstoff Unklarheiten beseitigen, Lücken stopfen und das *Verständnis vertiefen,* wurde bereits erwähnt.

- Einer Gruppe fällt es leichter, den *Überblick* über sehr große und komplexe Gebiete zu bewahren. Während ein einzelner eher Gefahr läuft, sich in Details zu verbeißen oder in Sackgassen zu geraten, sorgt die Diskussion mit anderen für einen Ausgleich.

- Es gibt sehr verschiedene Lernstile: Wir können andere beobachten oder fragen und prüfen, was wir übernehmen können. Viele lernen am besten im Gespräch. In Gruppen kann jeder einen anderen Zugang ausprobieren und den Erfolg vergleichen.

- Die Arbeit in einer Lerngruppe kann nicht nur die *Prüfungsvorbereitung* erheblich erleichtern. Durch die Möglichkeit, sowohl schriftliche als auch mündliche Prüfungen vorher zu »üben« (gegenseitiges Abfragen, Stellen von Prüfungsfragen), wird auch die *Prüfungsangst abgebaut.*

Wenn trotz dieser offenkundigen Vorteile viele Lerngruppen bald wieder auseinanderfallen, liegt dies vor allem an folgenden *Schwierigkeiten:*

- Der *Arbeitseifer* vieler Studierender ist mit der Ausführung des Vorsatzes, sich gemeinsam zum Lernen hinzusetzen, *bereits erschöpft.* Nicht nur einzelne haben oft Mühe, dann mit der Arbeit zu beginnen, wenn sie es sich vorgenommen haben; auch in Gruppen besteht die Gefahr, daß man zwar die Sportereignisse des Vortages oder die Pläne fürs Wochenende, nicht aber den Lernstoff intensiv diskutiert.

- Die (unausgesprochenen) *Erwartungen,* die die Teilnehmerinnen und Teilnehmer an die Lerngruppe stellen, *klaffen zu weit auseinander.* Während es den einen in erster Linie um den Kontakt, um ein gemütliches Zusammensein geht, möchten andere vor allem fachlich weiterkommen. Schwierigkeiten gibt es natürlich auch, wenn einzelne Teilnehmende die vereinbarten Vorarbeiten durchführen, andere dagegen stets unvorbereitet erscheinen.

- Wenn einzelne Teilnehmer oder Teilnehmerinnen dominieren und die anderen nur zu »Ausführenden« ihrer Anweisungen degradieren, kann sich keine ersprießliche Zusammenarbeit entwickeln.

Von einer »erfolgreichen« Zusammenarbeit kann man nur dann sprechen, wenn nicht nur die erbrachte *Leistung* den gemeinsamen Zielvorstellungen entspricht, sondern die Beteiligten auch eine *persönliche Befriedigung* erfahren. Die nachfolgenden Regeln sollen dabei helfen, beide Kriterien zu erfüllen.

3.3.2 Der Aufbau einer Lerngruppe

- Für die Arbeit in Lerngruppen empfiehlt sich eine etwas *geringere Teilnehmerzahl* als bei Diskussionsgruppen. Als vorteilhaft erweisen sich Gruppengrößen von drei bis fünf Mitgliedern. Die Gründe dafür liegen darin, daß bei größeren Gruppen die Organisation sehr erschwert wird – es wird immer schwieriger, Termine zu finden, die allen zusagen. Ist die Gruppe immer unvollständig oder wechselt die Zusammensetzung ständig, wirkt sich dies negativer aus als bei Diskussionsgruppen.

- Eine Lerngruppe sollte auch »homogener« sein als eine Diskussionsgruppe. Bestehen hinsichtlich Wissensstand, Interessen oder Einsatz zu große Unterschiede, kommt es leicht zu Spannungen. Finden Sie nicht durch Bekannte oder direkte Ansprache in Kursen genügend Interessenten, versuchen Sie es mit einem Anschlag am »Schwarzen Brett« Ihrer Ausbildungsstätte.

- Vor Beginn der gemeinsamen Arbeit einigen sich die Teilnehmenden über ihre *Zielsetzungen* und ihr *Vorgehen*. Manche Lerngruppen werden nur für eine begrenzte Zeit – z.B. für die Vorbereitung einer größeren Prüfung – gebildet; andere bestehen über Jahre hinweg oder begleiten einen ganzen Ausbildungsgang. Es wird dann beispielsweise laufend die Fachliteratur durchgearbeitet und diskutiert, oder es werden immer wieder andere Probleme und Bereiche aufgegriffen und systematisch bearbeitet.

- Auch für jedes Treffen wird vorher das *Thema* bzw. die Zielsetzung festgelegt. Gleichzeitig wird vereinbart, welche *Vorbereitungen* alle Beteiligten zu treffen haben. Wenn diese Vereinbarungen klar und eindeutig sind, ist nicht nur die Gefahr von Enttäuschungen geringer, sondern auch von Abschweifungen. Solche detaillierten und von allen akzeptierten Vereinbarungen setzen den Gruppenmitgliedern ein Ziel und ermöglichen es, gleich zum Thema zu kommen.

Bei der Prüfungsvorbereitung – und ganz allgemein bei der Bearbeitung größerer Stoffgebiete – ist es sinnvoll, für jede Zusammenkunft ein Teilgebiet zu bezeichnen und von allen Gruppenmitgliedern die *gleichen* Vorbereitungen treffen zu lassen (Durcharbeiten der entsprechenden Kapitel der Fachbücher und der Vorlesungsnotizen, Erstellen eines Fragenkatalogs). In der Gruppendiskussion werden die Unklarheiten besprochen, die Fragen gegenseitig zur Beantwortung vorgelegt. Alle Teilnehmenden stellen auf diese Weise fest, ob ihr Wissen noch Lücken aufweist.

Bearbeiten von Fachliteratur

Lerngruppen eignen sich vor allem auch für die kritische Bearbeitung und systematische Nachbereitung von Fachliteratur. Zunächst werden die gewählten Bücher von jedem Gruppenmitglied gelesen, jeder erstellt eine Zusammenfassung, notiert sich seine offenen Fragen, seine Hinweise auf Unklarheiten, Unstimmigkeiten, Querverbindungen mit anderen Quellen. Am Gruppentreffen werden die Zusammenfassungen verglichen, überlegt, welches die wesentlichen Punkte sind, und die Gedanken der Teilnehmerinnen und Teilnehmer zur Lektüre diskutiert.

Später kann eine Arbeitsteilung vorgenommen werden, indem nicht mehr alle Mitglieder jedes Buch selbst lesen müssen, sondern von den Vorarbeiten der anderen profitieren können. In einem Übergangsstadium lesen noch jeweils zwei Teilnehmende dasselbe Buch und vergleichen anschließend ihre Notizen, schließlich übernimmt jeder ein anderes Buch.

Natürlich eignet sich dieses Vorgehen nicht für die gesamte Fachliteratur. Grundlagenwerke müssen von jedem Lernenden selbst systematisch durchgearbeitet werden. Wenn aber die ergänzenden Fachbücher wie auch einzelne Fachzeitschriften unter den Gruppenmitgliedern aufgeteilt werden, gewinnt jeder einen Überblick über ein wesentlich breiteres Spektrum von Literatur als er oder sie allein erarbeiten könnte.

Je nach Bedeutung und Komplexität des Themas können dann vom jeweiligen Buch eine schriftliche Zusammenfassung zuhanden der Gruppenmitglieder ausgearbeitet, bei einer Zusammenkunft über den Inhalt referiert, den andern die wichtigsten Abschnitte zum Nachlesen angegeben oder eine Kombination aller Vorgehensweisen gewählt werden.

Wenn die Gruppe wirklich von dieser Arbeitsteilung profitieren soll, ist es wichtig, daß kritisch gelesen und beim Zusammenfassen deutlich zwischen dem Inhalt des Buches und den eigenen Überlegungen dazu unterschieden wird. Auch die Gruppe muß natürlich kritisch zuhören, überlegen, ob die Ausführungen logisch und die Argumente stichhaltig sind, und notfalls weitere Informationen anfordern.

Eine Arbeitsteilung ist auch von Vorteil, wenn das Ziel der Gruppe in einer *gemeinsamen Semesterarbeit* besteht. Dabei muß darauf geachtet werden, daß nicht nur zu Beginn die gemeinsamen Ziele und die von jedem zu erledigenden Arbeiten genau festgelegt werden, sondern daß auch im weiteren Verlauf alle genau über die Arbeiten und Fortschritte der anderen informiert werden. Es genügt nicht, kurz zu orientieren – wenn wir wirklich von der Gruppe profitieren wollen, müssen wir unsere Überlegungen, Probleme und Schwierigkeiten darstellen und Lösungen im Gespräch suchen.

3.3.3 Nicht alle Arbeiten werden von Gruppen besser erledigt

Die Bildung von Lerngruppen ist sehr zu empfehlen – doch wäre es ebenso falsch, alle Lernarbeit in der Gruppe zu erledigen, wie immer nur allein zu »büffeln«. Dies nicht nur deshalb, weil wir in der Prüfungssituation in aller Regel allein arbeiten müssen und die ständige Teamarbeit zu Unselbständigkeit und dazu führen kann, daß wir uns verloren fühlen, wenn wir nur auf uns gestellt sind. Bei vielen Lernarbeiten stört die Gegenwart anderer auch mehr, als sie hilft. Dies betrifft vor allem die *erste Auseinandersetzung mit dem Wissensstoff*, das Lesen von Büchern, Überarbeiten von Notizen, Schreiben von Berichten, Formulieren von Gedanken, Festhalten der eigenen Überlegungen beispielsweise als Vorbereitung auf eine Diskussion.

Untersuchungen zeigen auch, daß einzelne *kreativer* sind als Gruppen, daß von einer Gruppe weniger Ideen produziert werden als von der gleichen Anzahl allein Arbeitender.

Allgemein gilt, daß Aufgaben, die ein *divergierendes* Denken (möglichst viele verschiedene Lösungen) erfordern, besser von einer gleichen Anzahl Einzelpersonen gelöst werden, während Gruppen bei Problemen, die ein *konvergierendes* Denken (Finden der besten Lösung) verlangen, dem einzelnen überlegen sind. Aus einer Gruppenarbeit gehen meist weniger, aber genauere Ergebnisse hervor.

Zu empfehlen ist deshalb ein *Wechsel zwischen Einzel- und Gruppenarbeit*. Jeder arbeitet sich zunächst allein in das Gebiet ein, notiert seine Überlegungen und seine Fragen. In der anschließenden Diskussion werden die Kenntnisse vertieft, Ideen und Gedanken ausgetauscht, Fragen beantwortet, Formulierungen kritisch geprüft. Die nächste Einzelarbeit dient der Überarbeitung der ersten Entwürfe, dem Weiterentwickeln der Anregungen, dem Schließen von Wissenslücken durch weitergehende Lektüre, dem Zusammentragen von Fragen für die nächste Gesprächsrunde usw.

Haben Sie Kollegen, die ebenfalls an der Verbesserung ihrer Arbeits- und Lerntechnik interessiert sind? Dieses Buch läßt sich auch gemeinsam – im Wechsel zwischen Allein- und Zusammenarbeit – bearbeiten. Überlegen Sie zunächst, wo Ihre Schwierigkeiten liegen, und setzen Sie entsprechend die Themen für die nächsten Zusammenkünfte fest. Bereiten Sie sich durch Lektüre der entsprechenden Kapitel, Durchführen der Übungen, Festhalten der eigenen Überlegungen und Anregungen auf das jeweilige Thema vor und diskutieren Sie Techniken, Anwendungsmöglichkeiten und Verbesserungsvorschläge.

Innere Voraussetzungen

1. *Motivation*

1.1 Warum lernen wir?

Der Begriff der Motivation spielt in der Psychologie im allgemeinen und in der Lernpsychologie im besonderen eine große Rolle. Unter Motivation verstehen wir den *Grund* für die Aktivität eines Lebewesens, die *Antriebskräfte* des menschlichen und tierischen Verhaltens. Die wichtigsten angeborenen Antriebskräfte steuern das Überleben des einzelnen und der Art. Vor allem beim Menschen kommen jedoch zu den angeborenen Motiven auch die erworbenen hinzu.

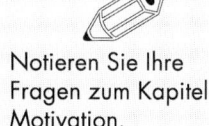

Notieren Sie Ihre Fragen zum Kapitel Motivation.

Für unsere Lerntechnik interessiert uns in erster Linie, welche Motive den Menschen dazu treiben, neues Wissen aufzunehmen, sich in Schulen und Kursen weiterzubilden.

Ursprünglichster und echtester Grund dafür ist sicher die *Neugier.* Jeder Mensch hat das Bedürfnis, Unklarheiten zu beseitigen, Probleme zu lösen, Fragen zu beantworten. Wird ein Rätsel, eine Denksportaufgabe gestellt, beginnt jeder sofort zu überlegen; viele finden keine Ruhe, bis sie die Lösung gefunden haben.

Besonders ausgeprägt ist der Wissensdrang bei kleinen Kindern; sie wollen ihre Welt kennenlernen, ihre Tage sind gefüllt mit Forschungen, Entdeckungen und – oft zum Leidwesen der geplagten Eltern – mit endloser Fragerei.

Leider findet aber in der Schule oft ein Abstumpfungsprozeß statt. Wir fühlen uns überfüttert, wir bekommen Wissen auf dem Teller präsentiert, nach dem wir überhaupt nicht gesucht haben. Stoffpläne und Reglemente bestimmen, mit welchen Inhalten wir uns auseinandersetzen müssen; für die individuellen Interessen bleibt wenig Raum. Auch wenn Fragen auftauchen, sich aus aktuellen Begebenheiten das Bedürfnis nach Informationen auf einem bestimmten Gebiet ergibt, besteht in der Schule oft wenig Gelegenheit, darauf einzugehen.

Interessierte Schülerinnen und Schüler werden zudem oft von der Übermacht der »Realitäten« erdrückt. Wenn die Noten zu wichtig werden oder eine Nichtversetzung droht, wird mancher zum nüchternen Berechnen gezwungen, der sich sonst eingehend mit seinen Interessengebieten befassen würde.

Für die meisten Schüler wird so mit der Zeit das Lernen und Erfahren vom Bedürfnis zur unangenehmen Pflicht. Wenn sie trotzdem weiter zur Schule gehen, so deshalb, weil es noch andere Motive dafür gibt. Für viele ist die Schule einfach das *kleinere Übel*; die berufliche Weiterbildung oder ein Hochschulstudium werden oft aus *Geltungsbedürfnis* (Prestigeerwägungen) betrieben oder aber als Investition auf einen späteren höheren Verdienst. Manche Schülerinnen und Schüler lernen, um die *Anerkennung* ihrer Klassenkameraden zu gewinnen oder ihre Familie nicht zu enttäuschen. Andere *fürchten* die Ablehnung oder *Strafe*, die ihnen von den Eltern bei schlechten Noten drohen. Die Angst vor den Folgen eines Versagens kann auch später der Grund für den Lerneifer sein. Daß es sich aber hierbei um ein problematisches Motiv handelt, zeigen nicht nur die Fälle extremer Prüfungsangst (vgl. S. 205), sondern auch Untersuchungen zur Leistungsfähigkeit unter verschiedenen Bedingungen: Die Angst vor dem Mißerfolg wirkt sich negativ auf das Selbstvertrauen aus, lähmt die Denkfähigkeit und mindert damit die Erfolgswahrscheinlichkeit.

Natürlich sind im konkreten Fall meist verschiedene Motive wirksam; große Unterschiede können jedoch zwischen der Ausprägung der einzelnen Motive bei verschiedenen Personen bestehen.

Von allen erwähnten Motiven ist nur die Neugierde *sachbezogen;* in den anderen Fällen ist das Lernen lediglich *Mittel zum Zweck.* Dies ist nicht gleichgültig. Wenn wir etwas erfahren *wollen*, fällt uns nicht nur das Lernen leichter und bleibt das Wissen besser in unserem Gedächtnis haften. Wir verspüren dabei auch eine Befriedigung. Das Bewußtsein, ein Problem gelöst, eine Antwort auf eine Frage gefunden zu haben, »belohnt« uns für unsere Anstrengungen. *Müssen* wir uns aber, der Noten wegen oder um einen Abschluß zu erreichen, mit bestimmten Inhalten auseinandersetzen, empfinden wir dies als mühsam und quälend.

Die Probleme vieler Lernenden sind denn auch zuerst und vor allem Motivationsprobleme. Sie langweilen sich im Unterricht, sie ziehen viele andere Aktivitäten dem Lernen und der Konzentration auf ihre Aufgaben vor. Die aufgetragenen Arbeiten werden als ichfremd empfunden und nur unter Druck durchgeführt.

Motivation und Studienverlauf sind eng miteinander verbunden. Untersuchungen zeigen, daß die Motivation in hohem Maße über Erfolg und Mißerfolg der Ausbildung entscheidet. Dies gilt für Schüler während ihrer Schulzeit – in besonderem Maß aber natürlich für Studierende und Berufstätige, die sich auf freiwilliger Basis weiterbilden.

1.2 Praktische Anwendung

Angesichts der zentralen Bedeutung der Motivation ist die Frage, ob wir selbst etwas zu ihrer Verbesserung tun können, natürlich von großem Interesse. Motive sind nicht leicht zu kontrollieren. Folgende Ratschläge können dabei helfen:

Wissen, warum wir lernen

● *Werden Sie sich* mit Hilfe des nachfolgenden Fragebogens *klar über Ihre Motive.* Eine Universität oder Hochschule kann man aus ganz verschiedenen Motiven besuchen. Überlegen Sie sich, was Sie später tun wollen – Studierende mit einem klaren Berufsziel sind besser motiviert. Orientieren Sie sich genau über den angestrebten Beruf, über die Teilgebiete und Kenntnisse, die dazu gehören.

● *Auch die Schulen,* Hochschulen und Weiterbildungsinstitutionen *haben Ziele,* die in der Regel schriftlich vorliegen. Prüfen Sie diese Ziele und überlegen Sie, welche Übereinstimmung zwischen Ihren eigenen und den Zielen Ihrer Ausbildungsstätte besteht.

● Selbst klar umrissene Fernziele motivieren nicht ständig zur Erledigung der täglichen Arbeiten. Wichtig sind deshalb *Zwischenziele.* Einzelne Zwischenziele werden von der Schule oder der Universität vorgegeben (z.B. Bestehen von Prüfungen), und viele Studentinnen und Studenten lassen sich in ihrem Arbeitseifer weitgehend von diesen von anderen bestimmten Zielen leiten. Förderlicher auf die eigene Motivation wirken aber Ziele, die wir uns selbst setzen. Dabei legen wir auch klar fest, wie wir das Erreichen der Ziele überprüfen: »Ich arbeite die Wissenslücken in diesem Fachgebiet bis Ende des Monats auf, ich bearbeite diese beiden Fachbücher bis zur folgenden Woche« usw. Auch wenn wir uns an Bestimmungen halten müssen, können wir selbst entscheiden, wieviel wir wann in welcher Reihenfolge und Intensität anpacken wollen. Nur wenn wir die Ziele genau umschreiben, wenn sie meßbar und mit Fristen versehen sind, motivieren sie. Aus diesem Grund ist die Fähigkeit, Fragen zu stellen und Strategien zu ihrer Beantwortung zu entwickeln, der Kern des selbständigen Lernens.

● Neben den globalen Richtlinien bestehen in den Schulen und Weiterbildungskursen auch *Unterrichtsziele* für die einzelnen Fächer und *Lernziele* für die Lektionen. Wenn Sie mit einem Stoff oder einem Unterrichtsmittel nicht zurechtkommen, fragen Sie Ihren Lehrer nach dem Lernziel und dem Stellenwert, den der betreffende Stoff dabei einnimmt. Der Einblick in die größeren Zusammenhänge erleichtert die Auseinandersetzung mit den Einzelfakten. Oft sind auch die Mittel (z.B. die Bücher), die zur Erreichung des Unterrichtszieles führen, austauschbar. Wenn Sie sich an der Diskussion, auf welche Weise das Lernziel erreicht werden kann, beteiligen, gewinnen Sie eine bessere Beziehung zum Lernstoff.

- Neugier und Interessen pflegen. Auch wenn an den Schulen vieles vorgegeben ist, bestehen an der gymnasialen Oberstufe schon große Wahlmöglichkeiten und sind wir in der Studienwahl frei. Wer dann nur nach Nützlichkeit, aus notenstrategischen Überlegungen oder späteren Verdienstmöglichkeiten wählt, verzichtet auf die wichtigste Antriebskraft. Die Auseinandersetzung mit neuen Bereichen, die Vertiefung aus Neugier, aus eigenen Fragen, aus Neigung und Bedürfnis, mehr zu erfahren, ist befriedigend, auch wenn wir dabei nicht nur zu »nützlichem Wissen« kommen.

- Oft sind es äußere Umstände und Gegebenheiten, die sich lähmend auf unsere Motivation auswirken. Statt sich immer aufs neue darüber zu ärgern, überlegen Sie sich, wie *Abhilfe geschaffen* werden könnte (z.B. Ausstattung der Bibliothek, Schaffung von Studienzimmern).

Die Gesetze der Lernpsychologie berücksichtigen

- Gelernt wird, wie die Lernpsychologie zeigt, was für den Lernenden zu einem »befriedigenden Ergebnis« führt. Befriedigend ist es beispielsweise, Antworten auf eigene Fragen gefunden, Unklarheiten beseitigt, einen neuen Einblick in ein unbekanntes Gebiet gewonnen zu haben. Wichtig sind deshalb das *aktive Lesen* (vgl. S. 27ff.) und *einsichtige Lernen*.

- Ein »befriedigendes Ergebnis« ist auch die Feststellung, daß wir vorankommen. Erfolg motiviert, ob er sich in guten Noten, einem Lob des Lehrers oder im Gefühl zeigt, daß wir unsere eigenen Ziele erreichen. Nehmen Sie sich kleine Schritte vor, die aufeinander aufbauen. Wo ein Fortschritt meßbar ist (beispielsweise die Lesegeschwindigkeit oder die richtig erinnerten Vokabeln), können Sie Ihre täglichen oder wöchentlichen Leistungen in eine Graphik eintragen und sich vom Ansteigen der Kurve zum weiteren Training motivieren lassen.

- Andere »Verstärker« können die Lernenden *selbst einplanen,* indem sie sich bei der Erledigung bestimmter Aufgaben etwas Angenehmes in Aussicht stellen (wenn ich den Bericht bis zum Mittagessen fertigstelle, gehe ich am Nachmittag schwimmen, wenn ich diese Vokabeln beherrsche, telefoniere ich mit der Freundin).

- Unüberwindliche Schwierigkeiten lähmen und blockieren. Können wir jedoch die Situation so interpretieren, daß sie auch aktiv bewältigt werden kann, sind wir optimal motiviert und sachorientiert. Wir sehen neue Probleme und Schwierigkeiten als Herausforderungen und versuchen, sie aus eigenem Antrieb zu verstehen und zu lösen.

- Belohnungen wirken sich positiv auf den Lernprozeß aus – manche Leute »bestrafen« sich aber selbst durch eine falsche Zeitplanung. Wenn wir uns ausgerechnet dann zum Lernen hinsetzen, wenn sich alle unsere Freunde zum Tanzen verabredet haben oder wenn eine uns brennend interessierende Sportreportage übertragen wird, blockieren wir unsere Lernmotivation.

- Zu häufige Wiederholungen sowie zu lange dauernde Beschäftigung mit dem gleichen Stoff führen zu Übersättigung. Planen Sie deshalb *häufigere und kürzere* Lernperioden (vgl. Lernpsychologie, S. 53).

- *Hören Sie rechtzeitig auf.* Wenn Sie Ihr Lernziel unerwartet schnell erreicht haben, freuen Sie sich über die gewonnene Freizeit. Am nächsten Tag werden Sie sich mit positiven Gefühlen wieder an die Arbeit setzen – wenn Sie bis zum »Überdruß« gelernt haben, fällt dies schwer.

- Die Abneigung gegen ein Fach ist häufig erlernt und die Folge einer Konditionierung (vgl. S. 45): Der Ärger über einen unsympathischen Lehrer oder über einen Mißerfolg wird auf das Fach übertragen und die Abneigung auch dann noch aufrechterhalten, wenn der ursprüngliche Grund schon längst weggefallen ist. Überlegen Sie, ob bei Ihren Problemfächern solche Konditionierungen wirksam sind, und versuchen Sie sie, mit Hilfe von positiven »Verstärkern« (s.o.) oder von Kollegen (s.u.) *rückgängig zu machen.*

- Die *eigene Aktivität* fördert den Lernerfolg. Wir neigen dazu, uns mit Gebieten, die uns nicht interessieren, nur gerade so viel zu beschäftigen, wie wir es zum »Überleben« in der Schule oder dem betreffenden Kurs brauchen. Weil wir auf diese Weise auch keinen Einblick in die größeren Zusammenhänge haben können, entwickelt sich ein Teufelskreis: Das Fach ist langweilig – wir lernen zuwenig darüber, verstehen nicht alles und langweilen uns wieder in den Lektionen. Befreien können wir uns aus diesem Teufelskreis nur durch gezielte Aktivität: Wir überlegen uns – vielleicht in Zu-

79

sammenarbeit mit Kollegen – einige Fragen, die wir in der nächsten Stunde dem Lehrer stellen wollen, oder bereiten uns darauf vor, einen Diskussionsbeitrag zu leisten.

- Berücksichtigen Sie Ihren eigenen Lernstil: Überlegen Sie, was Sie gut können, in welchen Bereichen Sie besonders gute Leistungen erbringen, und fragen Sie sich dann, wie Sie darin gut wurden (vom Zuhören, vom Ausprobieren, im Wettbewerb mit anderen?). Lassen sich diese Lernstrategien auch auf andere Bereiche übertragen?

Zusammenarbeit fördert die Motivation

- *Begeisterung kann anstecken.* Suchen Sie eine Kollegin oder einen Kollegen, die sich für Ihr Problemfach besonders interessieren. Lassen Sie sich erklären, wie sie zu ihrer Vorliebe gekommen sind, worin für sie das Besondere dieses Faches liegt, wie sie dafür arbeiten, welche weiteren Quellen (Bücher, Zeitschriften, Fachleute) sie kennen. Auch wenn wir versuchen, anderen Interesse und Spaß an einem Fach zu vermitteln, profitieren wir selbst: Lernen, um zu lehren, wirkt als positive Motivation. Die Anerkennung durch andere verschafft ein Erfolgserlebnis.

- Der Zusammenschluß zu Lerngruppen (s. S. 70ff.) wirkt sich aus verschiedenen Gründen positiv auf die Motivation aus. Das gemeinsame Lernen kommt dem *Bedürfnis nach Kontakt* entgegen, es werden für die Zusammenkünfte *Lernziele* festgesetzt und *Erfolgserlebnisse* vermittelt, wenn in den Diskussionen der gegenseitige Lernfortschritt festgestellt wird.

Der Lernstoff muß nicht trocken sein

- Das Wissen hat keinen Selbstzweck. Suchen Sie *praktische Anwendungen* für alles, was Sie lernen, überlegen Sie sich die Zusammenhänge, den Aufbau, die Beziehungen und Querverbindungen zu anderen Fächern. Wenn man einsieht, wozu man etwas lernt, fällt es leichter.

- In der Schule beschäftigt man sich zwar in der Regel mit einzelnen Fächern – für konkrete Probleme sind aber meist Kenntnisse aus verschiedenen Disziplinen erforderlich. Suchen Sie besonders nach *Querverbindungen* zwischen jenen Fächern, zu denen Sie keine Beziehung haben, und Ihren Lieblingsfächern.

● Kein Fach muß langweilig sein, es gibt kein Wissensgebiet, das nicht von irgendeinem Wissenschaftler als faszinierend empfunden würde. Findet man ein Fach trocken, kann man sein Interesse durch das Studium *seiner Geschichte und seiner Entwicklung* wecken. In jeder Disziplin gab es Forscher, die ihr Leben neuen Erkenntnissen widmeten, die irrten und kämpften. Liest man über diese Männer und Frauen, sieht man hinter die Kulissen der Fachliteratur, wird das Wissen plötzlich lebendig. Historische Romane, Tagebücher aus früheren Jahrhunderten, alte Zeitungsberichte können uns die Geschichte aus der Perspektive des einzelnen zeigen und dadurch näherbringen; Novellen aus anderen Ländern gewinnen uns für das Studium der Geographie.

● Eine Fremdsprache zu lernen ist mühsam, wenn Vokabeln und Grammatik »gepaukt« werden müssen. Es kann aber Spaß machen, wenn die vielen *Anwendungsmöglichkeiten,* die es dafür gibt, *gezielt eingesetzt* werden. Einen Einstieg gewinnen wir beispielsweise mit Kinderbüchern – die Wortwahl und der Satzbau sind einfach, Illustrationen helfen uns weiter. Später können wir uns Zeitschriften und Illustrierte für Jugendliche oder zu unserem speziellen Interessengebiet in der Fremdsprache kaufen. Hören wir öfter Radio in der entsprechenden Sprache oder leihen uns eine Kassette mit Liedern oder einem Kindermärchen aus, gewöhnen wir uns auch an den Klang.

● Besonders zu empfehlen ist natürlich der Kontakt mit Menschen aus dem Sprachgebiet, sei es über eine Brieffreundschaft, einen Sprachaufenthalt oder durch Einladung von fremdsprachigen Besuchern.

> Überprüfen Sie, ob Sie die von Ihnen vor der Lektüre formulierten Fragen jetzt beantworten können.

Fragebogen: Werden Sie sich klar über Ihre Motive

1) Ich habe diese Ausbildung gewählt, weil

_____

_____

_____

2) Was würde ich am meisten vermissen, wenn ich diese Ausbildung abbrechen müßte?

_____

_____

_____

3) Welche Erwartungen setze ich in meine Ausbildungsstätte?

_____

_____

_____

4) Am meisten Schwierigkeiten bereitet mir folgendes Fach (folgende Arbeit):

_____

_____

_____

5) Diese Schwierigkeiten führe ich vor allem auf folgende Ursachen zurück:

_____

_____

_____

6) Was könnte ich unternehmen, um meine Motivation für diesen Bereich zu verbessern?

_____

_____

_____

7) In folgenden Fächern (Bereichen) habe ich keine Motivationsprobleme:

_____

_____

_____

8) Einem Kollegen, der auf diesen Gebieten Schwierigkeiten hat, würde ich folgenden Rat geben:

_____

_____

_____

2. Konzentration

Konzentrationsprobleme sind weit verbreitet. Von seiten der Lehrenden wie der Lernenden werden sie oft als Haupthindernisse genannt. Unter Konzentration verstehen wir die Fähigkeit, die Aufmerksamkeit wissentlich und bewußt auf einen Gegenstand, einen Gedanken zu richten und uns gegenüber Einflüssen, die nicht dazugehören, abzugrenzen. Dies ist nicht möglich, wenn wir zwei Dinge gleichzeitig tun. Konzentration muß jedoch keine zähneknirschende Anspannung, sondern kann auch eine durchaus gelöste »Sammlung« sein.

Hinter Konzentrationsschwierigkeiten von Studentinnen und Studenten stecken sehr oft andere Schwierigkeiten. Die Beobachtung zeigt, daß die Betreffenden keineswegs unfähig sind, sich einer Aufgabe über längere Zeit intensiv zuzuwenden.

- Als Haupthindernis erweist sich beispielsweise die *fehlende Motivation*, Unterforderung und Langeweile. Auf Aufgaben, die uns nicht interessieren, können wir uns nicht konzentrieren.

- Andere Klagen über Konzentrationsstörungen ergeben sich aus falschen Vorstellungen über die menschliche Arbeitskraft und einer *schlechten Tageseinteilung:* Es ist nicht möglich, höchste Konzentration über Stunden aufrechtzuerhalten. Sinnvoller, als überlange Lernzeiten zu planen, ist es, rechtzeitig Pausen zu machen. Nehmen Sie sich anspruchsvolle Arbeiten nicht während des Leitungstiefs am Nachmittag oder spätabends vor.

- Ermüdung, Streß, schlechte Gesundheit: Wenn wir müde, in schlechter körperlicher Verfassung oder krank sind, haben wir nicht genug Energie, um uns zu konzentrieren und aufmerksam zu bleiben.

- Ablenkungen und Unterbrechungen, zu viele Dinge gleichzeitig: Das Bedürfnis, ständig alles mitzubekommen, nichts zu verpassen, möglichst viel in den Tag hineinzupacken, kann zur Sucht werden. Viele versuchen, während des Essens noch fernzusehen, während des Autofahrens noch Radio zu hören oder zu telefonieren. Wir gewöhnen uns ans Abschalten und wundern uns dann, daß nichts im Gedächtnis bleibt. Wir wollen nicht auswählen, keine Prioritäten setzen, da jede Entscheidung für ein bestimmtes Ziel immer auch den Verzicht auf andere bedeuten würden.

● Überforderung: Die Grenzen der Belastbarkeit sind sehr unterschiedlich, der krampfhafte Versuch mitzukommen, kann zu Aggressionen, aber auch zu Resignation führen. Fühlen wir uns unter Druck, ist unser Selbstwertgefühl in einer Prüfungssituation oder wenn wir vor anderen Stellung nehmen sollten, bedroht, können wir uns nicht auf den Stoff konzentrieren.

● Negativ auf unsere Konzentration wirken sich auch Sorgen aus, beispielsweise finanzieller Art, um die berufliche Zukunft, den Arbeitsplatz oder die Familie, eine falsche Arbeitstechnik, fehlende Übung, zu lange die gleichen Aufgaben oder ein falscher Lernkanal (vgl. S. 54), Hast und Unruhe, Reizübersättigung.

Besser ist es deshalb, wenn wir uns bewußt einer Aufgabe zuwenden und diese zu Ende führen, bevor wir die nächste in Angriff nehmen. Werden wir dabei ständig von der Vorstellung abgelenkt, was noch alles getan werden müßte, kann uns ein Zeit- oder Arbeitsplan helfen (siehe S. 156).

Die Störung unserer Konzentration kann aus zwei Richtungen kommen: von außen, aus der Umwelt, oder von innen, indem unsere Gedanken abschweifen und sich mit etwas anderem beschäftigen. Wer sich selbst kritisch beobachtet, wird bald feststellen, daß die zweite Art der Störung die häufigere und schwerwiegendere ist.

Die Störungen *von außen* (z.B. Lärm, Telefon) können wir auf ein Mindestmaß reduzieren, indem wir unseren Arbeitsplatz entsprechend wählen und gestalten (siehe S. 107). Nicht alle Ablenkungen lassen sich dadurch ausschalten. Bei guter Motivation und bewußter Einstellung auf die Arbeit können sie unsere Konzentration jedoch nicht ernsthaft gefährden.

Störungen *von innen* können sich dagegen lähmend auf unser Studium auswirken. Wenn Sorgen uns bedrücken oder ein ungelöstes Problem uns beschäftigt, ist es oft schwierig, auf die Arbeit umzustellen. Immer wieder drängen sich die trüben Gedanken dazwischen und wir ertappen uns, daß wir an dem Buch vorbei in die Luft starren.

Konzentration ist lernbar – jeder kennt die Bilder von Hochleistungssportlern oder Artisten, die sich vor ihrem Einsatz oder Auftritt sammeln und dabei die Reize von außen völlig abschalten. Diese vorbeugende Streßbekämpfung führt zu einer »Hyperkonzentration«, bei der die Außenwelt wie in einer Glaskugel ausgeblendet wird. Die Sportler bereiten sich bewußt auf die zu erwartenden Streßmechanismen (mögliche Ablenkung durch Zuschauer,

Licht, Lärm usw.) vor, üben die Auseinandersetzung (»Der Lärm lenkt mich nicht ab«, »Der Gegenspieler läßt mich kalt«) und verstärken ihre Konzentration durch Aussagen wie: »Ich konzentriere mich aktiv auf mein Spiel«, »Meine Technik funktioniert perfekt«.

Untersuchungen zeigen, daß die »aktive«, zielgerichtete und leistungsbezogene Konzentration durch Erlernen der »passiven«, nichtleistungsbezogenen Konzentration gefördert werden kann. Bei beiden Konzentrationsarten werden die Gedanken und die geistigen Prozesse auf ein Thema konzentriert und die Wahrnehmung störender Einflüsse weitgehend ausgeschaltet.

Für viele Menschen hat sich bei dauernden und schweren Konzentrationsstörungen das »autogene Training« bewährt. Diese von J.H. Schultz entwickelten Übungen (Schwereerlebnis, Wärmeerlebnis, Herzerlebnis, Atemerlebnis, Beeinflussung der Bauchorgane und Stirnkühlung) werden als »passive Konzentration« bezeichnet, eine Haltung, die der »aktiven Konzentration«, wie sie z.B. bei Höchstleistungen gefordert wird, entgegengesetzt ist. Im Unterschied zu anderen Entspannungsverfahren wird beim autogenen Training die Entspannung lediglich über die Konzentration auf bestimmte fixierte Formeln eingeleitet, die im Laufe zunehmender Übung eine »Konzentrationskette« bilden.

Autogenes Training ermöglicht neben subjektiver Entspannung auch eine gezielte Konzentrationsleistung. Bereits die Übungen Schwere, Wärme und Stirn zusammen mit Informationen über Konzentration und Konzentrationsprobleme führen zu positiven Veränderungen der Konzentrationsfähigkeit.

Da die Beeinflussung der Organsysteme einen »Eingriff« darstellt, wird von allen Fachleuten empfohlen, das autogene Training nur unter ärztlicher Anleitung zu erlernen. In vielen Städten gibt es entsprechende Kurse an den Volkshochschulen oder anderen Institutionen der Erwachsenenbildung.

3. Wie arbeitet das Gehirn?

Einen wichtigen Beitrag zur Gehirnforschung lieferte die Entdeckung, daß sich im Laufe der Evolution die beiden Gehirnhälften (Hemisphären) spezialisiert haben.

Achtung, Zeitnahme
Erster Schnellesetest.
Notieren Sie die für
das Lesen dieses Abschnitts benötigte Zeit.

Die beiden Hemisphären sind zwar äußerlich sehr ähnlich, übernehmen aber unterschiedliche, einander ergänzende Aufgaben. Die *linke* Gehirnhälfte, die die rechte Körperseite kontrolliert, verarbeitet Informationen nacheinander, denkt linear, ist auf Sprache und Rechnen, Logik und auf Einzelheiten eingestellt. Sie ordnet, analysiert, prüft, erklärt.

Die *rechte* Hemisphäre, die die linke Körperseite kontrolliert, verarbeitet Informationen gleichzeitig und ganzheitlich; sie denkt bildhaft, ist auf die räumliche Orientierung und Vorstellungskraft, auf das Erkennen von Farben, Musik und Mustern spezialisiert, spielt, spekuliert, phantasiert.

Ursprung dieser Erkenntnisse war die Beobachtung, daß Gehirnverletzungen unterschiedliche Folgen haben können: Der Ausfall der linken Hemisphäre führt zu Sprachstörungen, Beeinträchtigungen der rechten Hemisphäre dagegen zur Verminderung der räumlichen Orientierung.

Auch Untersuchungen an Personen, bei denen beispielsweise wegen Epilepsie durch eine Operation die Verbindung zwischen den beiden Hirnhälften durchgetrennt wurde (Split-brain-Patienten), geben Hinweise auf die unterschiedlichen Funktionsweisen: Gelangen Informationen nur zur linken Hirnhälfte, können die Patienten lesen und detailliert berichten (verbal), gelangen sie zur rechten Hemisphäre, können die Personen eine Szene beobachten, gefühlsmäßig darauf reagieren, aber nicht darüber sprechen: Sie denken sich statt dessen eine zu ihren Gefühlen passende Geschichte aus. Aus diesem Ergebnis werden Schlußfolgerungen auch auf das Verhalten von gesunden Personen gezogen: Gefühle, Stimmungen, die aus nicht einsehbaren Ursachen stammen, werden vom Gehirn »logisch« erklärt. (Eine ähnliche Interpretation könnte auch für Träume gelten: Das Gehirn stellt Zusammenhänge zwischen Gefühlen und Informationen her.)

Natürlich sind normalerweise stets beide Gehirnhälften an den Denk- und Steuerungsprozessen beteiligt. Wichtig ist vor allem das Zusammenspiel und die Integration der verschiedenen Zugänge.

Aus den sehr unterschiedlichen Dominanzen ergeben sich auch unterschiedliche Lerntypen:

- Wer vor allem durch Erfassen von Tatsachen, durch Analysieren und logisches Denken lernt, reagiert positiv auf Vorträge oder bearbeitet selbst Bücher.

- Wer am liebsten selbst die Initiative ergreift, Konzepte erstellt, intuitiv versteht, will experimentieren, spielen, mit Bildern, Graphiken und Fallstudien arbeiten.

- Andere bevorzugen ein schrittweises Arbeiten, Bewerten und Ausprobieren von Theorien: Planung, Textbücher, programmierter Unterricht.

- Viele lernen gerne durch Zuhören und Austauschen von Ideen, Bewegen und Fühlen, Experimentieren, Diskutieren.

In den letzten Jahren haben manche Autoren darauf hingewiesen, daß die klassische Ausbildung diese Erkenntnisse zuwenig berücksichtigt. Die Schule fördere vor allem das »linksseitige Denken«, während die rechtsseitigen Fähigkeiten geringgeschätzt oder unterdrückt werden. Lernende, die andere Präferenzen haben, können dabei leicht zum Schluß kommen, daß sie »nicht lernen können«.

Wenn wir unsere Denkabläufe beobachten, stellen wir schnell fest, daß das Gehirn nicht linear arbeitet: Während wir mit jemandem sprechen und uns bemühen, sinnvolle Sätze zu formulieren, läuft ein ständiger komplizierter Prozeß von Sortieren und Auswählen ab, tauchen Assoziationen auf. Ganze Netzwerke von Wörtern und Ideen werden geprüft, verworfen, zurückgestellt und miteinander verknüpft, um dem Gesprächspartner eine bestimmte Information mitzuteilen.

Ein ähnlicher Prozeß spielt sich beim Zuhören ab. Wir nehmen nicht einfach eine Aneinanderreihung von Wörtern auf, sondern stellen jedes Wort in einen Zusammenhang. Gleichzeitig wählen wir aus der Bedeutungsvielfalt jedes einzelnen Wortes unsere eigene spezielle Interpretation aus, die von unseren früheren Erfahrungen bestimmt wird.

Es ist deshalb wichtig, daß wir den eigenen Lerntypus kennen und bewußt einbeziehen: Wählen Sie das Vorgehen und die Art der Speicherung, die Ihnen am besten entspricht, experimentieren Sie mit verschiedenen Methoden und Techniken. Liegt Ihnen beispielsweise ein ganzheitlicher Zugang eher als lineare Notizen? Können Sie besser behalten, wenn Sie Zeichnungen anfertigen, mit Farben und Skizzen arbeiten, Mind maps erstellen?

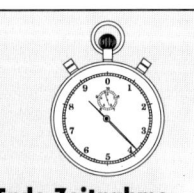

Ende Zeitnahme
Anzahl der Wörter ca. 560.
Beantworten Sie die Fragen auf S. 227 zur Festsetzung Ihrer Behaltensquote.

4. Denken und Problemlösen

4.1 Erziehung zum selbständigen Denken?

Übereinstimmend erklären Lehrende wie Lernende an Gymnasien und Hochschulen daß die »Erziehung zum selbständigen Denken das wichtigste Ziel eines Gymnasiums« sei und die Vermittlung von Fachwissen demgegenüber nur sekundäre Bedeutung habe. Gleichzeitig wird häufig die Meinung vertreten, daß die Schulen diese Aufgabe nur teilweise erfüllen. Im allgemeinen wird von der stillschweigenden Voraussetzung ausgegangen, daß durch den Erwerb bestimmter Kenntnisse, das Üben verschiedener Aufgaben das »Denken« automatisch gelernt werde.

So wird oft die Ansicht geäußert, Latein oder Mathematik schule das logische Denken. Experimente, die Thorndike bereits in den zwanziger Jahren durchführte, zeigten aber, daß kein einziges Schulfach für sich in Anspruch nehmen kann, das Denkvermögen zu fördern. So wurde u.a. der Fortschritt in den Denkleistungen einer Gruppe von Jugendlichen, die sich während eines Jahres hauptsächlich mit Algebra, Latein und Geometrie beschäftigten, verglichen mit dem Fortschritt einer andern Gruppe, die dieselbe Zeit mit Turnen, Kochen und Nähen verbracht hatte. Es ergab sich kein signifikanter Unterschied zwischen den beiden Gruppen; die verschiedenen Fächer wirkten sich somit in gleicher Weise auf die Entwicklung des Denkvermögens aus. Mittlerweile ist bekannt, daß das Üben bestimmter Aufgabentypen allein noch nicht ausreicht, um die Denkmethoden auch auf andere Aufgaben übertragen zu können. Vielmehr muß diese Übertragung speziell geübt, die Gemeinsamkeit zwischen der Übungssituation und späteren Problemstellungen sichtbar gemacht werden.

4.2 Hindernisse und Blockaden

Die Stufen vom Auftauchen eines Problems bis zu seiner Lösung sind im allgemeinen die folgenden:

1) *Konfrontation mit einem Problem*

In der Schule werden die Aufgaben gestellt und formuliert, im täglichen Leben, im Beruf hingegen muß zunächst genau abgeklärt werden, worin das Problem besteht; eine bestimmte Situation soll geändert, ein Ziel erreicht werden. Es gilt somit zuerst zu definieren, welche Änderung bewirkt, welcher Art die angestrebte Lösung sein soll.

2) *Suche nach einer Lösung*

Die bekannten Informationen werden nunmehr überprüft, eventuell einzelne wichtige Komponenten isoliert betrachtet. Im Erfahrungsschatz wird nach ähnlichen Konstellationen gesucht. Das Problem kann in diesem Stadium immer wieder umformuliert werden, so daß auch andere Aspekte sichtbar werden. Verschiedene Hypothesen werden aufgestellt, die bekannten Tatsachen durch gezieltes Suchen nach Antworten auf relevante Fragen ergänzt.

3) *Austesten von Hypothesen*

Während viele erwogene Theorien bereits durch Überlegen ausgeschaltet werden können, ist die Verwerfung anderer erst durch zusätzliche Informationen möglich. Es können in diesem Stadium Experimente durchgeführt oder verschiedene Vorgehensweisen ausgetestet werden.

4) *Lösung des Problems oder Erkennen des Mißerfolgs*

Die vorangehenden Schritte können entweder dazu führen, daß eine Hypothese als die beste ausgewählt oder durch weitere Überprüfungen erhärtet und als richtig erkannt wird oder aber eingesehen wird, daß keiner der eingeschlagenen Wege zum Ziel führt. In diesem letzteren Fall wird, je nach Motivation, von neuem angesetzt, das Problem neu formuliert, oder man verzichtet auf die Lösung und gibt auf.

Bei jedem dieser vier Stadien können Schwierigkeiten auftauchen und Fehler begangen werden. Schon die Definition des Problems wird oft zu oberflächlich vollzogen. Wichtige Aspekte werden übersehen, entscheidende Voraussetzungen aus den Augen verloren. Um ein Problem überhaupt zu verstehen, müssen die einzelnen Elemente und Begriffe bekannt, eine Einsicht in Zusammenhänge vorhanden sein.

Bei der Suche nach einer Lösung spielen vergangene Erfahrungen und bereits erworbene Kenntnisse eine wichtige Rolle. Je besser wir mit einem Gebiet vertraut sind, desto gezielter können wir Hypothesen formulieren, desto schneller werden wir auch gesuchte Informationen zu finden wissen. Wenn uns ein bestimmtes Wissen fehlt, kann ein Problem für uns unlösbar werden.

Nicht immer aber sind frühere Erfahrungen nur vorteilhaft. Sie können unsere Gedanken auch in bestimmte Bahnen lenken und uns dadurch blind für andere Möglichkeiten machen.

Dies läßt sich leicht mit einem bekannten Experiment demonstrieren (nach J. Kagan und E. Haveman, 1968): Eine bestimmte Menge Wasser muß durch Umleeren von jeweils drei Krügen verschiedener Größe abgemessen werden. Bei Problem 1 besteht die Lösung darin, daß die Kanne A gefüllt und daraus dreimal die Kanne B entnommen wird.

Problem Nr.	Inhalt der Kannen (Anzahl Liter)			Gewünschte Menge	Ihre Lösung
	A	B	C		
1	29	3	—	20	
2	21	127	3	100	
3	14	163	25	99	
4	18	43	10	5	
5	9	42	6	21	
6	20	59	4	31	
7	23	49	3	20	
8	15	39	3	18	

Bevor Sie weiterlesen, überlegen Sie sich jedes Problem, und notieren Sie Ihre Lösung in der hintersten Kolonne. Würden die Aufgaben Nr. 7 und 8 am Anfang stehen, kämen die meisten Leute wahrscheinlich auf Anhieb auf die einfachste Lösung, nämlich nur die Krüge A und C zu benützen. Durch das vorhergehende Lösen der Aufgaben 2–6 »gewöhnen« sich aber viele Versuchspersonen an die Dreierkombination und werden dadurch blind für die direkteren Vorgehensweisen.

Natürlich ist das Verlassen auf frühere Erfahrungen in vielen Fällen positiv zu bewerten und kann viel Zeit sparen. Dennoch sollten wir uns der damit verbundenen Gefahren bewußt sein und die Augen offenhalten für andere Möglichkeiten.

In manchen Problemsituationen verhindern falsche Annahmen das Finden der richtigen Lösung. Überlegen Sie sich folgendes Problem: Die vier Punkte der folgenden Abbildung sind durch drei gerade Linien in der Weise zu verbinden, daß der Schlußpunkt mit dem Ausgangspunkt zusammenfällt.

Beobachten Sie sich bei Ihren Versuchen, die Aufgabe zu lösen. Viele Leute gehen immer und immer wieder nach dem gleichen Schema vor, ohne je aus ihren Mißerfolgen den Schluß zu ziehen, daß die Lösung auf andere Art zustande kommen muß.

De Bono (1970) nennt dies *vertikales Denken* und vergleicht diese Einstellung mit dem Vorgehen eines Menschen, der stur ein Loch immer tiefer gräbt, obwohl er den gesuchten Schatz dort nicht findet. *Laterales Denken* bezeichnet entsprechend das Einschlagen vieler verschiedener Wege, die zunächst weniger aussichtsreich erscheinen mögen, die aber neue Zugänge zur Aufgabe erschließen können. Seiner Meinung nach ist der weitaus überwiegende Teil aller wissenschaftlichen Bemühungen auf die »logische Erweiterung eines allgemein akzeptierten Loches« gerichtet (de Bono, 1970 b).

Wichtige Fortschritte und große Ideen seien jedoch vielfach dadurch zustande gekommen, daß »jemand das in Arbeit befindliche Loch nicht beachtete und ein neues in Angriff nahm«, entweder aus Unkenntnis über dessen Vorhandensein, aus Unzufriedenheit oder dem Bedürfnis, anders zu sein als die anderen.

Das eben dargestellte Vier-Punkte-Problem bietet nur dann Schwierigkeiten, wenn von der Annahme ausgegangen wird, daß die Punkte gleichzeitig die Eckpunkte der entstehenden Figur sein müssen, daß also die Verbindungslinien nicht über die Punkte hinausgehen dürfen. Befreit man sich von dieser Erwartung, wird die Aufgabe sehr einfach (S. 238).

Auch durch emotionale Faktoren kann der Weg zur richtigen Lösung blockiert werden, z.B. will jemand etwas nicht glauben, weil es sich nicht mit den eigenen Idealen oder der persönlichen Meinung verträgt.

Mißerfolge und unrichtige Lösungen können auch dann resultieren, wenn falsche Schlüsse gezogen, vorschnelle Verallgemeinerungen vorgenommen werden oder auf unzuverlässige Quellen abgestützt wird. Nicht alle Dinge, die zusammen auftreten, haben auch einen kausalen Zusammenhang.

92

Die Informationen, die wir zur Stützung unserer Hypothesen und zur Lösung von Problemen benötigen, können auf verschiedene Arten gewonnen werden:

– durch direkte Beobachtung,
– durch genaue Messungen,
– durch sorgfältig geplante Experimente,
– durch gedruckte Quellen, Bücher, Zeitungsartikel usw.,
– durch Radio oder Fernsehen oder
– durch mündliche Übermittlung.

Nicht alle Quellen sind gleichwertig, nicht allen Informationen kommt das gleiche Gewicht zu. Dies sollte bei der weiteren Verwertung der Auskünfte berücksichtigt werden, damit nicht ganze Theorien auf Informationen aufgebaut werden, die sich bei näherer Überprüfung als verfälscht oder unrichtig erweisen.

Fakten gelten dann als zuverlässig, wenn

– unabhängige Beobachter sich einig sind,
– die Schlußfolgerungen verifizierbar sind, das Experiment also wiederholt werden kann,
– viele Einzelbeobachtungen auf das gleiche Resultat kommen,
– sie mit gesichertem Allgemeinwissen übereinstimmen.

4.3   De Bonos »Denkhüte«

De Bono (1992), der seit vielen Jahren Forschungen und Seminare zum kreativen Denken durchführt, unterscheidet sechs verschiedene Arten zu denken. In einem anschaulichen Modell beschreibt er diese sechs »Denkhüte«, um klarzumachen, daß es verschiedene Zugänge gibt und wir uns bewußt für einen anderen entscheiden können:

● Der *weiße* Hut stützt sich auf vorhandene neutrale Informationen, Fakten, Listen, Zahlen, Statistiken. Wir fragen uns: Welche Informationen haben wir, welche brauchen wir, wie bekommen wir die benötigten Fakten?

● Setzen wir den *roten* Hut auf, prüfen wir unsere Gefühle, Empfindungen, Intuition. Wir müssen uns von dem Gedanken befreien, daß wir losgelöst von der Situation logisch denken: Wenn wir Angst haben, unter Streß stehen, müde sind, uns Sorgen machen, wird dies unser Denkvermögen beeinträchtigen. Auch wenn wir uns um Objektivität bemühen: Unsere Entscheidungen beruhen außerhalb der Mathematik immer auch auf Gefühlen. Gefühle sind stets momentan. Der rote Hut erlaubt uns, zu diesen Gefühlen, die einen wichtigen Teil des Denkens darstellen, zu stehen.

- Der *schwarze* Hut beurteilt die Richtigkeit einer Aussage, kritisiert, prüft die Übereinstimmung mit logischen Überlegungen, mit bisherigen Erfahrungen: Urteil, Gewissen, Wahrheit.

- Der *gelbe* Hut verkörpert die Hoffnung, den Sonnenschein, Optimismus und positives Denken, die Suche nach den guten Seiten und Vorteilen einer Situation.

- Der *grüne* Hut steht für kreatives Denken, Einfälle, Vorschläge, Ideen, Provokationen, Alternativen, konstruktive Aktionen.

- Mit dem *blauen* Hut schließlich treten wir einen Schritt zurück, um einen Überblick zu erhalten, eine Standortbestimmung vorzunehmen, zu planen, zusammenzufassen, zu kontrollieren, wo wir sind.

Das Hutmodell de Bonos kann uns helfen, ein Problem bewußt von verschiedenen Seiten, unter verschiedenen Aspekten anzugehen, uns klarzumachen, welcher Art unsere Argumente sind. Die verschiedenen Denkarten können nacheinander zur Anwendung kommen.

Ein Beispiel beim Problemlösen, bei der Ideensuche: Der weiße Hut wird aufgesetzt, um systematisch zusätzliche Ideen zu sammeln, der grüne, um Alternativen zu finden, weiter zu explorieren, der gelbe, um Vorteile und Durchführbarkeit jeder Alternative zu prüfen, der schwarze, um auf die Schwächen und Gefahren aufmerksam zu werden, der grüne, um die beste Alternative weiterzuentwickeln und eine Wahl vorzunehmen, der blaue, um zusammenzufassen, der schwarze wieder für die Schlußprüfung und der rote, um zu prüfen, ob die Lösung mit den eigenen Gefühlen übereinstimmt.

4.4 Praktische Anwendung

Alle Untersuchungen deuten darauf hin, daß es kaum möglich ist, andere mit allgemeinen Ratschlägen zu besseren Denkleistungen zu führen. Wichtig ist in der Regel spezifisches Wissen, systematisches Vorgehen und das Vermeiden der genannten Hindernisse und Denkfallen:

- Bevor wir beginnen, vergewissern wir uns, daß wir das Problem richtig verstanden haben, daß wir sehen, was gefragt ist, worauf es ankommt, welches Ziel anzustreben ist: Das Problem muß klar und korrekt formuliert werden. Dazu gehört eine sorgfältige Analyse der bekannten Tatsachen, der gegebenen Voraussetzungen und Bedingungen, der gewünschten Lösung. Kenne ich schon etwas Ähnliches?

- Bei bereichsspezifischen Problemen können entsprechende Strategien trainiert und gezielt angewendet werden. Wenn wir beispielsweise in einem Bereich der Mathematik über einen Vorrat an Lösungswegen verfügen und uns darin üben, die jeweils wichtigen Gemeinsamkeiten und Unterschiede zu erkennen, werden wir die Probleme systematisch lösen können.

- Ist das Problem sehr komplex, hilft oft eine Skizze, eine graphische Darstellung, das Notieren der wichtigsten Punkte. Wir können auch mit Kärtchen arbeiten, die geordnet werden, mit Mind maps, Zeichnungen, mit einer Tabelle, die zeigt, was bekannt ist und was gesucht wird. Auch beim Aufstellen der verschiedenen Hypothesen erweist es sich oft als nützlich, die Vor- und Nachteile der einzelnen Lösungswege aufzuschreiben.

- Wir können versuchen, die gegebenen Konstellationen auf eine andere, bekanntere und eher überschaubare Situation zu übertragen.

- Statt uns an einem einzelnen Aspekt die Zähne auszubeißen, verschieben wir die Aufmerksamkeit bewußt von einem Teil des Problems auf andere.

- Wir prüfen, ob uns alle relevanten Informationen vorliegen, ob es sich um Fakten, gesichertes Wissen handelt.

- Wenn wir uns überlegen, wie die Lösung aussehen muß, können wir viele falsche Wege schneller ausschalten.

- Wenn trotz vieler Versuche die Lösung nicht gefunden wird, analysieren wir alle bisher eingeschlagenen Wege und überlegen, was sie gemeinsam haben. Dann versuchen wir etwas ganz anderes. Vielleicht müssen wir das Bezugssystem erweitern. Eine Übersicht über die bereits versuchten und die möglichen Vorgehensweisen verhindert, daß wir immer wieder »am gleichen Ort graben« und andere Wege gar nie geprüft werden.

- Immer sollten wir uns der Gefahren bewußt bleiben, die ein Abstellen auf frühere Erfahrungen oder ein Ausgehen von bestimmten Annahmen mit sich bringt.

- Es schadet nichts, Informationen zu mißtrauen und ihre Quelle zu überprüfen. Viele Probleme können deshalb nicht gelöst werden, weil falsche

Voraussetzungen unbesehen immer wieder übernommen werden. Wir »wechseln bewußt den Hut«, bleiben flexibel, überprüfen Annahmen auf Vorurteile.

● Aus Angst vor Fehlern oder vor Risiken wagen wir oft nicht, einen neuen Weg zu erproben, auch wenn sich die bisherigen als unbefriedigend erwiesen haben. Wichtig ist, zu erkennen, wann Erfahrungen nicht anwendbar sind, wann wir uns von unseren vorgefaßten Überzeugungen lösen müssen. Beim kreativen Problemlösen erweitern wir den Rahmen, suchen nach neuen Ideen und weiteren Alternativen.

● Viele Professoren ebenso wie Autoren meinen, ihre Zuhörer oder Leser durch möglichst komplizierte Formulierungen und Fremdwörter beeindrucken zu müssen. Scheuen Sie sich nicht, diese Texte zu klaren, verständlichen Sätzen umzuformulieren.

● Übereilen Sie nichts. Unter Zeitdruck fällt das Denken schwer. Wird trotz aller Bemühungen keine Lösung gefunden, empfiehlt es sich, das Problem für einige Zeit wegzulegen. Damit können wir uns oft aus eingefahrenen Bahnen befreien. Kehren wir später zu der Aufgabe zurück, kann die Lösung durch plötzliche Intuition auftauchen.

● Bevor Sie sich mit einer gefundenen Lösung zufriedengeben, kontrollieren Sie nochmals, ob alle Bedingungen und Voraussetzungen berücksichtigt wurden, ob das Ganze wirklich durchführbar ist, ob noch andere Möglichkeiten bestehen.

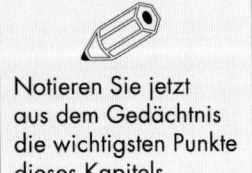

Notieren Sie jetzt aus dem Gedächtnis die wichtigsten Punkte dieses Kapitels.

Diese Übersicht ist sehr allgemein gehalten. Die gleichen Regeln gelten aber im Prinzip für Mathematikaufgaben, wissenschaftliche Forschungen oder Probleme des Alltags.

5. *Physiologische Voraussetzungen*

Wenn wir gesund und fit sind, sind wir auch geistig leistungsfähig. Fühlen wir uns dagegen verspannt, müde, hungrig oder krank, können wir uns kaum auf den Lernstoff konzentrieren. Schon aus diesem Grund lohnt es, die physiologischen Gesetzmäßigkeiten zu berücksichtigen und unserer Haltung, Ernährung, Bewegung, frischer Luft die nötige Beachtung zu schenken. Obwohl wir dies alle wissen, richten wir uns jedoch oft nicht danach.

5.1 Ernährung

Eine wichtige Rolle bei der Erhaltung der Gesundheit spielt die richtige Ernährung. Wir benötigen sowohl Nährstoffe (Zucker, Eiweiß, Fett), Schutzstoffe (Vitamine, Mineralsalze, Eisen, Jod usw.) als auch Flüssigkeit. Allgemein bekannt ist, daß das Hauptproblem der vorwiegend geistig Tätigen darin besteht, daß zuviel und falsch gegessen wird. Viele Herz- und Kreislaufkrankheiten sind auf einen zu hohen Fettgehalt in der Ernährung zurückzuführen. Wer wenig Bewegung hat, sollte vor allem natürlichen Schutzträgern wie Gemüsen, Salaten, ungekochten Früchten, Milch und Milchprodukten wie Quark und Joghurt einen bevorzugten Platz einräumen. Aus Bequemlichkeit, um Zeit zu sparen oder einfach weil wir sie so gerne mögen, greifen wir aber allzu oft nach den ungesunden Produkten.

Bei der Verteilung der Mahlzeiten ist zu berücksichtigen, daß sowohl ein zu voller als auch ein leerer Magen sich negativ auf die Leistungsbereitschaft auswirkt. Untersuchungen weisen nach, daß Personen, die ohne Frühstück zur Arbeit gehen, im Laufe des Vormittags einen deutlichen Leistungsabfall zeigen. Sowohl aus medizinischen als auch aus Gründen der Leistungsfähigkeit und des Wohlbefindens empfiehlt sich eine Verteilung der Aufnahme der benötigten Nährstoffe, Schutzstoffe und Flüssigkeiten auf fünf verschiedene Zeitpunkte: ein gutes Frühstück, zwei Hauptmahlzeiten sowie in der Mitte des Vor- und des Nachmittags je eine leichte Zwischenverpflegung zur Deckung des Flüssigkeitsbedarfs.

Auch die Bedingungen, unter denen eine Mahlzeit eingenommen wird, spielen eine wichtige Rolle. Hektisches Essen führt zu Magenbeschwerden und stört die Verdauung. Wenn immer möglich, sollten wir in einer entspannten Atmosphäre und mit Muße speisen können und nicht sofort nach dem letzten Bissen wieder an die Arbeit zurückkehren.

5.2   Arbeitszeit

Viele Leute neigen dazu, den Einsatz der menschlichen Arbeitskraft ähnlich wie die Verwendung einer Maschine zu sehen. Eine Maschine hat eine ganz bestimmte Stundenleistung: Läuft sie drei Stunden, produziert sie dreimal soviel wie in einer Stunde; läuft sie 15 Stunden am Tag, entsprechend 15mal soviel.

Die Beobachtung zeigt aber, daß Menschen sich anders verhalten. Sie brauchen nicht nur offensichtlich Schlaf und Erholung; sie können auch innerhalb ihrer Wachzeit nicht in jeder Stunde gleich viel leisten. Vor allem können sie ihre Tagesproduktion durch Verlängerung ihrer Arbeitszeit nicht beliebig steigern.

Verschiedene Untersuchungen deuten vielmehr darauf hin, daß Belegschaften relativ unabhängig von der Länge ihrer Präsenzzeit eine gewisse Tagesleistung einhalten. Dies zeigte sich beispielsweise überall dort, wo die tägliche Arbeitszeit verkürzt wurde. In einem typischen Fall führte die Reduktion von 9 auf 8 Std./Tag zu einer Steigerung der Stundenproduktion um durchschnittlich 10%, so daß die Gesamtproduktion nur wenig abnahm.

In gleicher Weise läßt sich die Produktion durch Verlängerung der Arbeitszeit nicht einfach vergrößern. Diese Erfahrung mußten viele Firmen machen, die in Krisenzeiten (z.B. im Krieg) die täglichen Arbeitszeiten von 9 auf 10 Stunden heraufsetzten. Meist war der Anstieg der Produktion erheblich geringer als erwartet, weil die Stundenleistungen entsprechend abnahmen.

Aus diesen Beobachtungen kann der Schluß gezogen werden, daß eine bestimmte Tagesleistung nicht leicht ständig überschritten werden kann. Bei intensiver Arbeit wird das Maximum nach etwa 8 Stunden erreicht, jede Verlängerung führt zum Absinken der Stundenleistung. Dies gilt natürlich nicht für eine einmalige Überzeitarbeit; vielmehr pendelt sich eine gewisse Stundenleistung über einen längeren Zeitraum hinweg ein.

Auch Zeitdruck führt im allgemeinen nicht zu Leistungssteigerungen; eher trifft das Gegenteil zu. Muß eine Arbeit in einer beschränkten Zeit erledigt werden, ergibt sich für die Ausführenden ein Gefühl des Gehetztseins, das eine raschere Ermüdung bewirkt.

Eine nicht übertrieben lange tägliche Arbeitszeit dient somit den Arbeitgebern und Arbeitnehmern gleichermaßen. Die Arbeitnehmer haben mehr Freizeit, die Arbeitgeber eine zufriedenere und gesündere Belegschaft, ohne große Produktionseinbuße.

Auch ständige Überzeitarbeit lohnt sich unter diesem Gesichtspunkt gesehen nicht. Es wird dabei nicht nur die Leistung pro Stunde herabgesetzt, sondern es erhöhen sich auch die Absenzen durch Krankheiten.

Wenn aber diese Gesetze für Arbeiter und Angestellte gelten, können auch selbständig Erwerbende, Studentinnen und Studenten ihre Schlüsse daraus ziehen. Zwar beziehen sich die meisten Untersuchungen auf manuelle Arbeiten – schon deshalb, weil sich in diesem Sektor die Produktion leichter messen läßt als bei geistiger Tätigkeit. Es dürfte aber auch für den geistigen Bereich zutreffen, daß eine allzu lange tägliche Arbeitszeit zur Reduktion der Stundenleistung führt. Es ist somit meist sinnlos, sich vor Prüfungen vorzunehmen, zwölf Stunden am Tag zu lernen. Wahrscheinlich würde die Lernleistung bei acht Stunden die gleiche sein; daneben aber kämen die für Sport und Erholung verwendeten restlichen Stunden der Gesundheit zugute.

Natürlich gelten diese Prinzipien nicht absolut. Vor allem spielt die Motivation eine wichtige Rolle dabei, wann das Tagesmaximum erreicht wird. Die Situation ist erwiesenermaßen anders, wenn ganz verschiedenartige Tätigkeiten aufeinanderfolgen, wenn also z.B. eine Studentin oder ein Student noch einem Nebenverdienst nachgeht. Dann kann die Summe der täglichen Arbeitszeit 8 oder 9 Stunden übersteigen, ohne daß sich negative Auswirkungen auf die Qualität bemerkbar machen.

Geistige Müdigkeit ist oft eine Folge der Langeweile und kaum Anzeichen einer tatsächlichen Erschöpfung. Dies zeigt sich dann, wenn wir in einem scheinbar ermüdeten Zustand neue Anregungen erhalten oder uns einer interessanten Tätigkeit zuwenden.

5.3   Pausen

Nicht nur bezüglich der Gesamtheit der Arbeitszeit ist der Schluß von Maschine auf Mensch falsch. Auch die beste Aufteilung folgt anderen Gesetzmäßigkeiten. Während bei der Maschine jeder Stillstand einen Zeitverlust bedeutet, sind Pausen für den Menschen unentbehrlich und leistungsfördernd.

Bei allen Funktionen des menschlichen Körpers besteht ein Wechsel zwischen Kräfteverbrauch und Kräfterestitution, zwischen Arbeit und Ruhe. Dieser Wechsel ist nicht nur bei körperlich anstrengenden Tätigkeiten erforderlich, sondern ebenso bei allen Arbeiten, die das Nervensystem beanspruchen, wie z.B. geistige Konzentration, Beanspruchung der Sinnesorgane usw. Werden keine Pausen eingeschaltet, sinkt die Leistung immer mehr ab. Eine Pause muß dabei nicht lang sein. Die Erholung ist am Anfang am größten; wird die Unterbrechung über längere Zeit ausgedehnt, steigen die Leistungen nicht linear wieder an.

Eine Untersuchung von O. Graf (1961) demonstriert den Einfluß von Pausen auf die Arbeitsleistung bei mehrstündigem Rechnen (siehe Abb. 101). Während 30 Tagen mußten die Versuchspersonen jeweils 3 Stunden hintereinander einfache Additionen ausführen. Eine Gruppe (P_0) arbeitete durchgehend ohne Pause, eine zweite Gruppe (P_3) hatte 3 Pausen von 2, 4 und 6 Minuten nach jeweils drei viertel Stunden, und die dritte Gruppe (P_{11}) hatte 11 Pausen von $^1/_2$, 1 oder 2 Minuten Dauer nach jeweils einer Viertelstunde. Die Summe der Pausenzeit war bei der zweiten und dritten Gruppe gleich, nämlich 12 Minuten, was 6,7% der Arbeitszeit entspricht. Wie die Graphik zeigt, sank die Leistungskurve der ersten Gruppe als Folge der Ermüdung ständig ab. Die zweite und dritte Gruppe konnten hingegen ihre Leistungen dank der Pausen auf höherem Niveau halten. Auffallend ist auch, daß schon die Aussicht auf Pausen die Leistung verbessert, begannen doch die Pausengruppen bereits mit höheren Durchschnitten. Die Mehrleistungen gegenüber der pausenlosen Gruppe ergaben bei der zweiten Gruppe (P_3) 5,6%, bei der dritten (P_{11}) 9,8%; die verlorene Zeit wurde also wettgemacht.

Diese leistungssteigernde Wirkung von Kurzpausen hält auch über längere Zeit an. Am besten läßt man eine starke Ermüdung gar nicht erst entstehen, sondern schaltet rechtzeitig eine kurze Pause ein.

Die Beobachtungen in Fabriken zeigt zudem, daß die Arbeiter auch ohne offizielle Pausen eine Erholung suchen. Sie behelfen sich mit *maskierten* Pausen, indem sie irgendwelche Nebenarbeiten vortäuschen, umständlich etwas suchen, die Nase putzen usw. Werden hingegen offizielle Pausen eingeführt, nehmen die maskierten Pausen ab. Da der Erholungswert von offiziellen Pausen – schon aus psychologischen Gründen – größer ist, wird die effektive Arbeitszeit durch ihre Einführung eher verlängert (Graf, 1961).

Auch diese Erfahrungen können sich geistig Arbeitende zunutze machen: Wenn wir, statt fünf Stunden ununterbrochen zu büffeln, unsere Arbeit unterteilen, zwischen zwei Kapiteln ab und zu aufstehen, ans Fenster treten, einen kurzen Spaziergang machen, werden wir nicht nur Besseres leisten, sondern am Schluß auch weniger erschöpft sein.

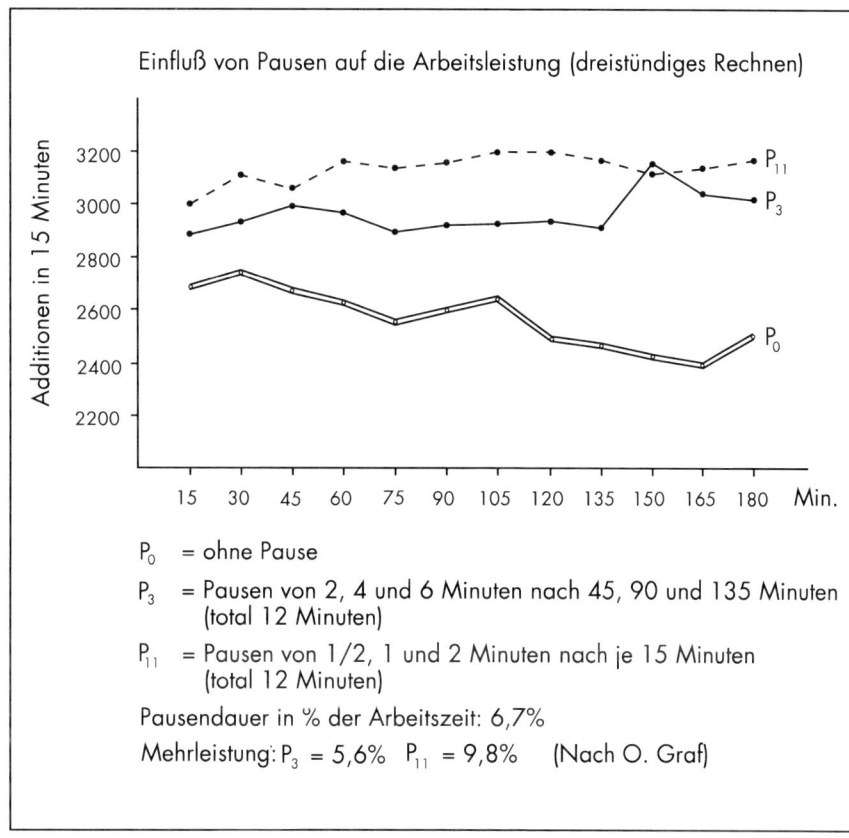

Einfluß von Pausen auf die Arbeitsleistung (dreistündiges Rechnen)

P_0 = ohne Pause

P_3 = Pausen von 2, 4 und 6 Minuten nach 45, 90 und 135 Minuten (total 12 Minuten)

P_{11} = Pausen von 1/2, 1 und 2 Minuten nach je 15 Minuten (total 12 Minuten)

Pausendauer in % der Arbeitszeit: 6,7%

Mehrleistung: P_3 = 5,6% P_{11} = 9,8%   (Nach O. Graf)

5.4   Schlaf

Obwohl wir etwa ein Drittel unseres Lebens im Schlaf verbringen, ist vieles daran unerforscht. So ist nicht klar, warum wir überhaupt schlafen – wir wissen nur, daß das Schlafbedürfnis um so zwingender und unwiderstehlicher wird, je länger wir am Schlafen gehindert werden. Länger als 11 Tage und 11 Nächte ist noch kein Mensch ohne Schlaf ausgekommen.

Wenn wir zuwenig schlafen, fühlen wir uns schlecht gelaunt und gereizt. Erstaunlicherweise ist es dagegen schwierig, meßbare Veränderungen durch einen kurzfristigen Schlafmangel festzustellen, vor allem dann, wenn wir für eine Tätigkeit gut motiviert sind.

Durchschnittlich schlafen Erwachsene etwa acht Stunden, doch bestehen große individuelle Unterschiede, die von weniger als sechs bis über neun Stunden reichen. Kurzschläfer schlafen »effizienter«, sie brauchen weniger lang zum Einschlafen, haben mehr Tiefschlaf. Da dies offenbar größtenteils angeboren ist, können wir unser Schlafbedürfnis selbst kaum beeinflussen. Die meisten kennen ihren Schlafbedarf. Ein Kriterium zur Beurteilung, ob wir genug geschlafen haben, ist die Frische am Morgen.

Schlafen wir weniger, können wir zwar trotzdem arbeiten, vor allem wenn wir gut motiviert sind. Die gleiche Arbeit wird uns aber schwerer fallen und eine größere Anstrengung erfordern. Ein ständiger Schlafmangel kann zu Reizbarkeit, Arbeitsunlust, Absinken der Initiative bis zu Angstzuständen und Depressionen führen. Es ist deshalb wichtig, darauf zu achten, daß wir genügend Schlaf bekommen. Nur dann können wir von unseren Fähigkeiten den besten Gebrauch machen.

Der Schlaf verläuft in verschiedenen Phasen, von denen jede ihre bestimmte Funktion erfüllt. Schlaftabletten blockieren die Traumphasen und ergeben keinen normalen, erholsamen Schlaf.

Auch der Zeitpunkt, zu dem wir schlafen, spielt eine Rolle. Die physiologischen Funktionen ändern sich in Abhängigkeit von der Tageszeit. Körpertemperatur, Pulsfrequenz, Atemfrequenz, Blutdruck usw. erreichen Spitzenwerte um 9 Uhr und um 17 Uhr, während sie ihren Tiefstand zwischen 1 und 4 Uhr morgens haben. Der menschliche Organismus ist somit wechselweise mehr auf Leistung (Vormittag und später Nachmittag) oder mehr auf Erholung (am frühen Nachmittag und in der Nacht) eingestellt. Zahlreiche Messungen über Reaktionsbereitschaft, Aufmerksamkeit und Müdigkeitsgefühle bestätigen, daß die Leistungsfähigkeit entsprechenden Schwankungen ausgesetzt ist. Die Abbildung auf der folgenden Seite zeigt den Verlauf der physiologischen Leistungsbereitschaft über die 24 Stunden des Tages.

Daß es sich dabei nicht nur um Gewohnheit, sondern um eine tatsächliche Abhängigkeit von der Tageszeit handelt, ergaben Untersuchungen über Nacht- und Schichtarbeiter. Während sich Überseereisende nach einigen Tagen an die veränderten Zeiten gewöhnen, paßt sich der Organismus der Nachtarbeiter nicht an den Arbeitsrhythmus an. Die Nachtarbeit bleibt qualitativ schlechter als die Tagesarbeit. Der Erholungswert des Tagesschlafes liegt zudem unter demjenigen des Nachtschlafes. Die Folgen der Nachtarbeit sind deshalb Irritierbarkeit, eine allgemeine Beeinträchtigung der Stimmung, Nervosität, Schlaf- und Appetitstörungen.

Wie die Abbildung zeigt, gibt es zudem auch während des Tages Tiefpunkte. Ein Kurzschlaf kann uns dann wieder für einige Stunden frisch machen.

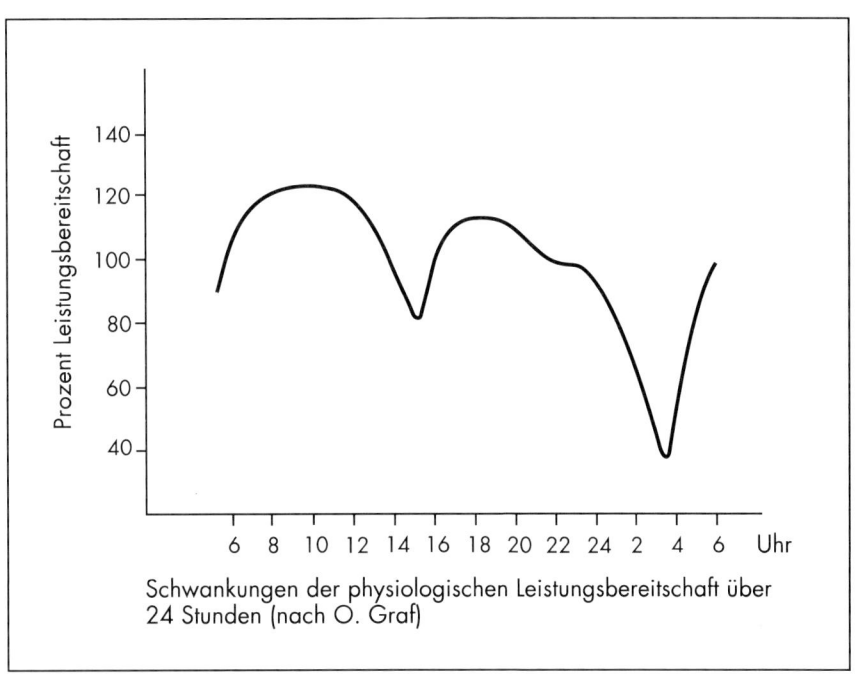

Schwankungen der physiologischen Leistungsbereitschaft über 24 Stunden (nach O. Graf)

Wer sich seinen Tagesablauf frei einteilen kann, profitiert mit Vorteil von diesen Ergebnissen: Er plant seine Arbeitszeiten für die Stunden der höchsten physiologischen Leistungsbereitschaft, seinen Schlaf während der tiefsten Punkte. Durchgearbeitete Nächte mögen auf Kommilitonen Eindruck machen, sind aber vom Standpunkt der Physiologie nicht zu empfehlen.

Äußere Bedingungen

1. *Arbeitsort und Arbeitsplatz*

1.1 Wahl des Arbeitsortes

Für viele geistig Tätige stellt sich die Frage nach dem Ort ihrer Aktivität gar nicht, weil sie einen festen Arbeitsplatz haben. Studentinnen und Studenten stehen meist verschiedene Möglichkeiten offen: Sie können ihre Aufgaben in Lesesälen von Bibliotheken, speziellen Räumen der Universität oder der Schule oder aber in einem eigenen Zimmer zu Hause ausführen. Für sie gilt es, die optimale Lösung zu finden.

Das eigene Zimmer, der eigene Schreibtisch haben gegenüber der Bibliothek verschiedene Vorteile. Vor allem gestattet dies die Bereitstellung sämtlichen Arbeitsmaterials. Alle Unterlagen, Hilfsmittel und Instrumente haben ihren festen Platz, es wird keine Zeit verloren mit Suchen und Zusammentragen; das Gedächtnis wird nicht mit dem Problem belastet, was alles mitgenommen werden muß.

Arbeiten wir immer am gleichen Ort, gewöhnen wir uns an das Arbeitsklima und werden schon zum Arbeiten angeregt, wenn wir uns dort befinden (Konditionierung). Dadurch kann viel »Aufwärmzeit« eingespart werden.

Als nachteilig kann sich im eigenen Zimmer die Nähe von Ablenkungen und die leichte Erreichbarkeit auswirken. Studierende, die Konzentrationsschwierigkeiten haben, sind zu Hause vielen Versuchungen ausgesetzt (Telefon, Hausglocke, Post, Radio, Fernseher oder auch Geschwister und andere Hausgenossen).

Wo diese Nachteile überhandnehmen, drängt sich die Suche nach einem besseren Arbeitsplatz auf. Viele Lernende können sich im Lesesaal einer Bibliothek besser konzentrieren. Manche Universitätsbibliotheken haben auch Arbeitsnischen, in denen sich ungestört lernen läßt. Die Bibliothek hat den Vorteil, daß wir nicht ständig aufstehen können, daß die Ruhe und der Fleiß der anderen ansteckend wirken. Viele Versuchungen fallen weg. Von Nachteil ist natürlich, daß alles Material immer mitgenommen werden muß.

Jeder und jede Lernende muß selbst entscheiden, wo er oder sie am besten arbeiten kann. Wichtige Kriterien sind vor allem Ruhe und Ungestörtheit. Selbst wenn wir einen Platz haben, wo wir am besten lernen und arbeiten, können wir nicht immer dort sein. Wollen wir unsere Zeit gut nutzen, müssen wir auch an anderen Orten lernen können. Sonst brauchen wir die Abwesenheit als Ausrede vor uns selbst. Notizbücher, Taschenbücher, Karten können wir bei uns tragen und Wartezeiten, Zugfahrten gewinnbringend nutzen.

Oft ergibt sich schon aus den äußeren Umständen eine Kombination von eigenem Zimmer und Lesesaal. Wir verwenden Zwischenstunden und Mittagspause zum Lernen, wobei wir uns solche Arbeiten vornehmen, die nicht viele zusätzliche Unterlagen erfordern: Überarbeiten der Notizen aus der Vorstunde, Vorbereitung auf die nächste usw.

1.2 Gestaltung des Arbeitsplatzes

Ist einmal der Ort bestimmt, den wir fortan zum Lernen und Arbeiten verwenden wollen, gilt es, ihn auf verschiedene Voraussetzungen hin zu überprüfen. Die Einhaltung dieser Bedingungen kann in vielen Fällen das Arbeiten erleichtern und die Ermüdung hinauszögern.

Allgemeine Gültigkeit hat der Grundsatz, daß Arbeit und Entspannung streng getrennt werden sollen. Wie wir uns zeitlich (siehe Kapitel über Zeiteinteilung) entweder auf Lernen oder auf Erholung einstellen, ist es auch empfehlenswert, diese Unterscheidung räumlich einzuhalten. Auf dem Bett liegend, können wir uns einem Fachbuch nicht mit voller Konzentration widmen; ein bequemer Sessel lädt mehr zum Ausruhen als zum Anstrengen ein. Untersuchungen zeigen nämlich, daß eine leichte Muskelspannung die Geistestätigkeit fördert: Wer ganz entspannt ist, hat mehr Mühe, sich zu konzentrieren.

Das Gehirn benötigt viel Sauerstoff – wir verschaffen diesen, wenn wir öfter lüften, auch dafür sorgen, daß wir an die frische Luft kommen.

Ganz auf die Arbeit einstellen können wir uns am besten, wenn auch äußerlich ein »Arbeitsklima« herrscht. Wir benötigen also einen Schreibtisch und einen Stuhl dazu, der nicht zu bequem ist. Machen wir eine Pause, stehen wir am besten auf, treten ans Fenster oder entfernen uns auf andere Weise von diesem »Ort der Konzentration«.

Unser Tisch sollte groß genug sein, daß darauf gut geschrieben werden kann und auch einige Hilfsmittel Platz finden. Günstig sind zudem eine Anzahl Schubladen, eventuell mit Einrichtungen für Hängeregistraturen. Sie erleichtern uns das Ordnen des Materials. Ist unser Schreibtisch nicht entsprechend ausgestattet, lassen sich spezielle Kästen oder Möbel für Hängemappen anschaffen.

Arbeitsmaterial

Eine natürliche Arbeitshaltung, die keine Rückenschmerzen und Verkrampfungen zur Folge hat, setzt einen *Stuhl* voraus, der weder zu hoch noch zu niedrig ist und physiologisch paßt.

An den Arbeitsplatz gehört nur Arbeitsmaterial – keine Souvenirs, Fotos, Briefe, Eßwaren und andere Dinge, die der Konzentration hinderlich sein und unsere Gedanken in andere Richtungen führen könnten. Dagegen sollten alle für das Studium und unsere geistige Tätigkeit benötigten Hilfsmittel in Reichweite sein, so daß wir nicht ständig aufstehen und auf die Suche gehen müssen. Für unsere schriftlichen Arbeiten, Semesterarbeiten, Korrespondenz benötigen wir eine Schreibmaschine oder – weit besser – einen Computer mit Textverarbeitungs- und Datenbankprogramm. Schreibarbeiten gehören so sehr zum Alltag, daß es sich lohnt, richtig und systematisch Schreibmaschinenschreiben zu lernen, auch wenn dies zunächst einen zusätzlichen Aufwand bedeutet. Im Laufe unserer Ausbildung und unserer Berufstätigkeit sparen wir viel Zeit mit dem Zehnfingersystem und einem problemlosem Umgang mit einer Schreibmaschine und natürlich mit Computern.

Wer zu Hause keinen Computer und Drucker zur Verfügung hat, prüft mit Vorteil, wo diese Geräte benutzt werden können. Wichtig ist auch hier ein systematisches Vorgehen, planvolles Speichern, eine gute Ordnung und Übersicht auf den Disketten.

An weiteren Materialien empfiehlt es sich, folgende Objekte anzuschaffen und im, beim oder auf dem Schreibtisch zu verstauen:

– Nachschlagewerke allgemeiner Art (Konversationslexikon) und für das eigene Fachgebiet, Duden für die Rechtschreibung, Atlas;
– Terminkalender, auf dem die laufenden Verpflichtungen eingetragen werden, Stundenplan (falls ein solcher erstellt wurde – vgl. S. 156);
– Papier: liniiertes und unliniiertes Notizpapier, Karteikarten, Schreibmaschinen- und Zeichenpapier;
– Schreibutensilien: Blei- und Farbstifte oder Filzstifte, Kugelschreiber oder Füllfeder mit Ersatzminen oder -patronen, Radiergummis, Messer oder Bleistiftspitzer, Maßstab, Lineal;
– weitere Hilfsmittel: Heftmaschine (Bostich) mit Ersatzklammern, Locher, Schere, Klebstreifen, Büroklammern.

Wenn alle diese Hilfsmittel in Griffnähe und an ihrem festen Platz bereitliegen, können wir viel Zeit und Ärger sparen. Welche weiteren Geräte noch zum Arbeitsplatz gehören, hängt von unserem Fach und der Art unserer Tätigkeit ab.

Es empfiehlt sich, den Tisch jeweils so aufzuräumen, daß die freie Fläche groß genug ist, um unsere Unterlagen und Schreibmaterialien aufzunehmen, wenn wir uns zur Arbeit hinsetzen. Sonst muß jede Lernperiode erst mit Umschichten und Neuarrangieren begonnen werden.

Beleuchtung

Auch die Überprüfung der *Beleuchtung* gehört zur Schaffung der besten Arbeitsbedingungen. Schlechtes Licht erschwert die Konzentration, bewirkt schmerzende Augen und beschleunigt die Ermüdung. Die Hauptanforderungen an die Beleuchtung des Arbeitsplatzes sind:

- genügend Licht;
- keine scharfen Kontraste. Besonders störend sind große Helligkeitsunterschiede innerhalb des Blickfeldes, wenn wir beispielsweise direkt ins Licht oder in die Sonne sehen;
- gut verteiltes Licht (weder Arbeitsgeräte noch wir selbst dürfen uns beim Schreiben Schatten machen).

Der ganze Arbeitstisch sollte möglichst gleichmäßig beleuchtet sein. Eine Lichtquelle, die *von oben oder über die linke Schulter* kommt, verhindert, daß wir große Helligkeitsunterschiede im Blickfeld haben. Der Vorteil einer *indirekten Beleuchtung* ist das Wegfallen von Schatten und der damit verbundenen scharfen Kontraste. Am besten prüfen wir durch Verschieben eines Buches, ob die Schrift überall gut sichtbar und leserlich ist.

Weitere Anforderungen an das ideale Arbeitszimmer sind angemessene Lüftung und Heizung, wobei im allgemeinen ein kühler Raum einem überheizten vorzuziehen ist.

Lärm

Der Einfluß von *Lärm* auf die Arbeitsleistung wurde schon verschiedentlich untersucht. Allgemein gilt, daß Geräusche mit hohen Frequenzen und Lautstärken unangenehmer wirken als solche mit niedrigeren Frequenzen. Ein ständiger, gleichmäßiger Lärm stört zudem weniger als unerwartete, wechselnde oder immer wieder neu einsetzende Geräusche. Es zeigt sich, daß nicht alle Leute gleich auf Lärm reagieren, daß zudem die Störung von ein und derselben Person nicht zu allen Zeiten gleich stark empfunden wird.

Eine große Rolle spielt auch die innere Einstellung zu dem Geräusch oder seinem Erzeuger. Haben wir der Lärmquelle (z.B. Motorrad) oder dem Urheber (z.B. pfeifender Junge) gegenüber positive Gefühle, werden wir die Belästigung weniger stark empfinden als unser Nachbar, der vielleicht Motorräder und kleine Jungen haßt.

Musik

Viele Schüler und Studenten hören Musik bei der Erledigung ihrer Aufgaben und haben deshalb ein Radio oder ein Tonbandgerät im Zimmer: In einer Befragung gaben 60 von 109 Gymnasiasten an, vorzugsweise mit begleitender Radio- oder Schallplattenmusik zu arbeiten; von 233 Studenten antworteten 59 im gleichen Sinne. In Fabriken zeigt sich oft, daß Musik die Motivation hebt und vor allem gegen Ende des Vor- und des Nachmittags den Leistungsschwund durch Ermüdung hinausschiebt. Den größten Gewinn fanden die Physiologen bei monotoner und langweiliger Arbeit.

Auf intellektuelle Tätigkeiten wirkt sich die Radiobegleitung hingegen oft negativ aus. Am störendsten machen sich Kommentare und sonstiges Sprechen bemerkbar, während leichte Musik unter Umständen auch anregen kann.

In einer Untersuchung wurden die Leistungen von Schulkindern mit oder ohne Radiogeräusche überprüft. Während die Fehlerzahl beim *Rechnen* mit Radiobegleitung stark anstieg und die *Merkfähigkeit* allgemein abnahm, wurden die Schüler beim Schreiben von Aufsätzen durch leichte Musik eher positiv beeinflußt.

Zusammenfassend kann wohl gesagt werden, daß Musik bei Routinearbeiten die Leistungsbereitschaft erhöhen kann; ihre ablenkende Wirkung macht sich jedoch bei Tätigkeiten, die hohe Anforderungen an das Denken und an die Aufmerksamkeit stellen, meist negativ bemerkbar. Auch hier dürfte aber die persönliche Einstellung eine Rolle spielen.

Dient die leise Musik lediglich als Geräuschkulisse, mag die Überdeckung anderer Geräusche und die Schaffung eines angenehmen akustischen Klimas die Konzentration fördern (Grandjean, 1963).

Lernenden und geistig Tätigen ist somit ein heller und möglichst ruhiger Arbeitsplatz zu empfehlen. Müssen wir das Zimmer oder unseren Arbeitsraum mit anderen teilen, können wir vereinbaren, daß während bestimmter Stunden weder gesprochen noch Musik gespielt werden darf.

Überprüfen Sie folgende Punkte für Ihren persönlichen Arbeitsort und kreuzen Sie jeweils die zutreffende Einstufung an:

				Mögliche Abhilfe
Lärm	kein Problem	erträglich	störend	
Ablenkung	selten	ab und zu	zu oft	
Beleuchtung	zu schwach	angemessen	blendend zu große Kontraste	
Lüftung	schlecht	es geht	gut	
Heizung	zu wenig	angemessen	überheizt	
Schreibtisch	zu klein	überladen	richtig	
Hilfsmittel	fehlende:			
Arbeitsmaterial				

1.3   Ordnen der Unterlagen

Mit dem Eindringen in verschiedene Wissensgebiete sammeln sich um alle Lernenden immer mehr Unterlagen, Notizen und Bücher. Wollen wir die Übersicht behalten, müssen wir rechtzeitig um eine Ordnung besorgt sein. Andernfalls kommen wir bald in die Lage, daß wir zwar wissen, daß wir Informationen über ein bestimmtes Problem besitzen, eine Tatsache einmal irgendwo gelesen haben, die gewünschten Auskünfte aber entweder gar nicht oder nur nach hektischem und zeitraubendem Suchen wieder auffinden können. Je vielseitiger und umfangreicher der Aufgabenkreis wird, desto wichtiger ist natürlich die Organisation. Für Schülerinnen und Schüler genügt es meist noch, wenn sie die Notizen für jedes Fach beisammenhalten, die Hefte eventuell durch verschiedene Farben oder Umschläge bereits auf den ersten Blick kenntlich machen.

Werden aber zusätzliche Unterlagen, wie kleinere Schriften, Zeitungsausschnitte, Photographien usw., in größerer Zahl gesammelt, nehmen die Ordner zu sehr an Umfang – und damit an Gewicht – zu, muß eine Ablagestelle gefunden werden. Dabei gibt es verschiedene Möglichkeiten, so daß die indi-

112

viduellen Anforderungen über die Wahl entscheiden. Ist der Schreibtisch oder ein Schrank entsprechend ausgerüstet, kann eine *Hängeregistratur* geschaffen werden. Dieses Ordnungssystem besteht aus einzelnen Mäppchen, die zusammengehörendes Material aufnehmen und mit Hilfe von Reitern beschriftet werden. Innerhalb der einzelnen Mäppchen kann eine zusätzliche Gliederung durch Couverts vorgenommen werden. Der Vorteil einer Hängeregistratur liegt in ihrer Übersichtlichkeit und der leichten Erreichbarkeit der Informationen: Ein Handgriff bringt die gesuchte Unterlage.

Lohnt sich diese Anschaffung nicht, helfen große *Schachteln* oder *Ordner*. → *für die einzelnen Fächer* Auch sie können alles Material zu einem bestimmten Gebiet aufnehmen, zusätzlich können diese durch Mäppchen oder große Couverts unterteilt werden. Die Beschriftung erfolgt durch aufklebbare Etiketten, wobei verschiedene Farben auf die einzelnen Gebiete hinweisen. Schöner sieht es dabei aus, wenn alle Ordner oder alle Schachteln das gleiche Format haben.

Für aktuelle Dinge, z.B. noch zu beantwortende Korrespondenz, empfehlen sich *Sichtmäppchen*. Sie halten den Inhalt zusammen, lassen ihn aber dennoch nicht aus den Augen (und damit aus dem Gedächtnis) verschwinden. Überlegen Sie sich, welches Ordnungssystem Ihnen am besten entspricht. Wenn Sie regelmäßig, beispielsweise einmal pro Woche, in Hängemappen einordnen, was Sie aufbewahren wollen, und aussortieren, was Sie nicht mehr brauchen, sparen Sie viel Zeit. Für die Übersicht über die eigenen Unterlagen können auch PC-Programme von Nutzen sein.

2. Quellen

2.1 Die eigenen Bücher

Bücher sind das Handwerkszeug der geistig Tätigen. Ohne Bücher werden wir nicht weit kommen. Während viele Informationen in öffentlichen Bibliotheken zugänglich sind, empfiehlt es sich, von Anfang an am Aufbau einer eigenen Bücherei zu arbeiten. Wenn auch die meisten wissenschaftlichen Werke eher kostspielig sind, lohnt sich das finanzielle Opfer doch in vielen Fällen.

Dabei sollte planmäßig vorgegangen werden. Jedes Jahr kommen Tausende von neuen Büchern auf den Markt. Viele davon sind schon nach kurzer Zeit überholt oder bieten nichts wesentlich Neues. Vor allem wenn unser Budget beschränkt ist, müssen wir eine gute Auswahl treffen und uns auf die wichtigen Werke konzentrieren. Bevor wir ein Buch kaufen, sollten wir uns entweder den Rat von kompetenten Fachleuten einholen, das Werk erst in der Bibliothek ausleihen oder zur Ansicht bestellen.

Nützlich kann es sein, sich einen Anschaffungsplan aufzustellen. Wir überlegen uns, welche Bücher wir unbedingt brauchen, welche den Grundstock zur Weiterbildung oder zum Studium bilden, auf welche wir immer wieder zurückgreifen wollen.

Zu diesem Grundstock gehören die *Standardwerke* des eigenen Faches, die eine Einführung in den Stoff, einen Überblick über die verschiedenen Spezialgebiete liefern. Sie geben uns ein Gerüst, zeigen uns die Hauptzüge unserer Disziplin, dienen uns quasi als Landkarten beim Eindringen in Neuland. Kommen wir zu einem neuen Kapitel, ist über einen Aspekt eine Arbeit vorzubereiten, können wir zuerst anhand dieser Grundlagenwerke einen Einblick gewinnen, oft erhalten wir Hinweise darauf, bei welchen Autoren wir detailliertere Informationen finden werden. Schreiten wir in unserem Studium dann weiter voran, wenden wir uns diesem oder jenem Kapitel mit besonderem Interesse zu, werden wir uns nach spezialisierten Einführungsbüchern in jene Gebiete umsehen. Fachlehrer können am besten Auskunft geben, welches die Standardwerke ihres Wissensgebietes sind.

Ein *Fachwörterbuch* hilft uns sodann beim Studium der spezialisierten Literatur. Jedes Gebiet hat seine Fachausdrücke, deren genaue Bedeutung wir kennen müssen, wenn wir die wissenschaftlichen Artikel und Abhandlungen durcharbeiten. Die Definitionen kommen uns oft auch beim Aufsetzen eines Berichts zugute.

Ein gutes *Konversationslexikon* neuester Auflage gehört ebenfalls zur Ausrüstung des Arbeitsplatzes. Wir sparen manchen Gang, wenn wir die gewünschten Auskünfte gleich nachschlagen können. Auch ein *Atlas* leistet immer wieder gute Dienste.

Nicht nur wenn wir viel schreiben, profitieren wir vom Besitz eines *Dudens* für die Rechtschreibung. Alle Leute kommen immer wieder in die Lage, daß sie der korrekten Schreibweise eines Wortes oder Ausdrucks nicht hundertprozentig sicher sind.

Immer mehr Fachbücher erscheinen heute auch in billiger Taschenbuchform, viele Verlage geben Reihen über die verschiedensten Wissensgebiete heraus. Es lohnt sich, vor dem Kauf abzuklären, ob ein Buch in einer günstigeren Ausgabe erhältlich ist. Gewisse Bücher kann man auch antiquarisch erwerben oder älteren Studenten abkaufen. In solchen Fällen muß besonders auf die Auflage geachtet werden. Sind neuere, überarbeitete Auflagen im Handel, ist im allgemeinen vom Erwerb früherer Exemplare abzuraten.

2.2   Bibliotheken

2.2.1 Benützung einer Bibliothek

Da wir kaum alle Bücher, die wir im Laufe unseres Studiums oder unserer beruflichen Tätigkeit durcharbeiten müssen, selbst kaufen können, sind wir auf die öffentlichen Bibliotheken und Leihbüchereien angewiesen.

Die meisten Leute haben keine Ahnung, wie viele Bibliotheken es gibt. Die Ausgabe 1991 des Bibliothekstaschenbuchs verzeichnet allein für die Schweiz 962 Bibliotheken. In Deutschland dürfte die Zahl ein Vielfaches betragen. Eine erste grobe Unterteilung gliedert in:

- *Nationalbibliotheken*: Sie enthalten eine vollständige Sammlung der Literatur eines Landes. In vielen Ländern sind die Verleger verpflichtet, von jedem herausgegebenen Buch unentgeltlich eine bestimmte Anzahl Exemplare an die Nationalbibliothek abzugeben.

- *Allgemeine öffentliche Bibliotheken*: In Stadt-, Landes , Kantons-, Zentraloder Gemeindebibliotheken sind Sachbücher aus allen Wissensgebieten zu finden ebenso wie Belletristik, Kinder- und Jugendbücher, oft auch Zeitschriften und CDs.

- *Bibliotheken der Bildungseinrichtungen:* Die meisten Gymnasien, Fachhochschulen, Universitätsinstitute, Seminare und Fakultäten haben eine eigene Bibliothek mit den entsprechenden Fachbüchern. In erster Linie stehen diese den betreffenden Studierenden und Mitarbeitern zur Verfügung.

- *Spezial- oder Fachbibliotheken* pflegen Spezialbereiche oder einzelne Wissenschaften. Beispiele: Englische oder russische Bibliothek, Bibliotheken von Firmen, Museen, Forschungsanstalten, Vereinen, Berufsverbänden, Parlaments- und Gerichtsbibliotheken.

Es lohnt sich für alle Lernenden, sich einmal einen Überblick über das Angebot an Büchereien in ihrer näheren und weiteren Umgebung zu verschaffen, um bei der Materialsuche gezielt vorgehen zu können.

Außer den Bibliotheken sind als Quellen auch die *Archive* zu nennen, die einmaliges oder nur wenig verbreitetes Material sammeln (Beispiel: Staatsarchiv mit Urkunden und Akten zur Geschichte von Stadt und Land bzw. Kanton, Gesetze und Druckschriften).

Untersuchungen zeigen, daß zwischen den Kenntnissen von Studentinnen und Studenten über die Benutzung von Bibliotheken und ihrem Notendurchschnitt ein Zusammenhang besteht – wer weiß, wo er sich seine Informationen beschaffen kann, hat einen entscheidenden Vorteil. Eine Untersuchung ergab aber auch, daß die meisten Studierenden noch im vierten Jahr ihres Studiums nicht genug über den Gebrauch einer Bibliothek wissen. Im folgenden werden deshalb einige der wichtigsten Informationen über die Dienste, die eine Bibliothek anbietet, über Ordnungssysteme und die gezielte Büchersuche dargestellt.

2.2.2 Lesesaal und Handbibliothek

Viele Bibliotheken haben einen *Lesesaal,* der für das Studium der Bücher zur Verfügung steht. Die dort aufliegenden Bücher und Zeitschriften können von den Benützern in der Regel selbst den Regalen entnommen und wieder zurückgestellt werden, dürfen aber den Saal nicht verlassen. Diese *Handbibliothek* umfaßt Gesamtdarstellungen, Standardwerke, Wörterbücher und vielbändige Lexika allgemeiner Art sowie der in der Bibliothek vertretenen Spezialgebiete. In vielen Fällen vermittelt uns das Nachschlagen in einem guten Lexikon einen ausgezeichneten Einstieg und eine erste Übersicht in ein uns interessierendes Thema; ein Lexikonartikel bildet deshalb oft den Ausgangspunkt für die weitere Suche.

Der Bibliothekssaal wird von vielen Lernenden als idealer Arbeitsplatz angesehen und aufgesucht, auch wenn keine Bücher entliehen werden sollen: Sie können sich in der Atmosphäre der schweigenden Konzentration (meist herrscht im Lesesaal Redeverbot) ganz in ihre Arbeit vertiefen, während sie zu Hause ständig gegen viele Ablenkungen und Versuchungen zu kämpfen haben. Andere wiederum empfinden die Gegenwart anderer Menschen als störend beim Lernen und ziehen es deshalb vor, die Bibliothek nur als Ausleihstelle zu benutzen.

2.2.3 Katalogsysteme

Über den Bücherbestand einer Bibliothek geben den Benutzerinnen und Benutzern in der Regel Kataloge in Karteienform Auskunft. Moderne Kataloge können auch aus Ständern voller Microfiches mit dazugehörenden Lesegeräten oder aus einem Computerbildschirm bestehen. Leider verfügt fast jede Bibliothek über ein eigenes System der Katalogisierung, so daß die Informationssuchenden sich an Ort und Stelle informieren müssen. Hier können nur einige allgemeine Hinweise gegeben werden.

Die meisten Büchereien führen sowohl einen alphabetischen als auch einen Sachkatalog.

Alphabetischer Katalog

Im alphabetischen Verfasser- und Anonymenkatalog sind die Bücher nach dem Namen des *Autors* geordnet. Wir werden ihn immer dann benützen, wenn wir ein bestimmtes Buch suchen, von dem wir den Namen des Verfassers und den Titel bereits kennen. Wichtig ist dabei zu wissen, daß auch Bücher, deren Autor unbekannt ist, sowie Sammelwerke und Handbücher im Verfasserkatalog aufgeführt sind. Sie werden nach dem Hauptstichwort oder dem ersten Wort des Titels geordnet. Die Titelaufnahme im alphabetischen Katalog folgt genau festgelegten Regeln. Jedes in der Bibliothek vorhandene Werk hat eine eigene Karte und kann bei Kenntnis von Autor und Titel gezielt gefunden werden.

Sachkataloge

Kennen wir nur das Thema oder die Fragestellung und wollen in Erfahrung bringen, welche Bücher dazu in der Bibliothek vorhanden sind, wenden wir uns an einen Sachkatalog. Diese Kataloge sind entweder systematisch oder alphabetisch nach Schlagwörtern geordnet.

● *Dezimalklassifikation:* Das bekannteste systematische Sachkatalogsystem ist die Dezimalklassifikation des Amerikaners Melvil Dewey. Er vollzog 1876 eine Aufgliederung des gesamten Wissens der Menschheit in ein Dezimalsystem: Dabei ging er von 10 Hauptklassen (0–9) aus, von denen jede Klasse in 10 Gruppen (z.B. Klasse 5 in Gruppen 50–59), jede Gruppe wiederum in höchstens 10 Untergruppen (z.B. Gruppe 55 in Untergruppen 550–559) usw. aufgeteilt wird. Auf diese Weise ist auch das kleinste und spezialisierteste Gebiet unterzubringen; die Länge der Nummer gibt dabei Aufschluß über die Enge des Begriffs.

Die 10 Hauptklassen des Dewey-Systems sind:
0 Allgemeines, Bibliographie
1 Philosophie
2 Religion, Theologie
3 Sozialwissenschaften, Recht
4 Sprachwissenschaften, Philologie
5 Mathematik, Naturwissenschaften
6 Angewandte Wissenschaften, Medizin, Technik
7 Kunst, Kunstgewerbe, Musik, Sport
8 Literaturwissenschaften, schöne Literatur
9 Geschichte, Geographie

Die Unterteilung der einzelnen Hauptklassen ergibt sich aus folgendem Beispiel:

6: Angewandte Wissenschaften – Medizin – Technik
62: Ingenieurwesen
621: Maschinenbau
621.3: Elektrotechnik
621.39: Elektrische Nachrichtentechnik
621.396: Funktechnik
621.396.6: Apparate und Schaltungen
621.396.62: Empfänger
621.396.621: Allgemeines über Empfangsschaltungen
621.396.621.5: Empfangsmethode
621.396.621.55: Neutralisation
621.396.621.551: Abschirmung

Bibliotheken, die das Dewey-System benützen, ordnen die Bücher auch auf diese Weise auf den Gestellen an. Benutzer finden sich damit schnell zurecht. Können wir die Bücher selbst den Regalen entnehmen, gewinnen wir dank dieses Systems leicht eine Übersicht, welche und wieviel Literatur über das interessierende Gebiet vorhanden ist. Obwohl seither bessere Systeme eingeführt wurden, wird dieses Dezimalsystem weiterhin in den meisten Bibliotheken der USA gebraucht, weniger häufiger dagegen im deutschen Sprachraum.

- *Alphabetische Sachkataloge* (Schlagwortregister)

  – Ältere *alphabetische Sachkataloge* sind häufig unstrukturiert, d.h., die Auswahl der verwendeten Schlagwörter erfolgt mehr oder weniger willkürlich. Die meisten kleinen Bibliotheken haben ihr eigenes Schlagwortregister entwickelt, das dem Schwerpunkt des Bücherbestandes und den Benutzerwünschen angepaßt ist. Ein bestimmtes Buch kann dabei unter mehreren Schlagwörtern registriert werden.

  – *Thesaurus-Systeme:* Im Unterschied zu gewöhnlichen Schlagwortregistern sind in einem Thesaurus nicht nur jene Wörter und Begriffe aufgeführt, die zur Verschlagwortung des Buchbestandes dienen (Deskriptoren), sondern auch eine Vielzahl von Begriffen, die nicht verwendet werden (Nichtdeskriptoren). Bei den Nichtdeskriptoren ist jeweils angegeben, welcher Begriff an seiner Stelle verwendet werden darf, bei den Deskriptoren sind zudem alle ähnlichen und verwandten Schlagwörter aufgeführt. Angestrebt wird mit diesem System, daß sowohl Verschlagworter als auch Benutzer den gleichen Suchweg gehen und durch die angegebenen Verweise und Beziehungen für einen bestimmten Sachverhalt immer ein und denselben Deskriptor finden. Der Thesaurus führt wie eine »Straßenkarte« durch das Vokabularium des Fachgebietes.

    Thesauri erscheinen in Buchform für bestimmte Fachgebiete (z.B. Bildungsforschung, Pädagogik) und werden von vielen entsprechenden Fachbibliotheken ganz oder teilweise übernommen. Ein Thesaurus stellt somit die Verbindung zwischen der natürlichen und der Dokumentationssprache her.

    Die Benutzung eines Thesaurus erfordert anfänglich eine Umstellung, erleichtert aber das gezielte Suchen. Während bei gewöhnlichen Schlagwortverzeichnissen stets überlegt werden muß, welche Schlagwörter vorhanden sein könnten, kann beim Thesaurus zunächst von der natürlichen (oder Fach-)Sprache ausgegangen werden. Durch die Verweise findet man dann automatisch den Begriff, unter dem die gesuchte Literatur angegeben sein muß.

119

– *EDV-gestützte Suche:* In großen Bibliotheken erfolgt die Büchersuche zunehmend über Computer. In der Umstellphase werden die älteren Publikationen noch über Karteikarten erschlossen, die neueren dagegen über den Bildschirm. Lassen Sie sich davon nicht irritieren – der Computer ist auch hier vor allem ein nützliches Hilfsmittel, das sehr flexibel auf besondere Suchwünsche reagieren kann: Er bietet uns Menüs an, mit denen wir Schritt für Schritt zu den gewünschten Informationen kommen.

Zunächst enthält der Bildschirm einen Überblick über alle Sucharten. Wir müssen eingeben, für welche der folgenden Möglichkeiten wir uns entscheiden. Suchen wir nach

– dem Titel des Buches, der Reihe, der Zeitschrift,
– dem Autor, Herausgeber, Körperschaft, Kongreß
– oder einer Kombination des Autorennamens und des Titelanfangs,
– nach einem Thema (Sachbegriff, Person, geographischer Name),
– einer Nummer (Signatur, ISBN oder ISSN, Akzessionsnummer),
– oder einem Stichwort aus dem Titel, Autorennamen?

Beispiel: Wir entscheiden uns, nach einem *Sachbegriff* zu suchen und tippen dies ein. Auf dem Bildschirm erscheint die Aufforderung, einen Sachbegriff, Personennamen oder Werktitel einzugeben. Je enger der gewählte Begriff ist, desto speziellere Literatur wird angegeben.

Beispiel: Medizin (weiter Sachbegriff),
       Ultraschalldiagnostik (enger Sachbegriff).
       Möglich sind auch Doppelbegriffe:
Beispiel: Medizin: Tierversuch,
       Ultraschalldiagnostik: Gynäkologie.

Geben wir einen Begriff ein, erfahren wir, wie viele Eintragungen vorhanden sind, sowie welche verwandten Begriffe allenfalls noch in Frage kommen. Wir können vorwärts und rückwärts blättern und zu jeder Eintragung noch weitere Informationen abrufen.

– *Zeitschriftenkatalog:* Der Zeitschriftenkatalog gibt Auskunft darüber, welche Zeitschriften von der Bibliothek abonniert und gesammelt werden. Für praktisch jedes Wissensgebiet erscheinen spezialisierte Zeitschriften. Angesichts ihrer großen Zahl und der Tatsache, daß ein Abonnement in der Regel recht teuer ist, können wir sie kaum alle selbst bestellen. Eine regelmäßige Durchsicht der Fachzeitschriften unseres Wissensgebietes in einer Bibliothek kann aber sehr gewinnbringend sein. Wir finden darin die neuesten Forschungsergebnisse, Diskussionen über umstrittene Theorien, Beiträge von Autoren, die auf dem Gebiet spezialisiert sind, und Besprechungen der neuesten Fachbücher. Die neuesten Exemplare der Zeitschriften liegen im Lesesaal der Bibliothek auf, früher erschiene Ausgaben sind jahrgangsweise gebunden und werden wie Bücher gesucht.

– *Bibliographien:* Bibliographien sind Verzeichnisse der innerhalb eines bestimmten Zeitraumes erschienenen Publikationen (Bücher und Zeitschriftenartikel). Neben Allgemeinbibliographien erscheint eine große Zahl von *Fachbibliographien,* z.B. für den medizinischen, pädagogischen, psychologischen Bereich usw. (eine Übersicht darüber gibt eine »Bibliographie der Bibliographien«). Die Bibliographien ordnen die von ihnen erfaßten Publikationen einerseits nach Autorennamen, andererseits nach Schlagwörtern. Bibliographien liegen in den Bibliotheken auf, geben aber natürlich auch Auskunft über Werke, die die betreffende Bücherei nicht besitzt.

2.2.4 Suche und Ausleihe von Büchern

Sucht man eine Bibliothek zum ersten Mal auf, sollte man sich erst einmal allgemein orientieren. Manchmal existiert ein schriftlicher Leitfaden, der Auskunft gibt über den Bestand, das verwendete Klassifikationssystem, Öffnungszeiten, Ausleihbedingungen und Vorgehen. Sonst wendet man sich am besten an das Personal.

Suchen wir ein bestimmtes Buch oder wissen wir bereits, welcher Autor besonders viel über unser Spezialgebiet publiziert hat, wenden wir uns dem Verfasserkatalog zu. Andernfalls zeigt uns der Sachkatalog, welche Literatur über unser Thema existiert. Bei gewöhnlichen Schlagwortregistern ist es meist sinnvoll, mehrere Begriffe zu prüfen und sich schon vorher eine Liste von Wörtern zu erstellen, unter denen eventuell Bücher zu unserem Thema erwähnt sein könnten (vgl. Suchbeispiel auf der nächsten Seite). In kleinen Bibliotheken, die nur wenige Schlagwörter verwenden (häufig zwischen 50 und 200), lohnt es sich, das ganze Register kurz durchzusehen, um die für uns richtigen Begriffe zu finden.

Für die Ausleihe muß in der Regel für jedes Buch eine Karte oder ein Bestellschein ausgefüllt werden. Die entsprechenden Angaben, vor allem die Signatur des Buches (Zahlen- und Buchstabenkombination) erhalten wir durch den Katalog. Die ausgefüllten Bestellscheine geben wir an einem Schalter ab und bekommen die gewünschten Bücher, nach einer gewissen Wartefrist, ausgehändigt.

In manchen Bibliotheken können die Bücher von den Benutzern selbst ge-

---

Suchbeispiel

Wir suchen Literatur über *Gandhi*. Zuerst schlagen wir in einem großen *Lexikon* unter »Gandhi« nach und notieren uns die wichtigsten Angaben wie auch die Literaturhinweise.

Im *Autorenverzeichnis* (alphabetischer Katalog) finden wir unter »Gandhi, Mahatma« jene Bücher, die Gandhi selbst verfaßt hat, sowie unter den jeweiligen Autorennamen jene Biographien, die wir uns bei den Literaturhinweisen notiert haben.

Im *Schlagwortverzeichnis* (Sachkatalog) prüfen wir verschiedene Schlagwörter, z.B. »Gandhi«, »Indien«, »Indische Geschichte«, »Gewaltlosigkeit«, »Unabhängigkeitsbewegungen«.

In einer *Bibliographie* prüfen wir, welche weiteren Bücher wir möglicherweise durchsehen wollen, die in der betreffenden Bibliothek nicht vorhanden sind.

---

sucht und den Gestellen entnommen werden. Dies hat den Vorteil, daß wir die Bücher bereits kurz durchblättern und entscheiden können, ob sie den aktuellen Interessen überhaupt entsprechen.

Weist die Bibliothek ein gesuchtes Buch nicht auf, erkundigen wir uns nach dem Standort des *Zentralkataloges*. Dabei handelt es sich um einen gemeinsamen Katalog mehrerer Bibliotheken, für die jeweils eine der angeschlossenen Bibliotheken federführend ist. Über den nationalen und internationalen *Leihverkehr* zwischen den verschiedenen Bibliotheken ist es dann möglich, das betreffende Buch dennoch zu erhalten. Im Prinzip ist es jedem Benutzer möglich, nahezu jedes existierende Buch über eine öffentliche Bibliothek zu erhalten, wenn diese an den Leihverkehr angeschlossen ist.

2.3   Archive

Bibliotheken sammeln veröffentlichte gedruckte Literatur nach bestimmten Zielsetzungen, Archive übernehmen einmalige Unterlagen von anderen Institutionen. So enthält beispielsweise das Staatsarchiv Verträge, Ratsprotokolle, Dokumente über Wahlen und Abstimmungen, das Bundesarchiv Dokumente der Zeitgeschichte, der Landesgeschichte, Zeitungsausschnitte, Nachlässe. Andere Archive übernehmen den Nachlaß bedeutender Persönlichkeiten (z.B. Thomas-Mann-Archiv, Max-Frisch-Archiv) oder traditionsreicher Familien.

Große Zeitungen verfügen über umfangreiche Archive von Bild- und Textmaterial.

Da es sich bei den gesammelten Unterlagen oft um unersetzliche Einzelstücke handelt, dürfen sie nicht ausgeliehen, sondern nur in den Lesesälen der Archive benützt werden. Die Benutzung erfordert häufig eine Voranmeldung oder eine Benutzungsgenehmigung. Die Suchenden können auch Kopien, Mikrofilme und Vergrößerungen bestellen.

Staatliche Archive können von jedermann kostenlos benützt werden, der wissenschaftliche, heimatkundliche, familiengeschichtliche oder unterrichtliche Zwecke erfolgt, bei anderen Archiven kann die Benutzung eingeschränkt sein. Manche Unterlagen dürfen erst nach 30 Jahren eingesehen werden.

Wegen der besonderen Ordnungs- und Verzeichnungsgrundsätze der Archive, empfiehlt es sich, sich vom fachkundigen Archivpersonal bei der Suche beraten zu lassen.

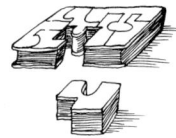

Nehmen Sie an, daß Sie Literatur zum Thema »Lernpsychologie« suchen. Überlegen Sie – einzeln oder in Ihrer Arbeitsgruppe –, wie Sie Ihre Suche gezielt betreiben würden. Vergleichen Sie Ihre Lösungsvorschläge mit jenen auf S. 239.

Versuchen Sie jetzt, die folgenden Fragen zu beantworten:

Welche Quellen wurden erwähnt?

_____

_____

_____

_____

Was ist der Unterschied zwischen Bibliotheken und Archiven?

_____

_____

_____

_____

Welche Arten von Bibliotheken kenne ich?

_____

_____

_____

_____

Bei welchen will ich prüfen, ob sie für mich wichtige Unterlagen haben?

_____

_____

_____

_____

Welche Archive könnten für mich nützlich sein?

_____

_____

_____

_____

Welche Bücher will ich baldmöglichst anschaffen?

_____

_____

_____

_____

Welche Bücher will ich mit der Zeit erwerben?

_____

_____

_____

_____

2.4 Datenbanken

Als Datenbanken bezeichnet man systematisch geordnete und auf magnetischen/optischen Speichern erfaßte Informationen (Zeichen, Texte und Bilder). Mit einer Datenbankverwaltungs- und Retrieval(Abfrage, Auffinden)-Software kann die Datenbank nach den verschiedenen Kriterien am Computerterminal oder PC abgefragt werden kann.

Die ständig steigende Informationsmenge macht es notwendig, moderne Hilfsmittel einzusetzen, um das persönliche Informationsziel zu erreichen. Die hohen Speicherkapazitäten und Schnelligkeit der modernen Computer und immer weiter verbesserte Benutzerfreundlichkeit haben die elektronischen Informationsdienste zu einem bedeutenden Hilfsmittel bei der Informationsbeschaffung werden lassen. Noch vor wenigen Jahren waren Datenbanken in Europa nur einem kleinen Kreis Eingeweihter bekannt. Mittlerweile werden sie von immer mehr Unternehmen, Hochschulen und Forschungsinstituten systematisch eingesetzt, um aus der verwirrenden Vielfalt von Veröffentlichungen die nützlichen Informationen herauszufiltern.

Datenbanken lassen sich nach der Form des Informationsabrufs unterteilen in:

- *On-Line*-Datenbanken auf Großsystem: Die Verbindung zu einem entfernten Computer erfolgt über Telefon oder Datex-Netz. Wir können entweder einen Vermittler beauftragen, für uns die Suche durchzuführen, oder selbst über Datex-Netz oder Btx recherchieren.

- *Off-Line*-Datenbanken sind nicht an ein Großsystem angeschlossen. Die Daten befinden sich auf einer speziellen Compact Disc *(CD-ROM-Datenbanken)*. Der Anwender ist unabhängig von externen Rechnern und braucht keinen Anschluß über Datex-Netz oder Telefonleitung.

On-Line-Datenbanken

Die ersten On-Line-Datenbanken entstanden in den USA bereits vor mehr als 20 Jahren im Rahmen der nationalen Raumfahrtprogramme. Sie enthielten bibliographische Hinweise auf überwiegend naturwissenschaftlich-technische Fachliteratur. Seit Anfang der 80er Jahre hat die Entwicklung in größerem Umfang auch in Europa begonnen. 1993 wurden weltweit etwa 6.000 internationale On-Line-Datenbanken ermittelt; die Zahl nimmt ständig weiter zu.

Erstellt werden die Datenbanken von verschiedenen privaten und öffentlichen Institutionen (Verlage, Auskunftsbüros, Banken oder nationale und internationale Informations- und Dokumentationseinrichtungen), die laufend die in einem bestimmten Gebiet erscheinenden Veröffentlichungen auswerten. Jede Datenbank hat unterschiedliche Schwerpunkte. Der Datenbankproduzent bestimmt den Aufbau, Inhalt und die Abfragesprache.

Je nach Art der abrufbaren Informationen werden verschiedene Datenbanktypen unterschieden:

● *Referenzdatenbanken* speichern Hinweise auf Informationen, die noch beschafft werden müssen: Dazu zählen Literaturdatenbanken, Datenbanken für Forschungsvorhaben, Referenzdatenbanken mit Hinweisen auf Firmen und Experten.

● *Source-Datenbanken* enthalten die eigentlichen Informationen, die direkt abrufbar sind: Faktendatenbanken und Volltextdatenbanken.

Mehr als die Hälfte aller Datenbanken entfallen auf den Bereich Wirtschaft, dann folgen Naturwissenschaften, Technik, Patente, Rechtsinformationen, Geistes- und Sozialwissenschaften.

Um an die in den On-Line-Datenbanken gespeicherten Informationen heranzukommen, können wir die Hilfe von Informationsvermittlern in Anspruch nehmen oder selbst direkt über den eigenen PC unter Zuhilfenahme der Telekommunikationsdienste Kontakt mit einem Host aufnehmen.

● *Einschaltung von Informationsvermittlern (Informationbroker):* Informationsvermittler sind qualifizierte Fachleute, die mit Hilfe ihrer technischen Ausstattung (Terminal, PC und Anschluß über Datenleitung) Zugang zu On-Line-Datenbanken haben und ihre Erfahrung und ihr Wissen dem Kunden bei der Informationsbeschaffung zur Verfügung stellen. Es gibt Informationsvermittlungsstellen (IVS) im privaten und öffentlichen Bereich. Studierende können ihre Abfragen in der Regel über die Hochschulbibliotheken durchführen. Informationsvermittlungsstellen führen nicht nur Online-Recherchen im Rahmen von einmaligen Suchaufträgen nach genau umrissener Fragestellung durch, sondern bieten auch *Profildienste* an, die abonniert werden können. In regelmäßigen Zeitabständen (täglich, wöchentlich, monatlich oder vierteljährlich) erhält der Kunde die neuesten Literaturhinweise zu seinem Interessengebiet.

● *Eigene On-Line-Abfrage – direkter Zugang zu Datenbank:* Wer über einen eigenen Mikrocomputer (PC) oder ein anderes datenfernübertragungsfähiges EDV-Terminal (heute nur noch selten benutzt) verfügt, hat die Möglichkeit, selbst den Kontakt zu einem Host und damit zu Datenbanken aufzunehmen. Diese Möglichkeit, d.h. die direkte Kommunikation zwischen dem Informationssuchenden (PC-Besitzer) und verschiedenen externen Stellen, wird heute in immer stärkerem Maße beansprucht. Für viele Endnutzer sind Datenbanken der Ersatz oder die Ergänzung von Nachschlagewerken, die in der Regel in Griffnähe am Arbeitsplatz stehen.

Für die Übertragung der Signale können entweder die Telefonleitung oder die besonderen Datennetze der Post (Datex-Dienste oder Telepac in der Schweiz) genutzt werden. Dabei ist als Schnittstelle entweder ein Akustikkoppler (heute seltener) oder ein Modem erforderlich. Akustikkoppler verwandeln die vom Computer ausgehenden digitalen Signale in akustische Signale. Der Telefonhandapparat wird auf den Akustikkoppler aufgelegt; ohne technische Eingriffe kann dadurch das Telefon für die Übertragung benutzt werden.

Beim Modem (Abkürzung für Modulation/Demodulation) werden analoge Signale (Telefonleitung) in digitale Signale (PC) umgesetzt und umgekehrt. Das Modem fungiert als Bindeglied zwischen PC und dem Telefon- bzw. Datennetz.

Der »kühne« Nutzer, der es wagt, auf eigene Faust an die On-Line-Abfrage von Datenbanken zu gehen, steht nicht hilflos und allein auf weiter Flur. Es gibt eine Reihe von Selbsthilfeorganisationen und Einrichtungen, die – unterstützt von der öffentlichen Hand – Erfahrungen an die Einsteiger weitergeben. Die Entscheidung, ob die Informationsbeschaffung aus On-Line-Datenbanken über Vermittler oder durch direkten Zugriff erfolgen soll, hängt vor allem von Umfang, Häufigkeit und Dringlichkeit der Informationssuche ab. Die Kenntnisse der Datenbankinhalte und -strukturen und vor allem auch der unterschiedlichen Abfragesprachen (Retrieval) können nur bei regelmäßigem Recherchetraining (ein bis zwei Recherchen pro Woche) erhalten werden.

● *Bildschirmtext – Videotext:* Bildschirmtext (in der Schweiz Videotex) ist ein Datenbanksystem, das über das Telefonnetz betrieben wird. Dem Nutzer steht ein vielfältiges Angebot zur Verfügung. Anfang 1993 gab es in Deutschland rund 3.000 Anbieter: Firmen aus Industrie, Handel, Banken und Versicherungen sowie der Reisebranche, aber auch Hosts, die ihre Datenbanken über Btx zugänglich machen. Aufgebaut ist Btx wie ein Buch: Es beginnt mit einem Inhaltsverzeichnis, das nach Sachgebieten oder Anbietern gegliedert ist. Dahinter folgen Seite auf Seite alle Angebote. Der Benutzer wählt im Inhaltsverzeichnis jene aus, die ihn interessieren. Als

Endgeräte können entweder Fernsehapparate mit eingebautem Btx-Decoder, spezielle Btx-Geräte der Post/Telekom mit oder ohne integriertem Telefon oder ein PC mit Modem und Decoder eingesetzt werden.

Datenbanken auf CD (CD-ROM) – Off-Line

Allgemein bekannt sind Compact Discs (CDs) als Nachfolger der Schallplatten für die Musikwiedergabe. Die Handlichkeit und die enorme Speicherkapazität haben dazu geführt, daß die kleinen Kunststoffscheiben als CD-ROM in den letzten Jahren auch im Informatikbereich als Datenträger für Texte und Bilder immer mehr eingesetzt werden. ROM steht für read only memory, d.h., die Daten oder Informationen können nur gelesen, aber nicht verändert oder überschrieben werden. Die CD-ROM (wie auch die Musik-CD) gehört zu den optischen Speichersystemen, bei denen die Speicher mittels Licht (Laserstrahl) abtastbar sind. Optische Speicher zeichnen sich durch ihre enorme Speicherdichte aus: Die CD-ROM vermag bis zu 550 Millionen Daten aufzunehmen, was etwa der Textmenge von 950 Taschenbüchern mit je 200 Seiten entspricht.

Die CD-ROM wurde Mitte der 80er Jahre erstmals in Europa vorgestellt. Durch drastische Kostensenkungen sowohl für die Laufwerke als auch für die einzelnen CD-ROMs hat der Absatz vor allem in den letzten Jahren stark zugenommen.

Im Frühling 1993 lag das Angebot weltweit bei etwa 3.500. Zu den häufigsten Fachgebieten des CD-ROM-Marktes gehören u.a.:

– Freizeit und Erholung,
– Kunst und Geisteswissenschaften,
– Computer und Computerprogramme,
– Medizin, Gesundheitswesen und Krankenpflege,
– Wissenschaft und Technologie,
– Geschäfts- und Unternehmensinformationen,
– Werbung, Design und Marketing,
– Bankwesen, Finanzen und Wirtschaft,
– Bildung, Training und Karriere.

Zur Nutzung der CD-ROM benötigen wir ein spezielles Laufwerk, das an einen PC angeschlossen wird, und entsprechende Software. Die Recherchen können ohne Zeitdruck am PC durchgeführt werden. Durch übersichtliche Auswahlmöglichkeiten (Menüs) wird der Anwender zu den gesuchten Infor-

Ende Zeitnahme
Anzahl der Wörter:
ca.1200.
Beantworten Sie die
Fragen auf S. 229
zur Feststellung
Ihrer Behaltensquote.

mationen geführt. Wer selbst keinen PC mit CD-ROM-Laufwerk hat, kann prüfen, in welcher wissenschaftlichen oder großen Bibliothek CD-ROMs zur Verfügung stehen.

Die CD-ROM wird gekauft oder ähnlich wie eine Zeitschrift abonniert. Von Vorteil ist für den häufigen Nutzer vor allem, daß die Kosten fest kalkulierbar sind und nicht von der Nutzungszeit abhängen wie bei On-line-Abfragen.

Für die Zukunft wird deshalb eine stürmische Entwicklung des Marktes erwartet, noch bequemer erreichbare Informationen in anschaulicher, multimedialer Form.

3. Speicher

3.1 Karteien

Wenn Material und Wissensstoff aus verschiedenen Quellen zusammengetragen werden und dennoch stets ein Überblick vorhanden sein sollte, können Karteien gute Dienste leisten. Eine Kartei besteht aus einer Sammlung von Karten, die Informationen tragen und nach einem System geordnet sind. Wichtige Vorteile sind die Übersichtlichkeit, Flexibilität und Handlichkeit.

Eine Kartei kann in einer schmalen Kiste, Schachtel oder Schublade selbst hergestellt oder fertig gekauft werden. Unterteilt wird sie mit Leitkarten, die etwas höher sind als die anderen oder Reiter tragen. Sie nehmen Titel und Untertitel, Kennbuchstaben oder Ziffern auf und sorgen für eine Gliederung.

Die Unterteilung kann oft durch das *Alphabet* erfolgen. In anderen Fällen erweist sich eine *systematische Anordnung*, d.h. eine Unterteilung nach Sachgebieten, als zweckdienlicher. Dann sollten wir bei der Aufstellung der Schlagwörter nicht nur an das bereits vorhandene, sondern auch an das in Zukunft aufzunehmende Material denken.

Arten von Karteien

Literaturkartei: Eine Literaturkartei wird beim Bearbeiten von Fachbüchern und -zeitschriften angelegt. Kurzfristig findet sie häufig Verwendung bei der Vorbereitung einer Semesterarbeit oder eines anderen größeren schriftlichen Berichts (vgl. S. 180). Sie kann aber auch bei Studium und Weiterbildung zur langjährigen Benutzung angelegt werden, um einen Überblick über die bei der Lektüre gesammelten Informationen zu behalten.

Benötigt werden für die Literaturkartei zwei Kartentypen: *Text- bzw. Schlagwortkarten und Bücherkarten* (s. Beispiele). Für jedes Buch, das man bearbeitet, wird eine *Bücherkarte* ausgefüllt. Sie nimmt alle Angaben auf, die z.B. für ein Literaturverzeichnis benötigt werden, sowie die, die uns das Wiederfinden des Buches ermöglichen:

- Name und Vorname des Autors/der Autoren,
- Titel und Untertitel des Buches,
- Erscheinungsort und -jahr,
- Auflage,
- Ausleihstelle und Signatur (falls es sich um ein Buch aus der Bibliothek handelt).

Oft ist es empfehlenswert, zusätzlich noch persönliche Anmerkungen zu notieren.

Für die Bücherkarten genügt Kleinformat (DIN A 7). Geordnet werden sie alphabetisch nach Autorennamen.

Für die *Text- oder Schlagwortkarten* wählen wir am besten Postkartenformat (DIN A 6), um Platz für die Informationen zu haben, aber dennoch die Handlichkeit zu gewährleisten. Benötigen wir die Informationen nur vorübergehend, genügen dafür Zettel aus starkem Papier, wollen wir sie über längere Zeit verwenden, empfiehlt sich der Gebrauch von Briefkarten (die für die Bücherkarten in der Mitte durchgeschnitten werden, siehe nächste Seite).

Auf jede Karte schreiben wir nur Informationen aus *einem* Buch und zu *einem* Thema, um sie später flexibel verwenden und beliebig einordnen zu können. Bei der Wahl der Schlagwörter für die Überschrift gehen wir einerseits von den auf der Karte gespeicherten Informationen, andererseits von unserem Ordnungssystem aus. Daraus ergibt sich meist eine Doppelbezeichnung. Beschriften wir die Karten im Hinblick auf eine zu schreibende Arbeit, ist es von Vorteil, wenn wir das Thema schon vorher in einige Hauptkapitel unterteilen, die wir entweder mit Schlagwörtern oder auch mit A, B, C oder 1., 2. und 3. bezeichnen. Jede Karte, die wir beschriften, erhält sofort die entsprechende Kennziffer und ein weiteres Schlagwort. Auf diese Weise lassen sich die Karten leicht ordnen und es ist jederzeit ein Überblick möglich, wieviel Material wir zu jedem Aspekt bereits gesammelt haben. Gleichzeitig verhindert eine solche Gliederung, daß wir auf einer Karte Informationen zu verschiedenen Teilgebieten notieren, nur weil wir diese zufällig im gleichen Buch gefunden haben.

Unter die Schlagwörter notieren wir den Verfasser und das Erscheinungsjahr des Buches als Verweis auf die Bücherkarte, die ja alle weiteren Angaben enthält.

Die Notizen auf den Karteikarten sollten möglichst knapp sein, aber natürlich alle Informationen enthalten, die wir speichern wollen. Finden wir bestimmte besonders prägnante Formulierungen oder Definitionen, die wir später möglicherweise zitieren wollen, müssen diese natürlich auch wörtlich notiert und mit der Seitenzahl des Buches versehen werden.

Beispiele von Schlagwortkarten

Lesen – Verbesserung der Lernleistung

E. Gibson und H. Levin, 1980

Berichten über ein von Dooling und Mullet (1973) durchgeführtes Experiment: 3 Gruppen von Versuchspersonen erhielten den gleichen Lesetext. Einer Gruppe wurde der Titel des Textes vor dem Lesen mitgeteilt, einer Gruppe nach dem Lesen, die dritte Gruppe erfuhr den Titel nicht. Die erste Gruppe konnte den Text nachher besser wiedergeben, während zwischen den beiden anderen Gruppen kein Unterschied feststellbar war.

Titel fördern das Verständnis, Erkennen der Zusammenhänge – bei der Lektüre gezielt als Lesehilfe einsetzen

- *Hauptschlagwort und Untergliederung*
- *Verweis auf Bücherkarte*
- *Zusammenfassung der betreffenden Informationen*
- *eigene Anmerkungen*

Lernpsychologie – Aufwärmphase

K. Foppa, 1975

Faßt eine Reihe von Untersuchungen zusammen, die zeigen, daß die Leistungsfähigkeit erst nach einer »Aufwärmphase« ihren höchsten Stand erreicht. Zieht Parallelen zum Sport: Vor einem Wettkampf bereiten sich die Sportler durch Lockerungsübungen und durch Antizipation des späteren Handlungsablaufes physiologisch und psychisch vor.

Erfolgreiches »Aufwärmen« hängt nach diesen Untersuchungen nicht davon ab, daß genau dieselbe Tätigkeit, die nachher ausgeführt wird, geübt wird. Es genügt, wenn in der gleichen Versuchssituation irgendwelche Handlungen ausgeführt werden.

Schlußfolgerungen für die eigene Arbeitseinteilung

- *Hauptschlagwort und Untergliederung*
- *Verweis auf Bücherkarte*
- *Zusammenfassung der wichtigsten Informationen*
- *eigene Anmerkungen*

133

Beispiele von Bücherkarten

- *Name des Verfassers*
- *Titel des Buches*

- *weitere Angaben zum Buch*
- *Erscheinungsort und -datum*

> Buzan, Tony
> »Kopftraining«
> Anleitung zum kreativen Denken
>
> Aus dem Englischen übertragen
> von Martin Schulte
>
> München, Goldmann, 1984

- *Name des Verfassers*
- *Titel und Untertitel des Buches*

- *Erscheinungsort und -datum*
- *Ausleihestelle und Signatur*

> Foppa, Klaus
> »Lernen, Gedächtnis, Verhalten«
> Ergebnisse und Probleme der Lernpsychologie
> Köln und Berlin,
> Kiepenheuer & Witsch, 1965
>
> Universitätsbibliothek LL F 932

Die Karten werden – der Übersichtlichkeit wegen – nur auf einer Seite beschriftet; reicht eine Karte nicht aus, vermerken wir auf den folgenden Karten neben dem Schlagwort »(Forts.)« und bringen eine laufende Numerierung an.

- *Adressenkartei:* Die Karten enthalten Namen, Geschäfts- und Privatadresse, Telefonnummern, Geburtstag usw. und werden alphabetisch geordnet. Reiter in verschiedenen Farben können auf unerledigte Korrespondenz, ausstehende Briefe etc. hinweisen.

- *Fundstellenkartei:* Wie weiter oben dargelegt, gibt es sehr verschiedene Quellen, die uns Stoff und Informationen liefern können. Bauen wir eine Kartei auf, die z.B. die Bibliotheken, ihre Spezialgebiete, Öffnungszeiten und Ausleihbedingungen enthält, Hinweise auf Zeitungsarchive, Zeitschriften, im eigenen Fachgebiet tätige Forscher, Vereine usw. sammelt, können wir unsere Arbeit schneller und gezielter aufnehmen.

- *Zitatekartei:* Eine Zitatekartei können wir uns bei der Lektüre aufbauen, Aussprüche, Definitionen, witzige Bemerkungen sammeln, die besonders treffend sind.

Der Aufbau einer Kartei lohnt sich
- für Informationen, die wir immer wieder brauchen;
- die wir aus verschiedenen Quellen oder zu verschiedenen Zeiten zusammentragen und
- die nicht bereits geordnet auf uns zukommen.

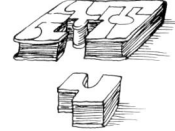

> Legen Sie – für sich allein oder gemeinsam mit Kollegen – eine Kartei über Arbeitstechniken an. Notieren Sie die Probleme wie auch die Ratschläge zu den einzelnen Gebieten auf Karteikarten.

3.2   Literaturverarbeitungsprogramme

Die gleichen Vorteile, die Karteien als Übersichts- und Leitsystem für den eigenen Informationsspeicher haben, bietet auch ein Computer – sowie natürlich größere Schnelligkeit und die Möglichkeit, mehrere Begriffe bei der Suche zu kombinieren. Auch Karteien werden deshalb heute zunehmend durch PC-Programme ersetzt. Entsprechende Programme für die Literaturverwaltung (z.B. Filemaker, Brain) sind für jeden PC erhältlich und können flexibel den eigenen Bedürfnissen angepaßt werden. Bereits bei der Büchersuche können die Angaben eingetippt oder von Datenbanken (vgl. S. 126) übernommen werden. Auf diese Weise müssen die Informationen (Autor, Titel usw.) nur einmal aufgenommen werden.

Die Suche kann in allen Feldern nach beliebigen Begriffen sowie Verknüpfungen erfolgen, die Ergebnisse auch zu Listen ausgedruckt werden.

4. Planung und Zeiteinteilung

Notieren Sie Ihre Fragen, bevor Sie mit der Lektüre beginnen:

4.1   Die fehlende Zeit

Es gibt wenige Erwachsene in unserer Gesellschaft, die sich nicht zumindest gelegentlich über Zeitmangel beklagen. Hinweise zur Verbesserung der Lern- und Arbeitsmethoden suchen sie vor allem dann, wenn der Zeitdruck unerträglich wird, wenn sie bis spät in die Nacht arbeiten und trotzdem ständig in der Angst leben, nicht genügend zu schaffen. Dennoch wehren sich viele dagegen, ihre Zeit besser einzuteilen, bewußter damit umzugehen.

Die Beziehung zur Zeit ist oft widersprüchlich. Schülerinnen und Schüler, die rechtzeitig mit ihren Aufgaben beginnen, gelten als Streber, obwohl die Gesetze der Lerntechnik zeigen, daß sie auf diese Weise schneller aufnehmen und besser behalten und somit letztlich weniger Zeit aufwenden müssen. Entscheidend ist ja nicht, wie viele Stunden wir lernen oder arbeiten, sondern wie gut wir dies tun. In einem Experiment wurden Studenten in Gruppen eingeteilt, je nachdem wie viele Stunden sie mit Lernen verbrachten. Dabei stellte sich heraus, daß diejenigen, die am längsten »büffelten«, schließlich schlechtere Noten bekamen als diejenigen, die weniger lang lernten. Der wichtigste Faktor ist auch beim Lernen nicht Quantität, sondern Qualität. Schülerinnen und Schüler, die regelmäßig um Stunden länger als andere für eine Prüfung lernen, machen meist etwas falsch und vergeuden viel Zeit.

Eine gute Planung hilft nicht nur, die gestellten Aufgaben rechtzeitig fertigzustellen, sondern auch, die Zeit besser zu nutzen. Die Arbeit wird dadurch in kürzerer Zeit fertiggestellt, die gewonnenen Stunden können für andere Dinge verwendet werden.

Die meisten Menschen neigen dazu, unangenehme Pflichten aufzuschieben und sie schließlich in den letzten 10% der verfügbaren Zeit zu tun – obwohl sie genausogut in den ersten 10% erledigt werden könnten. Es ist sehr beruhigend, wenn wir unserem Plan voraus sind – und wenn wir ihn selbst aufgestellt haben, besteht eigentlich kein Grund, uns gegen ihn zu wehren. Wir können nicht davon ausgehen, daß wir immer optimal arbeiten können, deshalb ist es wichtig, Reservezeiten einzuplanen.

4.1.1 Probleme im Umgang mit der Zeit

Die häufigsten Probleme beim Umgang mit der Zeit äußern sich wie folgt:

- Viele Studentinnen und Studenten haben *Mühe,* mit der Arbeit auch wirklich *zu beginnen.* Sie sind ständig »am Anfangen«, aber es vergeht viel Zeit, bis sie endlich konzentriert etwas tun. Ein Student nimmt sich beispielsweise vor, gleich nach dem Nachtessen Biologie aufzuarbeiten. Er teilt dies der Familie mit, bleibt dann aber noch längere Zeit sitzen, um mit seinem Bruder über Autos zu diskutieren. Auf dem Weg zu seinem Zimmer fällt sein Blick auf die Schlagzeilen der Zeitung, und er beschließt, sich zuerst genauer darüber zu informieren. Etwas später sitzt er dann zwar an seinem Pult, überlegt aber so lange, welches Gebiet er sich eigenlich vornehmen wollte, daß es Zeit für die Tagesschau im Fernsehen wird, die er sich nicht entgehen lassen will. Anschließend kommt ein Krimi, von dem er sich nicht mehr losreißen kann. Eine Stunde später sitzt er erneut voll guten Willens in seinem Zimmer, entschließt sich nach weiterem reiflichen Überlegen für das Studium eines bestimmten Teilgebiets, nur um zu realisieren, daß er die entsprechenden Notizen einem Freund ausgeliehen hat …

- Manche Menschen können auch ihre Freizeit nicht richtig genießen, weil sie ständig ein *schlechtes Gewissen* haben. Der Gedanke, was eigentlich alles noch zu tun wäre, verhindert eine echte Entspannung.

- Viel Zeit wird dadurch verschwendet, daß wir *zu viel auf einmal* tun wollen. Verschiedene Tätigkeiten werden angefangen, aber wieder abgebrochen, bevor ein Resultat erzielt wurde.

4.1.2 Wo bleibt die Zeit? – Erstellen von Tagesrapporten

Ein Mittel, um den Ursachen für diese Schwierigkeiten nachzugehen und sie zu analysieren, besteht darin, uns zuerst einmal Rechenschaft darüber abzulegen, wie wir unseren Tag verbringen. Zu diesem Zweck notieren wir während einiger Tage stündlich jede Tätigkeit. Wichtig ist aber, daß *genau* aufgeschrieben und nichts als nebensächlich angesehen wird. Nichts ist unwichtig, was wir notwendigerweise jeden Tag tun müssen, Tätigkeiten wie Anziehen, Waschen, Frühstücken, zur Arbeit fahren usw. Es ist höchst unwahrscheinlich, daß Sie genau wissen, wie Sie Ihre Zeit an einem gewöhnlichen und typischen Tag verbringen!

Sehen Sie sich das Beispiel auf S. 140 an, das den Tagesablauf einer 23jährigen Studentin zeigt. Auf den nächsten Seiten finden Sie einige Formulare, auf denen Sie Ihren Tagesablauf notieren können. Am besten führen Sie das Ganze während mindestens einer Woche durch, um verläßliche Durchschnittswerte zu erhalten.

Wichtig ist natürlich, daß Sie sich dabei in Ihrem Tagesablauf nicht beeinflussen lassen, sonst ergibt sich ein schiefes Bild. Gehen Sie während dieser Tage einfach vor wie sonst, stehen zur gleichen Zeit auf, gehen den gleichen Zerstreuungen und Arbeiten nach. Dies fällt Ihnen sicher nicht leicht, weil Sie sich ja ständig dabei beobachten müssen. Seien Sie aber ehrlich mit sich selbst, sonst wird die Diagnose wesentlich positiver als die »Krankheit«.

Auswertung der Tagesrapporte

Wenn Sie Ihren Tagesablauf über eine Reihe von Tagen notiert haben, können Sie bestimmte Kategorien bilden und die gefundenen Werte in die Tabelle auf S. 144 eintragen. Als Illustration diene die Zusammenstellung der Umfrageergebnisse zum europäischen Lebensstil (siehe S. 141).

Aufgrund dieser Tabelle können Sie sich dann folgende Fragen stellen:

● Ist diese Zeitverteilung sinnvoll, entspricht sie meinen Zielen und Bedürfnissen? Wende ich für die einzelnen Tätigkeitskategorien angemessene Zeitabschnitte auf?

● War ich beim Führen der Tagesrapporte versucht, eine »Beschönigung« vorzunehmen?

● Wie viele Stunden werden wöchentlich mit Routinearbeiten (regelmäßig wiederkehrende Tätigkeiten) verbracht? Ist die zeitliche Anordnung und Abfolge dieser Routinearbeiten sinnvoll und angenehm?

● Kann ich mich den Arbeiten, die Konzentration erfordern, längere Zeit ungestört zuwenden? Welche Unterbrechungen waren die störendsten?

● In welcher Reihenfolge führte ich die Arbeiten aus? Nach Wichtigkeit und Dringlichkeit – oder entscheide ich mich für die angenehmen vor den unangenehmen, die einfacheren vor den komplizierten, die vertrauten vor den neuen, die von anderen geforderten vor den selbst gewählten?

● Gibt es Tätigkeitskategorien, die unverhältnismäßig viel Zeit in Anspruch nehmen? Eine solche Zusammenstellung kann einem Studenten, der jeden Tag von weit weg zur Universität reist, erstmals zeigen, wieviel Zeit er effektiv für das Hin- und Herfahren braucht. Vielleicht bewirkt dies, daß er sich ein Zimmer in der Nähe sucht oder prüft, wie er die Wegzeiten sinnvoll nutzen kann. In anderen Fällen kann die Wochensumme der vor dem Fernseher verbrachten Stunden einen heilsamen Schock vermitteln.

● Welchen Prozentsatz meiner Zeit verbringe ich mit Lernen oder Arbeiten? Stellt mich dieses Ergebnis zufrieden oder sind irgendwelche Änderungen und Maßnahmen notwendig? Vielleicht sehen wir plötzlich, daß wir viel weniger arbeiten, daß viel mehr Pausen und Ablenkungen vorkommen, als wir uns vorgestellt haben.

● Gibt es in meinem Tagesablauf leere oder verschwendete Stunden? Dies wären etwa Zwischenzeiten, die zu lange ausgedehnt werden, unwichtige Tätigkeiten, die länger als notwendig dauern.

Zeitrapport	Datum: 16.11.93	Alter: 23	Geschlecht: w
Bis um	**Tätigkeit**		**Dauer**
7.00	Schlaf		8 h
7.30	Duschen, Anziehen		30
7.45	Frühstück		15
8.00	Zeitung lesen		15
9.00	Fachartikel bearbeiten, zusammenfassen		60
9.30	Unterlagen zusammensuchen		30
10.00	Fahrt zur Uni		30
12.00	Vorlesung Hauptfach		2 h
12.45	Mittagessen Mensa		45
13.30	Spaziergang		45
13.50	Fahrt zur Bibliothek		20
15.10	Bücher suchen, Arbeit im Lesesaal		80
16.00	zurück zur Uni, Kaffee mit Andreas		50
18.00	Seminar		2 h
18.40	Fahrt nach Hause		40
19.10	Abendessen mit Familie		30
20.00	Notizen überarbeiten		50
21.00	Tagesschau, Krimi		60
22.10	Lesen Fachbuch		70
22.40	Musik hören		30
23.00	ins Bett		20

Das Wissen um die eigenen Gewohnheiten hilft uns also, Schwierigkeiten zu bekämpfen und unsere Zeit besser zu planen. Dadurch werden wir schließlich auch mehr freie Zeit für die Erholung zur Verfügung haben.

Rund 10.000 Europäerinnen und Europäer aller Schichten und aller Altersstufen ab 16 Jahren beantworteten eine Reihe von Fragen zu ihren Lebensgewohnheiten. Einige Ergebnisse dieser bisher größten Erhebung über den europäischen Lebensstil sind in der nachfolgenden Tabelle zusammengefaßt. Die Summe ergibt mehr als 24 Stunden, weil öfter zwei Tätigkeiten gleichzeitig angegeben werden, beispielsweise Fernsehen oder Lesen beim Essen, Musikhören auf dem Arbeitsweg usw. (Quelle Tages-Anzeiger, Zürich, 12.11.92):

Bereich	Durchschnitt	Minimum		Maximum	
Schlaf	8.03	7.21	Griechenland	8.27	Belgien
Körperpflege	0.58	0.31	Finnland	1.14	Deutschland
Hausarbeit	4.29	3.22	Finnland	5.21	Deutschland
Fernsehen	3.04	2.02	ehemalige Tschechoslowakei	3.50	Großbritannien
Andere Medien	2.42	1.05	Italien	5.12	Schweden
Erwerbsarbeit	4.21	3.00	Großbritannien	5.31	ehemalige Tschechoslowakei
Arbeitsweg	0.40	0.21	Griechenland	0.47	Polen
Erholung	1.32	0.43	Schweden	2.39	Griechenland
Unterhaltung	1.04	0.28	Portugal	1.37	Holland
Soziale Kontakte	1.52	0.59	Ungarn	2.41	Schweden

Zeitrapport	Wochentag _____	Datum _____
Bis um	**Tätigkeit**	**Dauer**

Bis um	**Tätigkeit**	**Dauer**

Zeitrapport Wochentag ———— Datum ————

Bis um	Tätigkeit	Dauer

Zusammenfassung der Tagesrapporte

Tragen Sie die von Ihnen aufgrund Ihrer Tagesrapporte errechneten Werte für die verschiedenen Tätigkeitskategorien in diese Tabelle ein. Aus der Wochensumme können Sie einen Durchschnitt errechnen. In der letzten Kolonne geben Sie an, ob Sie mit der gegenwärtigen Verteilung der Zeit zufrieden sind, welche Tätigkeiten zu viel Zeit beanspruchen oder zu kurz kommen.

Tätigkeit	Montag	Dienstag	Mittwoch	Donnerstag
Schlaf				
Essen				
Schule, Kurse Vorlesungen				
Arbeit, Beruf				
Lernen, Aufg. Weiterbildung				
Club/Verein				
Geselligkeit mit Freunden				
Sport/ Bewegung				
Fahrzeit				
Hausarbeiten				
andere notw. Tätigkeiten				
Hobby und Entspannung				
Fernsehen				
Anderes				
Total				

144

Freitag	Samstag	Sonntag	Total	Durchschnitt	Bemerkungen Änderungen

4.2   Die Planung der Zeit

Achtung Zeitnahme
Dritter Schnellesetest.

Jeder Plan stellt eine Richtschnur für die Zukunft dar, einen Voranschlag, wie mit den vorhandenen und erreichbaren Mitteln eine Absicht verwirklicht werden kann – ob es um den Plan zum Bau eines Hauses oder zur Erreichung eines Universitätsabschlusses geht.

Wie im Kapitel »Motivation« (S. 75) dargelegt, ist es sehr wichtig, daß wir uns eigene Ziele setzen, diese klar definieren, Fristen setzen. Lernende, die ihr Abitur, ihre Fachhochschulreife machen wollen, einen Hochschul- oder Berufsabschluß anstreben, müssen genau wissen, welche Fächer, welche Bedingungen, welche Notizen und Arbeiten dazu erforderlich sind. Da jedes Fernziel über eine Reihe von konkreten einzelnen Schritten und Etappen erreicht wird, werden verschiedene Arten von Planung notwendig:

● Die *langfristige Planung,* die auf Jahre hinaus ein Fernziel ansteuert und die Maßnahmen bestimmt, die zu diesem Ziel führen. Welche Sprachen müssen wir lernen, welche Kenntnisse erwerben, welche Prüfungen bestehen? Wenn wir uns weiterbilden wollen, planen wir die Bücher, die wir bearbeiten, die Kurse, die wir absolvieren wollen.

● Die *kurzfristige Planung* teilt die Woche in Arbeitszeit und Erholung ein und setzt fest, wann welche Aufgabe in Angriff genommen und wieviel Zeit für die einzelnen Tätigkeiten aufgewendet wird. Es ist auch von Vorteil, bei Beginn der Arbeit den Ablauf innerhalb der einzelnen Arbeitsperioden zu planen.

Natürlich sind die individuellen Unterschiede groß, manche erstellen sich sehr detaillierte Stundenpläne, andere möchten eher flexibel bleiben. Die Art der Arbeit und Vielseitigkeit der Beanspruchung spielen hier eine große Rolle. Die richtige Planung dient dem Zweck, seine Mittel vernünftig einzusetzen, vor unangenehmen Überraschungen zu bewahren und zu einem ausgewogenen Arbeitsprogramm zu kommen.

Zum Erstellen eines Planes gehört auch die regelmäßige Kontrolle seiner Durchführung. Haben wir unser Etappenziel nicht erreicht, war es z.B. nicht möglich, den Wochenplan einzuhalten, heißt es, den Ursachen nachzugehen. Vielleicht haben wir uns überschätzt und uns ein viel zu großes Programm vorgenommen. Dann bedeutet dies, daß wir das nächste Mal realistischere Pläne machen müssen. Vielleicht haben wir die Aufgabe aber falsch angepackt. Dann müssen die Arbeitsmethoden einer eingehenden Prüfung unterzogen werden.

Die im letzten Kapitel empfohlenen Beobachtungen des durchschnittlichen Tagesablaufes und damit der Lebensgewohnheiten sind gute Vorbereitungen für die weitere Planung. Wir sehen, wieviel Zeit die täglichen Verrichtungen beanspruchen, wo die Schwierigkeiten liegen, an welche Arbeitslast wir gewöhnt sind.

Ende Zeitnahme
Anzahl der Wörter:
370
Kontrollfragen auf
S. 232

4.2.1 Die langfristige Planung

Durch die langfristige Planung stecken wir ein Fernziel und prüfen die Maßnahmen, die zu diesem Ziel führen. Langzeitplanung ist nicht einfach verlängerte Kurzzeitplanung, sondern muß am Anfang stehen. Das ganze System ist vernetzt. Die Planung muß ganzheitlich sein. Von den Leitideen kommen wir zu den Grobzielen und schließlich zur Feinplanung.

Am Anfang steht eine Orientierungsphase: Wir müssen uns Klarheit darüber verschaffen, auf welche Weise das Ziel am besten erreicht wird. Für einen Schüler ist dies relativ einfach. Er weiß, welche Noten er mindestens bekommen muß, um seine Schlußprüfung zu bestehen. Er muß sich lediglich überlegen, wie er diese Noten erzielt.

Für Studierende gibt es meist genaue Bestimmungen, Reglemente, Unterlagen, welche Vorlesungen sie belegen, welche Arbeiten sie ausführen müssen. Wenn wir diese nicht nur rechtzeitig beschaffen, sondern auch lesen und entsprechend planen, können wir uns einigen Ärger ersparen und laufen nicht Gefahr, Termine zu versäumen und Zeit zu verlieren. Nicht zuletzt werden auch Professoren ärgerlich, wenn wir sie nach Terminen und Bestimmungen fragen, die im Reglement stehen.

Auch jedes andere Ziel wird über Etappen erreicht. Vielleicht möchte jemand die Sprache eines Landes erlernen, bevor er dorthin in Ferien geht. In der Orientierungsphase sucht er abzuklären, welche Kurse er dazu besuchen will, ob er eventuell mit Privatstunden beginnen, mit Sprachplatten nachhelfen soll.

Immer stellen sich somit die gleichen Fragen:

− Wo steht ich heute, was will ich erreichen?
− Welche *Teilziele* führen zum angestrebten Fernziel?
− Welche *Kurse* will ich absolvieren, wann und wo werden sie erteilt?
− Welche *Materialien* sind notwendig, welche Bücher, Sprachplatten, Nachschlagewerke, Karten, Hilfsmittel usw. müssen angeschafft und durchgearbeitet werden?

Aufgrund dieser Analyse kann dann eine *Prioritätenliste* zusammengestellt werden. Viele Schritte bauen ja aufeinander auf; es gilt somit abzuklären, was mit Vorteil *zuerst* in Angriff genommen wird, was hingegen erst nach Erledigung eines anderen Punktes aktuell wird. Beim Studium wird z.B. für bestimmte Kurse der vorherige Besuch anderer Vorlesungen oder das Bestehen einer Zwischenprüfung verlangt. Diese Kurse oder Prüfungen, die zur Voraussetzung für das weitere Studium werden, gehören dann an den Beginn der Prioritätenliste. Können wir den Zeitpunkt hingegen frei wählen, sollten wir von der Struktur des Stoffes ausgehen, allgemeine Einführungen und Hilfswissenschaften an den Anfang setzen, Spezialgebiete für später einplanen.

Versuchen Sie immer überschlagsmäßig abzuschätzen, wieviel Zeit Sie für das Lernen auf eine bestimmte Prüfung benötigen, wie lange das Durcharbeiten eines wichtigen Buches erfordern wird. Dieses Abschätzen der Zeit ist schwierig, vor allem, wenn wir keine Erfahrung damit haben. Beginnen Sie im Zweifelsfall eher früher: Wer zu knapp vor der Prüfung wild zu büffeln beginnt, wird unter den Auswirkungen der Interferenz (siehe Kapitel über Lernpsychologie) zu leiden haben.

Das Aufstellen von Etappenzielen, das ungefähre Festsetzen von Daten ist besonders wichtig, wenn das angestrebte Ziel noch in weiter Ferne liegt; der Überblick über die einzelnen Schritte, die dorthin führen, das Durchführen einer Teilaufgabe nach der andern schafft Befriedigung und verhindert, daß das Ziel aus den Augen verloren oder als unerreichbar entmutigt aufgegeben wird. Auch hier kann der Computer helfen – wenn Sie nicht eine Abneigung gegen Maschinen und genaues Planen haben: Es kann durchaus Spaß machen, Netzpläne einzugeben und nach Daten, nach Mitarbeitern, nach Inhalten etc. abzurufen. Wichtig ist ja auch die Koordination mit anderen, das Einhalten der Termine.

Am besten erstellen wir uns für jedes Jahr ein *Minimalprogramm*, in dem alles untergebracht wird, was *unbedingt* in den nächsten zwölf Monaten erledigt werden muß. Ein *Zusatzprogramm* umfaßt dann alle jene Arbeiten, die wir anpacken wollen, falls noch Zeit bleibt. Selten kann genau vorausgesehen werden, wie stark wir von jeder Aufgabe beansprucht werden, welche Umstände die Durchführung erleichtern oder erschweren werden. Dank des Minimalprogrammes haben wir aber auch bei unerwartet auftauchenden Hindernissen die wichtigsten Punkte bereits erledigt.

Bei der Erstellung eines Jahresprogramms sollten wir realistisch vorgehen und keine Wunder von uns und unserem Lernvermögen erwarten – außer wir hätten, gestützt auf frühere Erfahrungen, Grund zur Annahme, daß wir deren fähig sind.

148

Berücksichtigen Sie auch, daß niemand stets gleichmäßig leistungsfähig ist. Krankheiten, eine ungünstige körperliche oder geistige Verfassung, familiäre Schwierigkeiten usw. können uns daran hindern, unser Bestes zu leisten. Gehen Sie also bei der Errichtung Ihres Planes nicht von der Voraussetzung aus, daß Sie das ganze Jahr in Spitzenform sein werden.

Jeder Mensch braucht Entspannung (siehe Kapitel über Gesundheit, S. 97) und Erholung. Gönnen Sie sich ab und zu ein freies Wochenende – Sie werden wahrscheinlich nachher mit neuer Kraft das Versäumte rasch einholen; planen Sie auch mehrere Ferienwochen ein, in denen Sie ganz abschalten. Falls Sie aber glauben, Ihr Ziel nur durch ununterbrochenen Einsatz erreichen zu können, haben Sie sich vielleicht etwas Falsches vorgenommen. Überprüfen Sie, ob es keinen anderen Weg zur Erfüllung Ihres Wunsches gibt und ob er wirklich das Risiko eines Zusammenbruchs wert ist.

Für das psychische Wohlbefinden sind soziale Kontakte, der gesellige Umgang mit anderen Menschen, unbedingt notwendig. Wir mögen uns fleißiger vorkommen, wenn wir tage- und wochenlang emsig in unserer einsamen Klause büffeln; mancher verliert darüber aber die Maßstäbe für das, was er tut, wird zum schrulligen Sonderling, der die falschen Dinge zu wichtig nimmt. Nicht zuletzt geben Gespräche und Diskussionen mit Kollegen und Freunden neue Anregungen und Ideen, helfen, die Dinge ins rechte Licht zu rücken, die eigenen Gedanken an der Kritik der andern zu messen. Lassen Sie also in Ihrem Budget Zeit für menschliche Beziehungen!

Sehen Sie sich die nebenstehende »Checkliste« an und überlegen Sie Ihre eigenen langfristigen Pläne aufgrund dieser Fragen.

»Checkliste« für die langfristige Planung

Welche Fernziele strebe ich an?

Welche Etappenziele führen zu diesem Fernziel?

Welche Prüfungen müssen bestanden werden?

Welche Prüfungen sind vordringlich, da sie die Voraussetzung für das weitere Studium darstellen?

Welche Bücher und Unterlagen müssen angeschafft werden?

Minimalprogramm

Bis am   (etwa ein Jahr vom heutigen Datum an) will ich folgende Ziele erreichen:

Aneignen folgender Kenntnisse:

_____

_____

_____

Durcharbeiten folgender Bücher:

_____

_____

_____

Bestehen folgender Prüfungen:

_____

_____

_____

Zusatzprogramm

Falls nichts dazwischenkommt, möchte ich gerne auch folgende Pläne verwirklichen:

_____

_____

_____

Kontrolle (nach Ablauf der Frist auszufüllen)

Von den angestrebten Zielen habe ich erreicht:

Nicht erreicht:

Gründe für Mißerfolg:

Neuplanung:

4.2.2 Die kurzfristige Planung

Die kurzfristige Planung dient dazu, einen ausgewogenen Tagesrhythmus zu gewährleisten, sicherzustellen, daß wir unseren Verpflichtungen nachkommen, unsere Lernziele erreichen, ohne deshalb unsere Bedürfnisse nach Freizeit, Sport, Entspannung und Geselligkeit zu vernachlässigen.

Trennung von Arbeits- und Freizeit

In vielen Fällen genügt es, wenn wir uns, ausgehend von Berufstätigkeit und Schulbesuch, überlegen, welche der verbleibenden Stunden wir für Lernen und Weiterbildung verwenden und welche wir uns für Hobbies und Freizeit festhalten wollen. Wenn wir unsere »Lernzeiten« auf diese Weise festlegen – und uns dann natürlich auch daran halten –, ist es uns möglich, auch längerfristige Verabredungen ohne schlechtes Gewissen zu treffen. Voraussetzung ist natürlich, daß genügend Stunden für die Weiterbildung reserviert werden; sie sollten nicht nur für die Erledigung der gerade anstehenden Aufgaben ausreichen, sondern auch für längerfristige Arbeiten (größere Prüfungen, Semesterarbeiten). Mit Vorteil werden Reservezeiten eingeplant.

Eine klare Unterteilung von Arbeits- und Freizeit ist nicht nur dann zu empfehlen, wenn die Zeit knapp ist, sondern ebenso, wenn wir viel Zeit zur freien Verfügung haben. Dies ist beispielsweise der Fall, wenn wir als Studentin oder als Student in den Ferien einzelne Fächer aufarbeiten, daneben uns aber auch Erholung gönnen wollen. Setzen wir dann nicht von Anfang an bestimmte Stunden oder Tage für diese Arbeit fest, verschieben wir das Anfangen ständig und können auch die Freizeit wegen des schlechten Gewissens nur halb genießen. Selbst wenn wir uns dann voll guten Willens eines Morgens an den Tisch setzen, wird die Neigung zu trödeln groß sein, weil ja eigentlich für die Arbeit die ganzen Ferien zur Verfügung stehen (siehe Kapitel über Arbeitszeit und Pausen). So schwanken wir die ganze Zeit zwischen Pflicht und Neigung hin und her und sind bei beiden nicht richtig dabei. Wissen wir jedoch von Anfang an, daß z.B. jeweils am Donnerstag- und Freitagmorgen gearbeitet wird, können wir uns während der geplanten Zeit konzentrieren und die übrigen Ferien unbeschwert genießen.

Die Lernzeit teilen wir uns dabei am besten in etwa einstündige Perioden auf, wobei während 40–50 Minuten für ein Fach gearbeitet und dann eine kurze Pause eingeschaltet wird. Diese Unterbrechung benützen wir für eine kleine Zwischenverpflegung, etwas Bewegung, Lockerungsübungen, Entspannung. Nachher sind wir wieder zu neuen Taten bereit, das Lernen eines

153

anderen Gebietes oder jetzt vielleicht Schreiben statt Lesen. Nach den Gesetzen der Lernpsychologie (siehe S. 51) ist es nicht günstig, gleichartige Dinge hintereinander zu planen, weil sich sonst der störende Einfluß der Interferenz bemerkbar macht. Zudem erleichtert Abwechslung die Arbeit und hält die Freude daran länger wach. Wie lange wir uns im Einzelfall mit einer bestimmten Aufgabe befassen, hängt aber stark von der Art der Arbeit ab. Einzelne Tätigkeiten erfordern ja eine gewisse »Aufwärmzeit«, bevor man sich ganz einsetzen kann. Dann ist es natürlich nicht sinnvoll, nach 45 Minuten wieder abzubrechen.

Vermeiden Sie möglichst massiertes Lernen, üben Sie Ihre Lernzeitorganisation systematisch: Tragen Sie Ihre langfristigen Lernziele auf ein Poster ein, und halten Sie darauf fest, an welchen Tagen Sie sich mit welchem Fach befassen.

Gerade wenn Sie die Zeit ganz frei gestalten können, sollten Sie sich der physiologischen Gesetzmäßigkeiten von Arbeit und Ermüdung bewußt sein (siehe S. 98). Arbeiten Sie nicht ununterbrochen, bis Sie erschöpft sind, sondern schalten Sie immer wieder eine Pause ein. Diese Unterbrechungen sind wichtig, können oder sollen aber kurz gehalten werden.

Protokollieren Sie täglich Ihren Lernaufwand, bewerten Sie ihn, um sich ein Erfolgserlebnis zu verschaffen. Wenn Sie Ihr Pensum geschafft haben, belohnen Sie sich durch Freizeit oder eine angenehme Tätigkeit.

Einhalten von Terminen

Nicht für jedermann ist es notwendig, einen detaillierten Stundenplan aufzustellen. Berufsleute mit einem Achtstundentag, die zudem ihre Aufgaben von Fall zu Fall zugeteilt bekommen, haben wenig Möglichkeit, ihren Wochenablauf zu planen oder die verschiedenen Tätigkeiten zu der für sie günstigsten Zeit zu verrichten. Höchstens, daß sie sich mit ihren Vorschlägen an einen Vorgesetzten wenden können.

In anderen Fällen genügt es, wenn wir uns zu Beginn jeder Woche überlegen, was getan werden muß, wieviel Zeit die verschiedenen Arbeiten beanspruchen und wann sie am besten erledigt werden. Haben wir dies einmal abgeklärt, tragen wir das entsprechende Programm in unser Notizbuch oder unseren Taschenkalender ein. Auch hier gilt es, sich an solche Pläne zu halten wie an andere Abmachungen.

Wie detailliert die Planung sein muß, hängt vor allem davon ab, wie vielfältig unsere Verpflichtungen sind. Wenn die Gefahr besteht, daß wir über den täglich anfallenden Arbeiten die längerfristigen vergessen, kann uns eine *Ar-*

154

beitsliste helfen. In diese Liste werden neu übernommene wie auch regelmäßig wiederkehrende Aufgaben mit dem »Fälligkeitstermin« eingetragen. Zu Beginn jeder Woche (oder, wenn erforderlich, jeden Abend für den nächsten Tag) wird die Liste geprüft, und es werden die zu erledigenden Arbeiten in den Tages- oder Wochenplan eingetragen.

Eine ähnliche Funktion kann auch eine Pinwand übernehmen: Aufgesteckte Zettel machen auf die unerledigten Arbeiten und ihre Termine aufmerksam.

Überlegen Sie, welches System der Zeiteinteilung Ihnen am besten entspricht. Führen Sie Listen mit Aufgaben, auf denen Sie die erledigten durchstreichen? Ordnen Sie Ihre Prioritäten systematisch mit Kärtchen an einer Pinwand mit verschiedenen Rubriken? Haben Sie eine Stecktafel, in die Sie die anstehenden Arbeiten eingeben und umgruppieren können? Wichtig ist vor allem, daß auch die längerfristigen Aufgaben und Zwischenziele mit den entsprechenden Terminen untergebracht werden können. Tragen Sie laufend ein, was zu erledigen ist, überlegen Sie am Abend, welche Arbeiten die wichtigsten für den nächsten Tag sind.

Ergibt eine solche »Vorschau«, daß mehr Arbeit vorhanden ist, als bewältigt werden kann, muß wiederum eine Prioritätenliste erstellt werden. Damit werden wir uns klar, was unbedingt sofort getan und was noch am ehesten verschoben werden kann.

Vordringlich sind dabei nicht unbedingt jene Arbeiten, die uns ständig in die Augen springen oder auf die uns andere besonders aufmerksam machen. Oft geschieht es, daß langfristige Termine versäumt werden, weil sie als »langfristig« eingestuft und in die unterste Schublade gepackt wurden.

In vielen Fällen bewährt sich eine Unterteilung der anstehenden Arbeiten in »baldmöglichst« und »gelegentlich«. Mit diesen Überschriften bezeichnen wir entweder zwei Rubriken an unserem Schwarzen Brett, zwei Sichtmäppchen oder zwei Schubladen. Korrespondenz, Rechnungen, Anschaffungslisten (z.B. für Bücher, für Hilfsmittel), Notizen über durchzuführende Arbeiten, Anfragen, Besorgungen, zu erledigende Besuche usw. werden einer der beiden Kategorien zugeordnet. Die »Baldmöglichst«-Liste wird täglich durchgesehen, beim Aufstellen des Arbeitsplanes berücksichtigt und es wird gestrichen, was erledigt wurde. Die »Gelegentlich«-Liste wird mindestens einmal pro Woche kontrolliert, und es wird abgeklärt, welche Vorhaben oder Teilaufgaben nunmehr baldmöglichst erledigt werden müssen; diese müssen dann ins Wochenprogramm aufgenommen werden.

4.2.3 Erstellen eines detaillierten Stundenplanes

Viele Studierende, vor allem aber auch Berufstätige, die sich noch weiterbilden, erstellen einen detaillierten *Stundenplan.* Darin halten sie den geplanten Tagesablauf für die ganze Woche fest. Sie profitieren dabei von folgenden Vorteilen:

- *Zeitersparnis:* Hat sich der Stundenplan einmal eingespielt, *spart* er viel *Zeit und Anstrengung;* ohne Plan muß immer wieder die Entscheidung getroffen werden, welcher Aufgabe man sich als nächstes zuwenden will. Wir überlegen hin und her, was alles zu tun ist – schnell sehen wir dann einen großen Berg, eine Arbeitslawine und lassen uns davon entmutigen oder unter Druck setzen. Wissen wir aber bereits, wann wir jede einzelne Aufgabe in Angriff nehmen und daß sich während der Woche für alles (auch für Erholung) Zeit finden wird, können wir uns ruhiger und konzentrierter jeder Tätigkeit widmen, ohne ständig zu erwägen, ob wir nicht etwas anderes zuerst tun sollten. Eine Befragung von Studenten ergab, daß zwischen dem Ausmaß an Planung und dem Studienerfolg ein Zusammenhang besteht, daß also diejenigen Studenten, die sich ihre Zeit einzuteilen wissen, im allgemeinen bei den Prüfungen besser abschneiden. Besonders wichtig ist die Planung deshalb in Druckzeiten, beispielsweise vor wichtigen Examen.

- *Gezielte Vorbereitung:* Wissen wir am Morgen genau, was wir den Tag über vorhaben, können wir uns vorbereiten: Wir nehmen die richtigen Unterlagen zur Arbeit mit, suchen in der Bibliothek gezielt die entsprechenden Bücher usw.

- *Klare Trennung von Arbeits- und Freizeit:* Die Gefahr, die Stunden unnütz zerrinnen zu lassen, ist mit einem Stundenplan weit geringer. Wir wissen im voraus, daß z.B. der Dienstagabend dem Englischstudium gewidmet ist, und sind dadurch immun gegen Verlockungen des Radios, des Fernsehens oder Treffen mit Freunden. Dies gilt natürlich nur, wenn wir unseren Plan auch wirklich ernst nehmen und ihn ebenso streng einzuhalten versuchen wie andere Abmachungen (z.B. mit dem Zahnarzt). Auf der anderen Seite können wir uns von Anfang an bestimmte Stunden an Abenden oder an Wochenenden freihalten und wissen dann, daß wir darüber verfügen und Abmachungen treffen können, die wir nicht in letzter Minute wegen dringender Arbeiten absagen müssen.

- *Prioritäten setzen:* Natürlich wollen wir auch Einkäufe tätigen, Freundschaften pflegen, Sport treiben. Wenn wir nicht festlegen, welche Zeit wir fürs Lernen und welche für andere wichtige Dinge verwenden, schieben wir alles Unangenehmere mit der Ausrede, daß das andere ja auch getan werden muß, weg – und pflegen ein ständig schlechtes Gewissen.

● *Ausgewogener Tagesablauf:* Berücksichtigen wir beim Erstellen des Stundenplanes unsere Lebensgewohnheiten (Schlafanspruch, aufnahmefähigste Tageszeit usw.), bietet er Gewähr für einen ausgewogenen Tagesablauf. Wir können jede Aufgabe zu der für sie günstigsten Zeit planen und in »mundgerechte Bissen« aufteilen, dazwischen einige Stunden für Ausgleichssport und Bewegung einstreuen.

● *Vermeidung von Streß:* Die Arbeitslast wird gleichmäßig verteilt; ausgesprochene »Stoßzeiten«, wie sie sonst jede Schülerin und jeder Schüler vor dem Zeugnistermin oder vor wichtigen Prüfungen kennt, können durch rechtzeitiges Planen und regelmäßiges Lernen vermieden werden. Viele Studierende neigen sonst dazu, ab und zu einen unrealistischen Anlauf (»Von jetzt an arbeite ich jeden Nachmittag sechs Stunden für dieses Fach«) zu nehmen, den sie nicht durchhalten und mit schlechtem Gewissen wieder fallen lassen.

Viele Leute sträuben sich trotz großer Arbeitsüberlastung gegen eine detaillierte Zeitplanung. Ihr Argument lautet dabei, daß sich schon durch das Studium oder den Beruf genug Termine ergeben, die sie einengen, so daß sie ihre frei verfügbare Zeit nicht auch noch verplanen wollten. Wie die aufgezählten Vorteile zeigen, kann uns jedoch ein Wochenplan zusätzliche Freizeit schenken und uns entlasten. Die »Freiheit« zu improvisieren und ständig zu überlegen, was noch alles erledigt werden müßte und ob sich denn für alles Zeit findet, ist vielfach eine Illusion. Wir werden bei diesem Vorgehen weit mehr durch Sachzwänge bestimmt, als wenn wir selbst einen Plan aufstellen, der bewußt auf unseren eigenen Bedürfnissen aufbaut.

Beispiel eines Stundenplanes

Das Beispiel auf S. 158 zeigt den Wochenplan eines Studenten. Er hat insgesamt 13 Stunden Vorlesungen und Übungen und geht daneben während 16 Stunden einem Nebenverdienst (Arbeit in einem Universitätsinstitut) nach. Um trotzdem sowohl genügend Zeit zum Lernen als auch für Freizeit, Sport und Verabredungen zu haben, hat er sich einen Stundenplan erstellt, der auf seine Bedürfnisse abgestimmt ist.

Beispiel eines Wochenplans

Zeit	Montag	Dienstag	Mittwoch	Donnerstag	Freitag	Samstag
7 – 8	Aufstehen, Frühstück, Fahrt	Aufstehen, Frühstück	Aufstehen, Frühstück, Fahrt	Aufstehen, Frühstück	Aufstehen, Frühstück, Fahrt	
8 – 9	Vorlesung Hauptfach	Lektüre Fach-literatur, Fahrt	Berufstätigkeit	Vorbereitung 2. Nebenfach Fahrt	Vorlesung Hauptfach	Treffen der Lerngruppe
9 – 10						
10 – 11	Bibliothek Notizen über-arbeiten, Literatur suchen	Vorlesung 1. Nebenfach		Vorlesung 2. Nebenfach	Lesesaal, Notizen überarbeiten, Lektüre	
11 – 12						Schwimmen
12 – 13	Mittagessen	Mittagessen	Mittagessen	Mittagessen	Mittagessen	Mittagessen
13 – 14	Spaziergang	Notizen überarbeiten	Vorbereitung Seminar	Notizen überarbeiten	Vorbereitungen Labor	Lernen, falls erforderlich (z.B. vor Prüfung)
14 – 15	Berufstätigkeit im Institut	Berufstätigkeit		Berufstätigkeit		
15 – 16			Seminar 1. Nebenfach		Labor	frei
16 – 17						
17 – 18			Fahrt, Lernen für Lerngruppe			
18 – 19	Fahrt, Nachtessen	Sport		Fahrt, Nachtessen	frei für Ver-abredungen	
19 – 20	Lernen für Hauptfach	Nachtessen	Nachtessen	Lernen		
20 – 21		Fernsehen	weitere Vorbe-reitungen, falls erforderlich			
21 – 22						

Jeder Wochenplan muß natürlich sorgfältig angefertigt und meist mehrmals revidiert werden. Erst die Praxis zeigt jeweils, wo er sich bewährt, wo er abgeändert und der aktuellen Situation angepaßt werden muß.

Vorgehen beim Erstellen eines Stundenplanes

Falls auch Sie mannigfaltige Verpflichtungen haben und nicht wissen, wie Sie allen nachkommen können, versuchen Sie, einen persönlichen Wochenplan aufzustellen. Benützen Sie dazu die Formulare auf den nächsten Seiten. Am besten gehen Sie wie folgt vor:

● Zuerst werden die *festen* Termine eingetragen: Unterrichtsstunden, Kurse, Zeiten für die Berufstätigkeit, aber auch Freizeittätigkeiten, die zu bestimmten Terminen stattfinden.

● Als nächstes folgen die Arbeiten, die Sie in der Schule oder Universität ausführen, das Lernen während Zwischenstunden, das Studium im Lesesaal der Bibliothek.

● Prüfen Sie, bei welchen Terminen Sie sich mit anderen abstimmen müssen (z.B. Zusammenkunft der Lerngruppe, Verabredungen für regelmäßiges Sporttraining).

● Wenn Sie die Zeiten für die täglichen Verrichtungen wie Ankleiden, Essen, Weg zur Arbeit oder zur Hochschule eintragen, planen Sie nicht zu knapp. Gehen Sie von den durch die Tagesrapporte (S. 138) ermittelten Erfahrungswerten aus, setzen Sie beispielsweise für das Mittagessen eine ganze Stunde ein, um in entspannter Atmosphäre und eventuell gemeinsam mit Kollegen oder der Familie essen zu können.

● Beim Einsetzen der Lernzeiten ist es vorteilhaft, wenn Sie nach Vorlesungen noch am gleichen Tag Zeit für das Überarbeiten der Notizen einplanen. Vorbereitungen auf ein Fach setzen Sie nach Möglichkeiten auf den Vortag.

● Das schwierigste bzw. wichtigste Fach erfordert am meisten Zeit. Es hat aber keinen Sinn, dafür z.B. an einem Tag acht Stunden einzusetzen. Besser ist es, wenn wir uns diesem Fach täglich eine Stunde widmen, wenn möglich zu der Tageszeit, die unsere beste Lernzeit ist (für manche ist dies der Morgen, für andere der späte Nachmittag).

● Da wir für ein bestimmtes Fach nicht jede Woche gleich viel arbeiten müssen, werden verschiedene Stunden offengehalten für Fächer, in denen wir

Zeit	Montag	Dienstag	Mittwoch	Donnerstag	Freitag	Samstag	Sonntag
6 – 7							
7 – 8							
8 – 9							
9 – 10							
10 – 11							
11 – 12							
12 – 13							
13 – 14							
14 – 15							
15 – 16							
16 – 17							
17 – 18							
18 – 19							
19 – 20							
20 – 21							
21 – 22							

Zeit	Montag	Dienstag	Mittwoch	Donnerstag	Freitag	Samstag	Sonntag
6 – 7							
7 – 8							
8 – 9							
9 – 10							
10 – 11							
11 – 12							
12 – 13							
13 – 14							
14 – 15							
15 – 16							
16 – 17							
17 – 18							
18 – 19							
19 – 20							
20 – 21							
21 – 22							

gerade aufholen, uns auf eine Prüfung vorbereiten oder eine Arbeit schreiben müssen. Andere Stunden werden, je nach Stand der Dinge, für weiteres Studium oder für Erholung verwendet.

Verlauf der einzelnen Lernzeiten

Wenn wir nun schließlich – plangemäß – an unserem Schreibtisch sitzen, bedeutet dies für viele noch nicht, daß sie auch tatsächlich »produktiv tätig« sind.

Den eingangs geschilderten Schwierigkeiten mit dem »Anfangen« können wir begegnen, wenn wir von der »Konditionierung« (s. S. 45) Gebrauch machen. Nehmen Sie sich vor, sich erst hinzusetzen, wenn Sie wirklich bereit sind, und in der gleichen Minute mit der Arbeit zu beginnen. Mit Vorteil wählen Sie für die »Aufwärmphase« eine angenehme, schnell zu bewältigende Arbeit. Ist diese durchgeführt, haben Sie das Gefühl, bereits etwas erledigt zu haben, und können mit guter Motivation eine schwierigere Aufgabe in Angriff nehmen.

Möglicherweise fällt Ihnen der Einstieg leichter, wenn Sie aufschreiben, was Sie bereits über die Aufgabe wissen, beispielsweise in einem Mind map mit Seitenarmen (vgl. S. 35). Meist ist dies gar nicht so wenig. Anschließend notieren Sie, welche Fragen Sie dazu haben, was Sie noch nicht wissen.

Wer trotzdem noch Schwierigkeiten hat, wirklich konzentriert zu arbeiten, hat sich vielleicht zu große Aufgaben vorgenommen. Wenn Sie die Aussicht, einen längeren Bericht zu schreiben oder auf eine große Prüfung zu lernen, in Schrecken versetzt und daran hindert, auch nur anzufangen, teilen Sie die Arbeit auf. Ordnen Sie verschiedenen Arbeitsperioden je ein Teilgebiet zu: die Übersicht, die Bearbeitung eines Buches, das Schreiben eines Kapitels. Es ist wesentlich befriedigender – und motiviert besser für die weitere Arbeit –, wenn wir nach der Arbeitsperiode das geplante Teilgebiet als erledigt abhaken können, als wenn wir einfach ein unbedeutendes Stück im Gesamtbericht weitergekommen sind.

Empfehlenswert bei umfangreichen Lernaufgaben (Vorbereitung auf große Prüfungen) ist folgendes Vorgehen:

- Aufgliederung des Stoffes in Lernetappen.
- Lernen im Wechsel von Aufnehmen und Verarbeiten.
- Am Ende jeder Lernetappe Kontrolle der Notizen, ob alles klar ist und verstanden wurde.
- Zu Beginn der nächsten Lernetappe Repetition des vorangegangenen Lernstoffes.
- Erneute Wiederholung nach einer Woche und nach einem Monat.

162

Ablauf einer Lernetappe:

– Wiederholung des Stoffes der Vorwoche

– Wiederholung des Stoffes vom Vortag

– Neulernen

– Kontrolle der Notizen und des Verständnisses
  Vorbereiten der Unterlagen für die nächste Lernetappe

Rekapitulieren Sie
das Kapitel
»Zeiteinteilung«
mit Hilfe der Fragen
auf S. 240ff.

Aufnehmen und Weitergeben von Wissen

1. Lernen im Unterricht

Da das Aufnehmen von Wissen aus Fachbüchern bereits zu Beginn des Buches (Lesemethoden) behandelt wurde, kommt zum Thema »Aufnehmen« nur die mündliche Übermittlung in Vorlesungen, Vorträgen und Kursen zur Sprache.

Zum Thema »Weitergeben von Wissen« werden zwei Bereiche diskutiert: die eingehende selbständige Auseinandersetzung mit einem bestimmten Thema, wie sie bei der Vorbereitung einer Semesterarbeit oder eines Vortrages erforderlich ist, und das Lernen für eine Prüfung.

1.1 Richtiges Zuhören

Das Anhören eines Vortrages, der Besuch einer Fachvorlesung unterscheidet sich vom Hören eines Unterhaltungsstückes oder Filmes in der gleichen Weise wie das Durcharbeiten eines Fachbuches vom Lesen eines Romans. Das richtige Zuhören, das zum Erwerb von Kenntnissen, zum kritischen Auseinandersetzen mit Informationen dienen soll, ist ein aktiver Prozeß. Gute Zuhörer bereiten sich auf den Vortrag vor, sie denken mit, setzen das Gehörte zu ihrem bisherigen Wissen in Beziehung, stellen es in Frage, überlegen sich die praktische Anwendung und Konsequenzen. Es handelt sich also auch hier nicht um ein passives »Schlucken« des präsentierten Stoffes, um ein bloßes Sichführenlassen in unbekannte Gebiete, sondern um ein tätiges Mitgehen.

Wenn wir wirklich zuhören, können wir uns die Zeit sparen, die andere Studierende vor der Prüfung mit wildem Nachschlagen und Aufstöbern der in den Vorlesungen präsentierten, von ihnen aber nicht aufgenommenen Kenntnisse verbringen müssen.

Untersuchungen zeigen, daß viele Studentinnen und Studenten während einer Vorlesung ungefähr die Hälfte der Hauptpunkte verpassen, von den Details noch mehr. Zum Teil geschieht dies, weil sie die Ausführungen nicht verstehen, aber mehr noch, weil sie nicht wirklich zuhören. Wie beim Lesen beginnt das Zuhören bereits mit der Vorbereitung:

167

- Wir setzen uns schon vorher mit dem Thema auseinander, stellen uns darauf ein, formulieren Fragen, lesen unsere Notizen oder schriftliche Unterlagen durch, rufen uns in Erinnerung, über welche Kenntnisse wir bereits verfügen.

- Wir überlegen uns das Unterrichtsziel der Dozentin oder des Dozenten und bereiten uns darauf vor.

- In einer Veranstaltungsreihe können wir die Ausführungen am besten verstehen, wenn wir die abgegebenen Unterlagen auch durchlesen und bearbeiten, Literaturhinweisen nachgehen.

- Wir setzen uns nicht in die hinterste Reihe, sondern so, daß wir die Professorin oder den Professor gut hören und die Tafel oder Leinwand gut sehen.

- Wir denken mit, ziehen aus den Ausführungen Schlußfolgerungen, verknüpfen sie mit unserem Vorwissen.

- Wir versuchen die Lehrinhalte aus den verschiedenen Phasen der Unterrichtsstunde zu einem zusammenhängenden Ganzen zu verbinden.

- Wir suchen nach Beispielen, Anwendungen, Veranschaulichungen zum jeweiligen Lehrstoff, stellen uns die Situation vor, auf die im Unterricht Bezug genommen wird.

- Wir suchen die Hauptpunkte. Jeder Vortrag hat einen Aufbau, eine Struktur. Nicht alles ist von gleicher Wichtigkeit, viele Ausführungen dienen lediglich der Illustration, der Auflockerung, der näheren Beschreibung. Die Aufgabe des Hörers ist es, darunter die Gliederung zu finden, das Wesentliche vom Unwesentlichen zu unterscheiden. Der Autor eines Buches gibt durch seine Titel und Untertitel Auskunft über den Aufbau, durch Sperr-, Kursivdruck, Unterstreichungen usw. Hinweise auf Schlüsselwörter und -sätze. Auch eine Rednerin oder ein Redner lassen auf irgendeine Weise ihre Gliederung erkennen. Viele geben zu Beginn jeder Stunde einen *Überblick* über die zur Sprache kommenden Themen – für die Lernenden eine ähnliche Orientierung wie der Blick auf das Inhaltsverzeichnis eines Buches. Andere *fassen* am Schluß die wichtigsten Punkte nochmals *zusammen* und geben damit den Hörern Gelegenheit, Akzente zu setzen. Aber auch während des Sprechens heben gute Dozenten einzelne Teile ihres Vortrages durch *Betonung*, durch *Pausen*, unterschiedliches *Sprechtempo* vor andern hervor und geben damit zu erkennen, was sie für besonders wichtig halten. Wenn wir gut zuhören, lernen wir bald auf bestimmte *Formulierungen* zu achten, wie z.B. »Der Hauptgrund ist …«, »Vor allem gehört dazu …«, »Das Wichtigste ist …« oder auch Aufzählungen (erstens …, zweitens …, drittens …) usw.

168

● *Nicht gleich den Nachbarn fragen:* Oft ergibt sich das Problem, daß wir etwas nicht verstanden haben, eine Frage plötzlich aufgetaucht ist. Mit Fragen an die Nachbarin oder den Nachbarn stören wir nicht nur viele andere, sondern verlieren auch selbst den Anschluß an die weiteren Ausführungen. Oft ergibt sich die Antwort aus den folgenden Kapiteln oder dem allgemeinen Zusammenhang. Die meisten Vortragenden geben den Studierenden Gelegenheit, Fragen zu stellen; sonst ist nach der Stunde immer noch Zeit, um Hilfe zu bitten.

● *Kritisch aufnehmen:* Ebensowenig, wie wir alles unbesehen übernehmen können, was schwarz auf weiß geschrieben steht, sollten wir in Vorträgen kritiklos sein. Häufig haben wir zwar während der Vorlesung keine Zeit, das Gesagte bereits durchzudenken, da wir uns ganz auf das Mitkommen konzentrieren müssen. Wenn die Informationen langsam kommen, können wir unsere Gegenargumente sammeln, sonst verschieben wir dies auf später.

● *Nicht ablenken lassen:* Je nach Thema wird ein Dozent sich bemühen, seinen Vortrag mit Beispielen, Vergleichen, Anekdoten oder witzigen Bemerkungen aufzulockern. Das ist für den Zuhörer angenehm, sollte ihn aber nicht veranlassen, den Blick für die Kernpunkte zu verlieren.

Zuhören ist keine Entspannung, sondern eine schöpferische Tätigkeit, die ein beträchtliches Ausmaß an Energie und Konzentration erfordert.

1.2   Mitschreiben

Wenn wir in einer Ausbildung sind oder an Fachkursen teilnehmen, machen wir mit Vorteil Notizen von den wichtigsten Unterrichtsinhalten. Dies erleichtert nicht nur die Aufmerksamkeit und entlastet das Gedächtnis, sondern stellt bereits eine erste Auseinandersetzung mit dem Wissensstoff dar. Die Informationen werden gegliedert, strukturiert, der Zugang und der Überblick über das Gebiet dadurch auch zu einem späteren Zeitpunkt ermöglicht. Von der Übersichtlichkeit, Vollständigkeit und Genauigkeit der Notizen hängt für Studierende vor Prüfungen viel ab, hat sich doch gezeigt, daß Prüfungsresultate positiv mit der Qualität der Notizen korrelieren. Vielen bereitet es aber Mühe, gute Notizen anzufertigen. Folgende Hinweise können ihnen dabei helfen.

1.2.1 Die äußere Form der Notizen

Viele Studierende schreiben zwar bei allen Vorlesungen getreulich mit, machen aber den Fehler, einen beliebigen Zettel dazu zu benutzen. Nach der Stunde wird dieser Zettel irgendwohin gesteckt und vergessen.

Rückt dann aber der Zeitpunkt der Prüfungen näher, wird hektisch nach den Notizen gesucht, werden viele lose Blätter gefunden, mühsam geordnet und ergänzt.

Als nachteilig erweist sich meist auch, für die Notizen ein Heft zu benutzen. Während der Stunde füllen wir Seite um Seite, werden später Ergänzungen angebracht, stehen sie an einem ganz anderen Ort. Haben wir das Heft einmal nicht bei uns, muß nachher alles noch einmal eingetragen werden, versäumen wir dazwischen eine Stunde, verschiebt sich wieder die Abfolge. Sollen die Notizen überarbeitet werden, müssen wir Seiten herausreißen, andere einkleben. In den meisten Fällen erweist sich somit ein Heft als zu starr und unpraktisch. Andere verbreitete Fehler sind unübersichtliche, ungegliederte Notizen, zu kleine oder bis an den Rand vollgeschriebene Blätter.

Mit folgendem System machen die meisten Studierenden die besten Erfahrungen:

- Für jeden Kurs, jede Vorlesung wird ein Ordner oder ein Teil eines Ordners verwendet, in den die Notizen eingeheftet werden. Diesen Ordner tragen sie in jeder Vorlesung bei sich. Wichtig ist es vor allem, die Notizen der Vorstunde dabeizuhaben, einerseits, um das Gedächtnis vor der Stunde aufzufrischen, andererseits, um sie kontrollieren zu können, wenn der Dozent am Anfang nochmals zusammenfaßt.

- Vorteilhaft sind Blätter im Großformat (A 4); Tabellen und Zusammenstellungen werden auf diese Weise übersichtlicher.

- Sie achten darauf, daß sie immer genügend leere Blätter sowie gut funktionierendes Schreib- und Zeichenwerkzeug bei sich haben.

- Im Ordner werden nicht nur die Notizen der Vorlesungen untergebracht, sondern auch vom Dozenten ausgeteilte Vervielfältigungen, Exzerpte aus der Bearbeitung der entsprechenden Fachliteratur, Illustrationen, etwaige Zeitungsausschnitte, kurz, alle Informationen über das betreffende Thema.

- Haben sie einmal den Ordner nicht dabei, schreiben sie auf lose Blätter, bemühen sich dann aber, sie baldmöglichst einzuordnen.

● Wird der Ordner zu schwer, weil bereits viel Material gesammelt wurde, errichten sie eine Ablage und tragen jeweils nur die aktuellsten Blätter mit.

● Jedes einzelne Blatt wird angeschrieben, so daß es jederzeit identifiziert und wieder eingeordnet werden kann. Dies beansprucht während der Vorlesung nur kurze Zeit, ist aber eine große Hilfe, wenn der Ordner einmal auseinanderfällt oder wenn einzelne Blätter ausgeliehen werden. Zur Identifikation genügt meist der Name des Dozenten oder Faches, das Datum und die laufende Seitenzahl der betreffenden Stunde, also z.B. Müller/3.7.94/2.

● Ist ein Kurs abgeschlossen, kann auch eine neue, fortlaufende Numerierung vorgenommen werden. Eine andere Möglichkeit wäre das Kennzeichnen jedes Blattes mit einem Schlagwort. Beide Vorgehensweisen erlauben das Erstellen eines Inhaltsverzeichnisses, das zu den Notizen geheftet wird und das spätere Auffinden eines beliebigen Teilgebietes erleichtert.

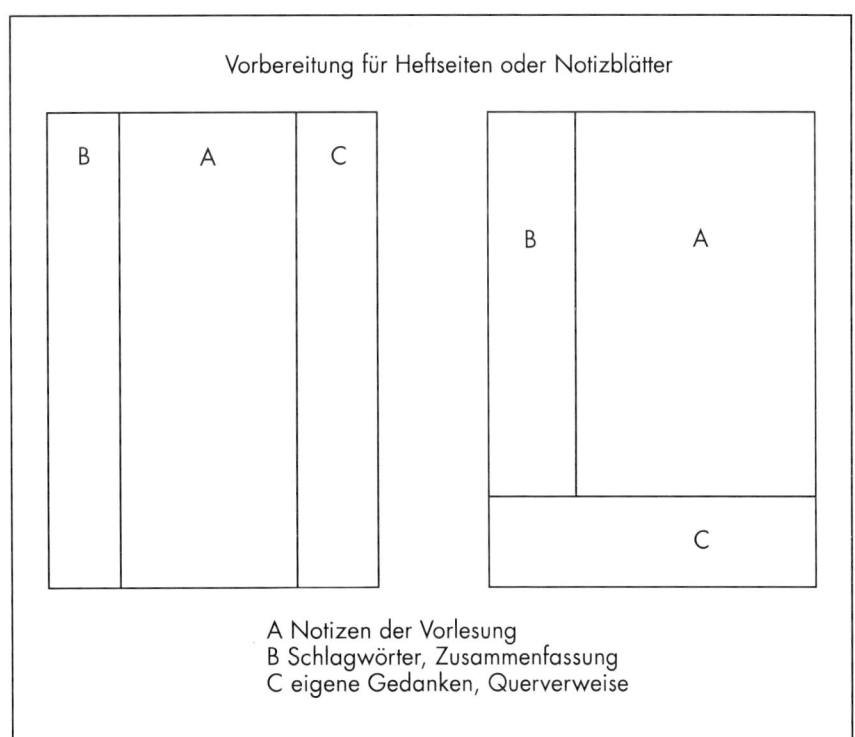

Vorbereitung für Heftseiten oder Notizblätter

A Notizen der Vorlesung
B Schlagwörter, Zusammenfassung
C eigene Gedanken, Querverweise

Beispiel eines Notizblattes

B	A K. Fischer, 15.9.93/1
	Gedächtnis
	Man unterscheidet drei verschiedene Stufen bzw. Speicher:
3 Gedächtnis-stufen	Das Ultrakurzzeitgedächtnis, das Kurzzeit- und das Langzeitgedächtnis. Um im Langzeitgedächtnis gespeichert werden zu können, müssen die Informationen erst die »Filter« des Ultrakurzzeit- und des Kurzzeitgedächtnisses durchlaufen.
Ultrakurzzeit-gedächtnis	Das Aufnahmevermögen des Ultrakurzzeitgedächtnisses ist etwa dreißigmal größer als dasjenige des Kurzzeitgedächtnisses. Die Informationen klingen aber nach wenigen Sekunden wieder ab (z.B. eine Telefonnummer, die man einstellen will), wenn sie nicht bewußt für die weitere Speicherung ausgewählt werden oder bereits gespeicherten Inhalten zugeordnet werden können.
Kurzzeit-gedächtnis	Auch Inhalte des Kurzzeitgedächtnisses können z.B. durch einen starken Schock (bekannt ist das Phänomen des Unfallschocks) noch vollständig gelöscht werden.
Langzeit-gedächtnis	Im Langzeitgedächtnis erfolgt eine feste Einlagerung. Welche Inhalte die Filter durchlaufen und im Langzeitgedächtnis gespeichert werden, entscheiden u.a. unsere Motive, Gefühle, Vorlieben und die Lernsituation.

C   Vgl. F. Vester, 1975
Schlußfolgerung für das Lernen: Wichtig ist die Lernsituation, das Einordnen in größere Zusammenhänge, das Anknüpfen an Bekanntes. Störinformationen beeinträchtigen Aufnahmevermögen.

- Nicht mit Papier sparen – die Papierkosten machen sicher den geringsten Teil der Ausgaben für die Bildung aus. Wichtiger ist, daß die Notizen übersichtlich sind. Also Absätze machen, Raum lassen zwischen Abschnitten, bei jedem Kapitel eine neue Seite beginnen.

- Besser die Blätter nur auf einer Seite beschriften: Informationen werden leichter gefunden, Umstrukturierungen können besser vorgenommen werden. Auch beim Überarbeiten, wenn eventuell nur einzelne Blätter abgeschrieben werden müssen, ist es einfacher, wenn die Blätter nur einseitig beschriftet sind.

- Lassen Sie einen breiten Rand für spätere Bemerkungen, Hinweise und Gedanken. Viele finden es nützlich, schon während der Stunde eventuell auftauchende Fragen, Einwände gleich mit zu notieren, und benutzen dazu den Rand. Vor allem, wenn Sie (entgegen den obigen Ratschlägen) ein Heft benutzen, kann ein breiter Rand für Zusätze und Ergänzungen gute Dienste leisten. Zu empfehlen ist, die Notizblätter oder Heftseiten schon vor der Stunde durch Linien in drei Abschnitte zu unterteilen: Der größte Abschnitt (A) nimmt die Notizen der Vorlesung auf, am linken Rand (B) bringt man beim Überarbeiten Schlagworte oder kurze Zusammenfassungen an, die das spätere Repetieren und Wiederauffinden erleichtern. Der rechte oder untere Rand (C) wird erst bei der späteren Durchsicht, bei der Vorbereitung auf eine Prüfung beschriftet und ist für die eigenen Gedanken, Querverweise, Hinweise auf Beziehungen zu anderen Gebieten etc. bestimmt.

1.2.2 Umfang der Notizen

Viele Leute weichen dem Konflikt, welche Informationen aufzuschreiben sind und welche nicht, aus, indem sie einfach den ganzen Vortrag wörtlich mitschreiben. Abgesehen davon, daß sie dazu wahrscheinlich stenographieren müssen, ist dies nicht nur nicht notwendig, sondern schadet im Gegenteil dem Verständnis. Sie können ja auf diese Weise nicht mitdenken, abwägen oder auch nur das Wesentliche vom Unwesentlichen unterscheiden. Außerdem sind viele Ausführungen des Dozenten Wiederholungen, er sagt dasselbe nochmals mit anderen Worten, um es besser zu erklären. Anderes dient lediglich der Illustration oder Auflockerung.

Ebensowenig sollten wir jedoch der Gefahr erliegen, zuwenig aufzuschreiben. Eine Vorlesung ist meist etwas Einmaliges, was wir nicht aufgenommen haben, kann zu einem späteren Zeitpunkt nicht einfach nachgeschlagen werden.

Der Umfang der Notizen hängt im allgemeinen ab von

- *der Art der Vorlesung:* bei manchen Vorlesungen folgen die wichtigen und neuen Fakten dicht aufeinander, andere sind locker aufgebaut, enthalten viele Beispiele und Illustrationen;

- *der eigenen Vertrautheit mit dem Thema:* Dringen wir erstmals in ein neues Gebiet ein, werden wir mehr aufschreiben müssen als vielleicht der Nachbar, der sich darin schon auskennt;

- *der Zugänglichkeit der Informationen:* Wer zu Hause ein Buch über das gleiche Gebiet besitzt, muß sich mit den Notizen weniger anstrengen, als wenn die dargebotenen Gedanken überhaupt noch nicht schriftlich festgehalten wurden.

Es gilt also für alle Studierenden, in jeder Stunde ständig einen Mittelweg zu finden zwischen zu umfangreichen Notizen, über denen sie den Anschluß an den Redefluß versäumen, und zu knappen, die dann beim Vorbereiten auf eine Prüfung nicht genügen.

1.2.3 Was sollen wir notieren?

Wie sollen wir beim Zuhören aus der Flut der Wörter und Sätze die wesentlichen herausfinden? Dies ist oft nicht einfach, müssen wir doch gleichzeitig zuhören, sichten, formulieren, aufschreiben und dürfen darüber den Anschluß nicht verpassen.

Entscheidend ist es zunächst, den Aufbau des Vortrags zu erfassen. Wie wir dabei vorgehen können, wurde im Kapitel »Richtiges Zuhören« erwähnt: Achten Sie auf die Hinweise des Sprechenden.

Ihre Notizen sollten enthalten:

- die *Hauptpunkte* – die ungefähr den Überschriften und Schlagzeilen der zur Sprache gekommenen Teilgebiete entsprechen. Es geht hier um die *Grundaussagen,* das zentrale Thema der einzelnen Abschnitte;

- die *Schlüsselpunkte zu jedem Hauptpunkt,* d.h. stichwortartig die Gedanken, die in jedem Abschnitt behandelt werden, die Erklärungen zu den Grundaussagen, die Konsequenzen der dargelegten Prinzipien;

- *Namen, Zahlen, Daten* und andere wichtige Fakten, die das Gedächtnis meist nicht genau reproduzieren kann;

• *wichtige Wörter, Fachausdrücke, über deren Bedeutung man sich nicht klar ist,* eventuell mit Fragezeichen versehen, eingekreist oder sonstwie ins Auge stechend markiert. Außerdem alle auftauchenden Fragen.

Wenn Sie in Ihren Notizen diese vier verschiedenen Aspekte erfassen, haben Sie ein gutes Gerüst, aufgrund dessen Sie das Gebäude der Vorlesung, die wichtigsten Gedanken reproduzieren können. Natürlich erfordert dieses Vorgehen Übung; zudem bauen nicht alle Dozenten ihren Vortrag klar auf und erschweren damit das Mitschreiben. Den Studierenden bleibt dann nichts anderes übrig, als später beim Überarbeiten eine eigene Struktur in das Ganze zu bringen.

1.2.4 Abkürzungen und Symbole

Abkürzungen helfen, Zeit zu sparen und den Vortrag damit besser aufzunehmen. Viele Leute erfinden beim Mitschreiben ihre eigenen Abkürzungen – eine gute Idee, falls sie sich später noch an deren Bedeutung erinnern. Jeder kann aber die »offiziellen« Abkürzungen verwenden: z.B. usw., z.T., u.U. oder die mathematischen Symbole (+, =, ≠) oder auch einfach einen Pfeil ⇒ (daraus folgt). Wer ein bestimmtes Gebiet studiert, kann für die immer wieder vorkommenden Fachwörter Abkürzungen oder Zeichen einsetzen, wie z.B. ψ für Psychologie.

Es erweist sich zudem für die weitere Verwendung der Notizen als vorteilhaft, wenn wir einige Symbole einführen. Diese sollen beispielsweise darauf hinweisen, daß etwas unklar ist (ein Fragezeichen in einer Klammer oder am Rand), daß eine bestimmte Aussage oder Beweisführung vom Dozenten besonders hervorgehoben wurde (ein Ausrufezeichen oder ein Kreuz X am Rand), daß wir uns über einen Punkt noch anderweitig informieren wollen (ein Sternchen oder ein Pfeil), daß wir eine Frage stellen wollen (⇒ F) oder nicht einverstanden sind (?!) u.a.

1.2.5 Überarbeiten der Notizen

Vor allem, wenn die in der Vorlesung präsentierten Informationen für eine spätere Prüfung gebraucht werden, aber auch, wenn sie ganz allgemein nicht sofort wieder vergessen werden sollen, ist es wichtig, die Notizen bald nach dem Aufnehmen zu überarbeiten. Wenn möglich, sollte dies am gleichen Tag geschehen, solange das Gesagte noch frisch ist und Lücken aus dem Gedächtnis ergänzt werden können. Wie die Lernpsychologie (s. S. 52) zeigt, sinkt die Behaltenskurve am ersten Tag am steilsten.

Werden Unterlagen, Vervielfältigungen, Fotokopien oder Unterrichtsprotokolle abgegeben, setzen wir uns damit in gleicher Weise auseinander wie mit Lesetexten (vgl. S. 27).

Das Überarbeiten kann oft Unverstandenes klären, weil wir Muße haben, den Stoff zu überdenken, weil wir auch die einzelnen Darlegungen im größeren Zusammenhang sehen. Vor allem aber dient das Überarbeiten der Notizen dazu, diese für den späteren Gebrauch klarer und übersichtlicher zu machen. Selten können wir ja während der Vorlesung vollkommene Notizen erstellen, teils, weil dazu viel Übung erforderlich ist, teils, weil uns oft der Überblick noch fehlt, und schließlich auch, weil nicht alle Vorträge ganz klar aufgebaut sind.

Viele Studierende besitzen auch eine Handschrift, die sie später kaum mehr lesen können. Das Durchsehen am Ende des Tages hilft, die Notizen leserlich zu gestalten. Die Zeit vor der Prüfung kann dann sinnvoller mit Lernen statt mit mühevollem Entziffern verbracht werden.

Bewährt hat sich beim Überarbeiten folgendes Vorgehen:

- Zunächst die Hauptpunkte unterstreichen, unwichtiges durchstreichen oder einklammern.

- Den ganzen Stoff in logischer Folge anordnen und unter einigen Überschriften zusammenstellen. Wenn der Professor keine Titel angegeben hat, wird es notwendig, selbst passende zu finden.

- Beim Notieren der wichtigsten Punkte zu jedem Hauptgedanken eigene Formulierungen gebrauchen. Dies zwingt dazu, das ganze zu überdenken, und zeigt, ob wir es auch wirklich verstanden haben.

- Zum Schluß fügen wir die Definitionen der Wörter bei, über deren Bedeutung Unsicherheit herrschte und die wir deshalb während des Mitschreibens mit einem Fragezeichen versehen oder eingekreist haben.

Sind die Notizen der Vorlesung gut, beansprucht das Überarbeiten nur kurze Zeit, hilft aber später beim Repetieren gewaltig. Selbst wenn die Notizen vollkommen wären, würde das Überfliegen am gleichen Tag, das nochmalige Durchdenken dazu beitragen, daß die Kenntnisse besser haften und zum bleibenden geistigen Besitz werden.

Wurden die Seiten durch Unterteilung in drei Abschnitte (s. S. 171) vorbereitet, besteht das Überarbeiten darin, die seitliche Kolonne mit Schlagwörtern und Zusammenfassungen auszufüllen. Beim späteren Lernen auf eine Prüfung können wir dann versuchen, die eigentlichen Notizen abzudecken und den Stoff aufgrund der seitlichen Hinweise zu reproduzieren.

Manche Lernende machen gute Erfahrungen mit Mind maps (vgl. S. 35), die sie entweder bereits beim Zuhören oder später beim Überarbeiten der Notizen erstellen. Prüfen Sie, ob Sie bestimmte Informationen in einer Tabelle oder einer Skizze zusammenfassen können.

Das Mitschreiben erfordert vor allem Übung. Sind Sie Studentin oder Student, haben Sie dazu genug Gelegenheit. Aber auch wenn Sie sich sonst weiterbilden und Kurse besuchen, sollten Sie versuchen, die hier dargelegten Prinzipien anzuwenden: Bereiten Sie jede Stunde vor, indem Sie sich alles in Erinnerung rufen, was Sie zum Thema wissen und was Sie darüber erfahren möchten, halten Sie Ihre Fragen anfangs schriftlich fest. Gehen Sie nach dem Vortrag Ihre Notizen durch und stellen Sie die Hauptpunkte zusammen. Sorgen Sie dafür, daß Ihre Notizen übersichtlich sind und daß alle Unterlagen beisammenbleiben. Am Ende des Kurses können Sie sich dann überlegen, ob Sie die Blätter eventuell mit Kartondeckeln und einem Inhaltsverzeichnis versehen und binden wollen.

Ähnliche Prinzipien über Zuhören, Erfassen des Wesentlichen und Überarbeiten der Notizen gelten auch für Protokolle von Sitzungen und Konferenzen.

Falls Sie in einer Lerngruppe arbeiten, vereinbaren Sie mit einer Kollegin oder einem Kollegen, die Notizen der schwierigsten Vorlesung regelmäßig nach dem Aufnehmen zu vergleichen. Überlegen Sie gemeinsam, welches die Hauptpunkte waren und welche Schlagwörter und Untertitel die Übersichtlichkeit erhöhen könnten.

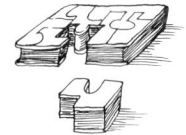

1.3 Beiträge der Lernenden

1.3.1 Eigene Aktivität während eines Vortrags

Die Tätigkeit der Zuhörenden ist nicht nur auf das Mitschreiben und Mitdenken beschränkt. Wie bereits erwähnt, ist das Lernen kein passiver Prozeß und kann daher nicht stattfinden, wenn die Studierenden nicht mitarbeiten. Viele scheuen sich aber, vor allem in großen Hörsälen, sich mit ihren Fragen und Kommentaren zu melden, aus Angst, sich durch ihre Unwissenheit zu blamieren. Eher wird eine Verständnislücke riskiert. Meist sind es immer die gleichen, die sich melden. Nehmen Sie sich vor, bestimmte Fragen zu stellen.

Die Erkenntnisse der Lernpsychologie (siehe S. 47) zeigen, wie wichtig es ist, daß Lernende über ihre Leistungen informiert werden (Feedback). Der Vorteil einer mündlichen Übermittlung des Wissens gegenüber der Weitergabe in Buchform besteht denn auch hauptsächlich darin, daß Lehrende und Lernende in direkte Interaktion treten können: Der Dozent oder die Dozentin kann seinen Vortrag dem Aufnahmevermögen der Hörerinnen und Hörer anpassen, die Studierenden durch Fragen und eigene Beiträge kontrollieren, ob sie das Ganze richtig verstanden haben.

Das Melden erfordert zudem ein vermehrtes Engagement und trägt schon dadurch zum besseren Aufnehmen und Behalten bei. Es lohnt sich somit, seine Schüchternheit zu überwinden und selbst aktiv zu werden.

Alle natürlich auftauchenden Fragen können gestellt werden, sei es, daß ein wichtiger Punkt nicht klar ist, ein Zusammenhang nicht gesehen wird, sei es, daß wir uns für die praktischen Konsequenzen einer dargelegten Theorie interessieren. Auch wenn eine Aussage nicht mit anderen Informationen oder Erfahrungen übereinstimmt, kann eine Frage klärend wirken. Von solchen Beiträgen profitieren auch die anderen Hörer. Sie geben zudem der Rednerin oder dem Redner wichtige Informationen über ihren Vortrag, ob sie zu schnell vorgegangen sind, unverständlich gesprochen haben und welche Punkte ihre Hörerschaft besonders interessieren. Auch Dozentinnen und Dozenten sind ja auf ein »Feedback« angewiesen, wenn sie ihr Verhalten ändern sollen.

Alle Lehrkräfte freuen sich, wenn die Lernenden Interesse für ihre Ausführungen zeigen, zusätzliche Fragen stellen, eigene Gedanken äußern und Anregungen geben. Die meisten Professoren geben den Studierenden immer wieder Gelegenheit, sich mit Fragen zu melden oder sonst einen Beitrag zu leisten; oft wird aber von dieser Gelegenheit kein Gebrauch gemacht. Der Professor deutet dies je nach Charakter als Interesselosigkeit oder als Anzeichen, daß alles restlos klar ist, was beides nicht zuzutreffen braucht.

Natürlich kommt es immer wieder vor, daß der Stoff so dicht gedrängt geboten wird, daß wir uns ganz auf das Mitschreiben konzentrieren müssen und erst beim Überarbeiten dazu kommen, das Ganze durchzudenken. Dann können wir uns mit unseren Fragen zu Beginn der nächsten Kursstunde melden.

1.3.2 Teilnahme an Diskussionsgruppen

Wird ein Kurs als Seminar geführt, hängt der Erfolg entscheidend von der Mitarbeit der Teilnehmenden ab. Bringen diese die Bereitschaft, aktiv mitzuwirken, sich zu engagieren und wirklich mitzudenken, nicht mit, wird die Stunde nicht nur langweilig, es trägt auch niemand einen Gewinn davon, alle haben nur ihre Zeit verschwendet. Machen die Lernenden aber mit, kann diese Form der Wissensvermittlung die lebendigste und ertragreichste sein.

Bei Seminaren und Diskussionsgruppen ist es noch wichtiger als bei Vorlesungen, sich vorher vorzubereiten und geistig auf das Thema einzustellen. Pflichtlektüre sollten wir deshalb vorher wirklich lesen, sonst geht die Diskussion über unseren Kopf hinweg.

Aber auch wenn kein Text gegeben ist, können wir uns in das Thema einarbeiten, Gedanken notieren, die wir zur Sprache bringen, Fragen, die wir aufwerfen wollen. Auf diese Weise werden wir dem Verlauf der Diskussion mit größerem Interesse und persönlichem Engagement folgen.

Auch auf diesem Gebiet stimmt aber die Wirklichkeit nicht mit dem Idealzustand überein: Nur rund 30% der befragten Studenten gaben an, sie beteiligten sich aktiv in Seminaren. Alle anderen überlassen das Diskutieren den Kollegen.

2. Vorbereiten einer größeren schriftlichen Arbeit oder eines Vortrags

Wenden Sie auch hier die geschilderte Lesemethode an: Überfliegen Sie das Kapitel zuerst, stellen Sie sich dann Fragen, halten Sie nach der Lektüre jedes Abschnittes inne, um den Inhalt zu rekapitulieren.

Studentinnen und Studenten, aber auch viele Leute in Industrie und Geschäftsleben kommen immer wieder in die Lage, daß sie über irgendein Thema eine Semesterarbeit, einen Bericht schreiben oder einen Vortrag halten müssen. Da es sich dabei meist um eine sehr zeitraubende Angelegenheit handelt, lohnt es sich, planmäßig vorzugehen und einige bewährte Grundregeln zu beachten.

2.1 Wahl des Themas

In vielen Fällen ist das Thema bereits gegeben. Es kommt auch vor, daß ein Schreibender zuerst die Ideen und Kenntnisse hat und dann der Wunsch in ihm auftaucht, sein Wissen weiterzugeben.

Stellt sich aber die Aufgabe, selbst ein Thema zu finden, geraten viele Leute in Schwierigkeiten. Sie sind gewohnt, auf Probleme aufmerksam gemacht zu werden, nicht aber, sich in die Rolle des Suchenden und Fragenden zu begeben.

Im Vordergrund sollte das eigene Interesse am Thema stehen: Womit will ich mich beschäftigen, welcher Frage würde ich gerne nachgehen, was kann ich später anwenden, umsetzen? Besprechen Sie dies auch mit dem Dozenten und lassen Sie sich Tips geben für die Abgrenzung des Themas, für die Suche nach Literatur, für Kontakte zu Fachleuten.

In verschiedenen Kapiteln dieses Buches wurde schon darauf hingewiesen, wie wichtig die »forschende«, aktive Einstellung für alles Lernen ist. Wenn Sie diese Ratschläge befolgt haben, sollte sich Ihr Vorgehen bereits geändert haben: Sie notieren Fragen, bevor Sie mit der Lektüre eines Fachbuches beginnen oder einen Vortrag anhören. Sie denken nachher das Gebotene kritisch durch und setzen es zu Ihrem bisherigen Wissen in Beziehung. Sicher sind Sie auf diese Weise schon verschiedentlich auf Widersprüche, Ungereimtheiten und ungelöste Probleme gestoßen und hat sich in Ihnen der Wunsch geregt, diesen Fragen doch einmal nachzugehen. Gewöhnen Sie sich daran, solche Gedanken bewußt wahrzunehmen und auf einer speziellen »Problemseite«

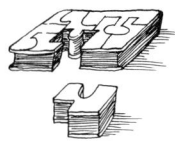

Ihres Notizbuches aufzuschreiben. Auf diese Weise schulen Sie nicht nur Ihr Kritikvermögen – Sie haben auch stets eine Anzahl Themen für größere Arbeiten und Diskussionen bereit.

Für Lernende, die sich mit verschiedenen Fächern befassen, ist es oft gewinnbringend, mit ihrer Arbeit eine Querverbindung zwischen den einzelnen Interessengebieten herzustellen. Damit begegnen sie gleichzeitig der durch das Schulsystem entstandenen Gefahr der Zersplitterung und Schubladisierung des Einzelfachwissens.

Wer erstmals vor der Aufgabe steht, eine größere Arbeit zu schreiben, steckt sich gern zu hohe Ziele. Studenten träumen davon, mit ihrer Untersuchung die Fachwelt zu verblüffen und die jahrzehntelang gesuchte Lösung eines weltbewegenden Problems zu präsentieren. Ein solcher Wurf ist im Rahmen einer Semesterarbeit kaum möglich. Bleiben Sie sich Ihrer Grenzen bewußt, und passen Sie Ihr Thema in Umfang und Aufwand der gestellten Aufgabe an. Sie selbst und die Adressaten Ihrer Arbeit profitieren auch, wenn Sie – statt die Welt zu erschüttern – ein kleines Mosaiksteinchen zum Gesamtbild beitragen. Vielleicht gehen Sie den neuesten Entwicklungen in Ihrem besonderen Interessengebiet nach, planen eine kleine Untersuchung, prüfen Zusammenhänge oder stellen die Ansichten verschiedener Autoren zu einer umstrittenen Theorie einander gegenüber.

Da das Schreiben einer Semesterarbeit, das Vorbereiten eines Vortrages uns während längerer Zeit beschäftigt, ist es wichtig, daß wir ein Thema wählen, das uns wirklich interessiert. Dann rechtfertigt sich der zeitliche Aufwand, und wir profitieren auch selbst von unseren Studien.

Überlegen Sie sich einige Titel für eine schriftliche Arbeit oder einen Vortrag. Berücksichtigen Sie vor allem solche Gebiete, die Querverbindungen zwischen einzelnen Fächern oder Aufgabenkreisen darstellen, und nennen Sie nur Themen, die Sie wirklich interessieren:

_____

_____

_____

_____

2.2 Planung des weiteren Vorgehens

Ist das Thema einmal bestimmt, kann auf verschiedene Arten vorgegangen werden. Welcher Weg eingeschlagen wird, hängt einerseits davon ab, wie gut wir das Gebiet bereits kennen, wie vertraut wir mit der Problemstellung sind, und andererseits auch davon, ob unsere Arbeit eine objektive Berichterstattung über Literatur und Forschung darstellen will oder ob wir unsere persönliche Meinung und unsere eigenen Gedanken zu einem bestimmten Phänomen präsentieren.

Grundsätzlich bestehen die folgenden Möglichkeiten:

● Wir gehen von einer bestimmten Problemstellung aus, überprüfen, zu welchen Ergebnissen die Forschungen bisher kamen, und führen Experimente, Messungen oder Beobachtungen zur Klärung eines neuen Aspektes durch.

● Wir erstellen eine Literaturarbeit, indem wir die Fachliteratur zu unserem Thema durchsehen, die wichtigsten Informationen zusammenfassen, gliedern und übersichtlich darstellen.

● Wir können zuerst alle Einfälle zum Thema niederschreiben, dann ordnen und darstellen. Dies setzt eine gründliche Kenntnis der Literatur und des ganzen Gebietes voraus. Auch hier können sich Mind maps (vgl. S. 35) bewähren, um unsere Gedanken zu ordnen: Wir gehen vom Thema im Zentrum aus, stellen unsere Ideen, Gedanken, Assoziationen dar und überlegen dann den Aufbau, die Zusammenhänge.

Wichtig ist in jedem Fall, daß das weitere Vorgehen sorgfältig geplant wird: Zunächst wird die Fragestellung nochmals genau abgegrenzt, die Hypothesen und die Ziele der Arbeit formuliert. Vor allem müssen wir uns genau überlegen, welche Informationen wir aus der Literatur gewinnen wollen. Tun wir dies nicht, besteht die Gefahr, daß wir bei unserer Suche große Mengen von Material zusammentragen; dieses muß in einem zeitraubenden zweiten Gang erst wieder gesichtet und bewertet werden, wobei sich dann herausstellt, daß der größte Teil für unsere Arbeit keine Verwendung findet.

Spätestens zu diesem Zeitpunkt sollten wir einen *Zeitplan* aufstellen, der großzügig berechnet sein und ausreichend Reservezeiten enthalten muß (s. Beispiel).

Zeitplan einer Semesterarbeit	Termin bis	besprechen mit
Thema wählen, eingrenzen	08.07.	Prof. Müller
Vorarbeiten (Fragestellungen, erste Gliederung)	15.07.	
Datenbankabfrage	20.07.	Unibibliothek
Material suchen und sichten	18.08.	
Bücher, Material bearbeiten	08.10.	
Interviews Experten	05.11.	Prof. Müller
Informationen ergänzen	30.11.	
Aufbau überprüfen	04.12.	
Entwurf erstellen	10.01.	K. Peter
Illustrationen, Tabellen erstellen	18.01.	K. Peter
Überarbeiten	20.02.	Inge, Harald
Endfassung	26.02.	Prof. Müller

2.3   Materialsuche

Wo finden sich nun die benötigten Informationen?

Als wichtigster Materialspeicher sind natürlich die *Bibliotheken* zu nennen, wenn man sie zu benutzen weiß (siehe S. 115). Suchen Sie also die größte Bibliothek auf oder aber diejenige, die auf Ihr Gebiet spezialisiert ist. Prüfen Sie die für Sie interessanten Bücherbestände verschiedener Bibliotheken oder den Zentralkatalog – dies erspart Ihnen möglicherweise den nachträglichen Ärger, wenn Sie nach Abschluß der Arbeit plötzlich wichtige Bücher entdecken.

Viele Studierende gehen bei ihrer Suche nach dem *Schneeballsystem* vor: Sie beginnen mit einem oder einigen wenigen Büchern zum Thema, die sie zufällig besitzen oder die sie aufgrund von Hinweisen eines Fachlehrers gefunden haben, entnehmen ihnen die wichtigsten Informationen und notieren aus den *Literaturverzeichnissen* die Angaben zu anderen wichtigen Büchern. Diese Bücher werden ebenfalls in der Bibliothek gesucht, durchgesehen und ihre Literaturhinweise geprüft usw.

Dieses Vorgehen führt sicher dazu, daß wir sehr schnell zu den »Klassikern« des jeweiligen Wissensgebietes gelangen, jenen Werken, auf die sich alle späteren Autoren beziehen. Sein Nachteil liegt darin, daß die neuesten Entwicklungen unberücksichtigt bleiben, wenn nicht das »Anfangsbuch« besonders aktuell war. Wie schwer dieser Nachteil wiegt, hängt natürlich vom Thema ab.

Die systematische Suche setzt an möglichst vielen Stellen an:

- Im *alphabetischen* (Verfasser-)Katalog suchen wir jene Veröffentlichungen, deren Autor und Titel bereits bekannt sind.

- Im *Sachkatalog* finden wir weitere Literatur zum Thema. Wichtig ist, daß wir unter möglichst vielen Schlagwörtern nachschlagen (vgl. Suchbeispiel, S. 122), uns schon vorher Synonyme, übergeordnete Begriffe und Spezialgebiete des interessierenden Themas überlegen.

- Die Literaturverzeichnisse von *Handbüchern,* umfassenden *Lehrbüchern,* übergeordneten Fachbüchern können ebenfalls eine Grundlage für die weitere Materialsuche bilden.

- In *Bibliographien* des Fachgebietes wird ebenfalls wieder unter möglichst vielen Schlagwörtern nachgeschlagen, ob interessante Artikel und Bücher zum Thema im betreffenden Zeitraum erschienen sind. Die Titel und Angaben der näher zu prüfenden Publikationen werden notiert und später im alphabetischen Katalog der Bibliotheken gesucht (siehe oben). Da es viele verschiedene Bibliographien gibt und die erfaßten Literaturbereiche sich teilweise überschneiden, empfiehlt sich die Durchsicht mehrerer Bibliographien.

- Die neueste Literatur ist in Neuerscheinungslisten von Bibliotheken und Buchhandlungen zu finden, im CIP (cataloguing in publishing, demnächst auf dem Markt erscheinende Bücher).

- Die neuesten Hefte der *Fachzeitschriften* werden auf wichtige Ergänzungen und neuere Entwicklungen, wie auch auf Hinweise auf neuerschienene Fachliteratur hin durchgesehen.

- Auch *Prospekte* von *Verlagen* und *Buchhandlungen,* die auf das entsprechende Fachgebiet spezialisiert sind, orientieren über Neuerscheinungen.

- Für viele Bereiche gibt es auch spezielle *Dokumentationsstellen,* an die wir uns mit unseren Suchfragen wenden können.

184

- Wir geben einen telefonischen oder schriftlichen Auftrag für eine Datenbankabfrage an einen Informationsvermittler oder in einer Bibliothek, oder prüfen eine Bibliographie auf einer CD-ROM in unserer Universitätsbibliothek.

- Überlegen Sie, ob Ihnen ein *Lexikon* weiterhelfen kann; vielleicht wollen Sie Definitionen aus Fachwörterbüchern oder anderen Nachschlagewerken übernehmen.

- Biographische und statistische Daten sind wiederum aus speziellen Büchern erhältlich. Eventuell gibt Ihnen das *statistische Jahrbuch* nützliche Informationen.

- Nicht nur Bibliotheken sind mögliche Quellen für Ihren Stoff. Je nach Thema können auch Reisebüros, Sportvereine, Fachorganisationen oder Konsulate Auskünfte liefern.

- Viele Zeitungen haben ein Archiv über die von ihnen publizierten Artikel, das natürlich im Laufe der Jahre zu einer umfangreichen Materialsammlung anwächst. Sammeln Sie auch selbst Zeitungsausschnitte über Ihr Thema.

- Prüfen Sie, welche Experten und Fachleute Sie anschreiben oder um ein Interview bitten wollen, welche Tagungen, Weiterbildungsveranstaltungen oder Vorträge demnächst zu Ihrem Thema stattfinden.

- Machen Sie sich Notizen, wenn Sie einen Vortrag über Ihr Thema hören, Diskussionen mit Kollegen führen, Beiträgen in Radio und Fernsehen folgen.

Wichtig ist natürlich, die ergiebigsten und zuverlässigsten Quellen zu finden und daraus das relevante Material zu gewinnen. Lassen Sie sich genügend Zeit bei der Suche und überlegen Sie sorgfältig, wo überall Sie Informationen aufstöbern könnten. Die obige Aufzählung ist keineswegs vollständig, sie soll Ihnen lediglich einige Anregungen geben. Vielleicht gibt es gerade für Ihr Thema noch ganz andere Möglichkeiten – prüfen Sie allenfalls, bei welchen Institutionen Sie vorsprechen sollten. Es lohnt sich, die besten Quellen ausfindig zu machen.

In dieser ersten Phase der Stoffsammlung tragen wir mit Vorteil einen Ideenzettel oder eine dafür reservierte Seite des Notizbuches immer bei uns. Gedanken zum Thema können so gleich notiert werden – sie kommen ja nicht nur, wenn wir uns zu diesem Zweck an unseren Schreibtisch gesetzt haben. Wer einen wachen Blick auch während seiner anderen Tätigkeiten behält,

Überlegen Sie sich, wo Sie für eines oder mehrere der von Ihnen genannten Themen Material finden könnten. Nennen Sie zuerst einige Schlagwörter, unter denen Sie in der Bibliothek suchen würden:

_____

_____

_____

Geben Sie einige weitere Quellen an, die für Sie nützliche Informationen und Unterlagen liefern könnten:

_____

_____

_____

wird vielleicht bei der Zeitungslektüre, im Kino, im Gespräch plötzlich wieder einen aktuellen Beitrag finden und so schließlich die ganze Arbeit lebendiger gestalten können.

Beim *Durcharbeiten der Bücher* sollten wir stets unser spezielles Interessengebiet im Auge behalten und somit gezielt lesen. Es erweist sich dann als unnötig, alle im Schlagwortverzeichnis gefundenen Bücher von Anfang bis Ende durchzulesen. Oft zeigt schon ein Blick aufs Inhaltsverzeichnis, daß ein bestimmtes Buch für Sie nicht verwendbar ist oder daß sich nur ein einziges Kapitel auf Ihr Thema bezieht. Register in den Büchern geben gleichfalls nützliche Hinweise und helfen Zeit sparen.

Manche Materialsuchende verbringen viel Zeit damit, ganze Seiten und Kapitel abzuschreiben. Bei Büchern, die wir selbst besitzen oder die jederzeit leicht erreichbar (ausleihbar) sind, genügen aber beim Durcharbeiten stichwortartige Auszüge und Anmerkungen, wo Zitate, die man eventuell in die Arbeit aufnehmen will, zu finden sind. Nur bei schwer erreichbaren Büchern, die z.B. in der Bibliothek bleiben müssen oder nur eine kurze Leihfrist haben, müssen wir ausführlichere Auszüge anfertigen. Hier erweist es sich dann oft als nützlich, Photokopien von wichtigen Seiten herzustellen.

Die vielen Informationen, die wir auf diese Weise über unser Thema zusammentragen, notieren wir am besten auf Karteikarten oder tippen sie in den Computer ein, um so nachher die Möglichkeit des beliebigen Umstellens und Arrangierens zu haben.

Wichtig ist natürlich auch in diesem Stadium ein übersichtliches Ordnungssystem (vgl. S. 131), das uns einen schnellen Zugriff und ein flexibles Anordnen der Informationen erlaubt. Es lohnt sich jedenfalls, die Informationen sorgfältig zusammenzutragen und genau zu kennzeichnen. Sonst laufen wir Gefahr, nachträglich mühsam versuchen zu müssen, die Herkunft der einzelnen Beiträge zu rekonstruieren.

Bei reinen Literaturarbeiten folgt auf den Abschluß der Materialsuche und vor der Strukturierung nur noch die Gewichtung der einzelnen Informationen, wobei auch hier die auf Seite 93 erwähnten Hinweise über die Zuverlässigkeit verschiedener Quellen Gültigkeit haben.

Sollen aber eigene Beiträge geliefert werden, seien es nun neue Interpretationen von bekannten Erscheinungen, sei es eine Stellungnahme zu bestimmten Problemen oder seien es die Resultate eigener Beobachtungen und Messungen, dann wird auf das Literaturstudium erst die eigentliche Arbeit folgen. Allgemeine Regeln gibt es dazu kaum. Es ist aber nützlich, die im Abschnitt »Problemlösen« zusammengestellten Prinzipien zu beachten.

2.4 Strukturierung des Materials

Haben wir sämtliche Informationen und Daten beisammen, die in unseren Bericht aufgenommen werden sollen, können wir zur nächsten Phase, der Strukturierung, übergehen.

Zuerst ist es notwendig, das wesentliche Material auszuwählen und Unwichtiges auszuscheiden. Meist haben wir viel zuviel Material und müssen nochmals genau sichten, um keine Zeit mit Unwichtigem und Irrelevantem zu verlieren. Die Daten werden aufbereitet, gewichtet, abgewogen und strukturiert. Die als wichtig befundenen Punkte müssen in eine logische Abfolge gebracht, zu verschiedenen Kapiteln zusammengestellt werden. Manchmal sind verschiedene Anordnungen möglich, da die wenigsten Themen linear aufgebaut sind, sondern viele Querverbindungen bestehen. Oft müssen wir daher Zusammenhängendes auseinanderreißen, um überhaupt eine Struktur zu ermöglichen.

Für verschiedene Gebiete hat sich eine bestimmte Gliederung eingebürgert. Berichte über wissenschaftliche Forschungen sind oft nach folgendem Schema aufgebaut:

Vorwort
Einleitung
Methode
Resultate
Diskussion der Ergebnisse
Zusammenfassung und Schlußfolgerung
Literaturverzeichnis (Bibliographie)

Ins *Vorwort* aufgenommen werden alle Hinweise und Erläuterungen, die nicht zum eigentlichen Thema gehören. Die Hintergründe der Arbeit kommen zur Sprache, eventuell wird auf Schwierigkeiten bei der Entstehung eingegangen. Eine wichtige Funktion des Vorwortes ist es auch, den Dank an alle Personen und Institutionen, die den Verfasser geistig oder materiell unterstützten, aufzunehmen. Das Vorwort wird im allgemeinen mit vollem Namen unterzeichnet, mit Ort und Datum der Niederschrift versehen.

Die *Einleitung* führt nunmehr in die Problemstellung ein. Der Autor faßt die Geschichte des Themas anhand von Zitaten oder Hinweisen auf die Literatur zusammen, erwähnt die Resultate von ähnlichen Untersuchungen. Das Thema wird abgegrenzt, oft Gründe für die Wahl des entsprechenden Aspektes angegeben. Es folgt die genaue Beschreibung der Ausgangshypothese, die gleichzeitig zum nächsten Kapitel überleitet.

Unter dem Stichwort »*Methode*« fassen wir bei der Beschreibung eines Experimentes alle relevanten Faktoren in der Weise zusammen, daß dem interessierten Leser eine Wiederholung der Untersuchung möglich wäre. Erwähnt werden z.B. Zahl und Zusammensetzung der Untersuchungsstichprobe (Alter, Geschlecht, Herkunft usw. der Versuchspersonen oder -tiere), sämtliche verwendeten Apparaturen, besondere Bedingungen sowie der genaue Ablauf des Experimentes.

Das Kapitel »*Resultate*« enthält sodann die Zusammenstellung aller gemessenen Werte, Beobachtungen, Reaktionen usw., die unter »*Diskussion der Ergebnisse*« verbalisiert und interpretiert werden.

Das letzte Kapitel, »*Zusammenfassung und Schlußfolgerung*«, soll einerseits die Einzelergebnisse zu einem logischen Ganzen abrunden, andererseits den mit der Einleitung begonnenen Kreis schließen. Aus den präsentierten Ergebnissen werden Schlüsse gezogen, wir weisen darauf hin, welche Teilprobleme geklärt wurden, welche weiterer Untersuchungen bedürfen. Oft schließt sich ein *Ausblick* auf andere Projekte an, Hinweise darüber, in welcher Richtung die Bemühungen fortzusetzen sind.

Im *Literaturverzeichnis* am Ende des Buches nennen wir, alphabetisch nach Verfassernamen geordnet, alle für die Arbeit benutzten Quellen. Wird es sehr umfangreich, kommt eventuell eine erste Gliederung nach Sachgebieten in Frage. Jedes Buch wird wie folgt aufgeführt: – Familienname des Verfassers (wobei Berufs- und Adelstitel weggelassen werden), Vorname; hat das Buch mehrere Verfasser, werden sie nacheinander aufgeführt. Bei mehr als drei Autoren wird nur der erste, mit dem Zusatz »u.a.«, genannt. – Titel und Untertitel des Werkes, Name des Herausgebers, Übersetzers, – Titel der Reihe oder Sammlung, Band, Auflage, Publikationsdaten (Erscheinungsort, eventuell Verlag, Erscheinungsjahr).

Während Vorwort, Einleitung und Schlußfolgerungen Bestandteile der meisten Semesterarbeiten und Berichte sind, gestaltet sich der mittlere Teil immer wieder anders. Welche Gliederung im Einzelfall vorgenommen wird, hängt von der Fragestellung und vom Fachgebiet ab.

Welchen Aufbau Sie auch für Ihre Arbeit wählen, es ist in jedem Fall unerläßlich, eine detaillierte Disposition zu erstellen. Bevor Sie mit dem Schreiben der Arbeit beginnen, sollten Sie genau wissen, welche Struktur Sie verwenden und in welchem Zusammenhang jedes Teilgebiet behandelt wird.

Am besten teilen wir zuerst den ganzen Stoff in einige Hauptkapitel, überlegen uns, welche Punkte in jedem Abschnitt besprochen, welche Erklärungen, Beispiele und Illustrationen dabei verwendet werden, wie sich die einzelnen Darlegungen folgen und welche Übergänge das flüssige Lesen erleichtern.

Wenn Sie, wie vorgeschlagen, mit Karteikarten gearbeitet haben, kann die Gliederung schnell und übersichtlich vollzogen werden: Sie haben ja bereits bei der Materialsuche die einzelnen Hauptkapitel durch Farben, Ziffern oder Schlagwörter unterschieden; jetzt prüfen Sie, ob Sie diese Unterteilung beibehalten oder beispielsweise noch weitere Kapitel anfügen wollen und ob die provisorische Reihenfolge sinnvoll war. Dann nehmen Sie alle für ein Kapitel bestimmten Karten, ordnen sie einzelnen thematischen Bereichen zu und bestimmen dann die Abfolge innerhalb des Kapitels.

Der gute Leser bedient sich der Überschriften und Untertitel, um der Struktur des Autors zu folgen, seine Aufgliederung des Themas nachzuvollziehen. Es ist daher wichtig, daß wir dem Leser diese Orientierungshilfe geben und unseren Aufbau sorgfältig überlegen.

Falls Sie die unter 2.1 und 2.3 vorgeschlagenen Übungen durchgeführt haben, suchen Sie jetzt zu Ihren Themen eine Gliederung: Geben Sie jeweils vier oder fünf Hauptkapitel sowie die Untertitel zu jedem Kapitel an.

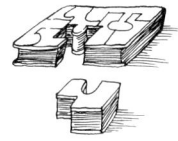

2.5   Schreiben der Arbeit

Wissen Sie genau, wie Sie das Thema anpacken und aufteilen wollen, sollten Sie nicht länger auf Inspiration warten, sondern zu schreiben beginnen. Sicher spielen individuelle Unterschiede eine große Rolle dabei, wie im einzelnen gearbeitet wird. Bei den meisten Leuten bewährt es sich, ein Kapitel quasi bei den Hörnern zu packen und die geplanten Gedanken zügig niederzuschreiben, ohne sich allzu sehr um Darstellung und Einzelheiten zu kümmern. Dann wird alles weggelegt und später überarbeitet, auf Unklarheiten, schlechte Formulierungen und Wortwahl hin überprüft. Dies muß eventuell mehrmals wiederholt werden, bevor das Ganze ins reine geschrieben werden kann. Es zeigt sich bei diesem Vorgehen oft, daß die durch den Zeitabstand gewonnene Distanz zum Geschriebenen sich fruchtbar auswirkt: Treffendere Beispiele, bessere Formulierungen ergeben sich plötzlich fast von selbst. Leute, die an diese Art des Schreibens gewöhnt sind, werden kaum Zeit sparen bei dem Versuch, von Anfang an eine möglichst endgültige Fassung zu erstellen. Sie geraten nur in ein endloses Ringen mit jedem Satz und verlieren dabei den Überblick aufs Ganze.

Einfacher ist die Arbeit, wenn wir einen PC zur Verfügung haben. Wir tippen unsere Struktur, unsere spontanen Gedanken und Formulierungen ein und können beliebig ergänzen, umstellen, streichen.

Verfügen Sie selbst über keinen eigenen Computer, lohnt es sich zu prüfen, wo Sie einen benutzen können. Selbst wenn Sie keine Erfahrung im Umgang mit Computern haben, sollten Sie etwaige Berührungsängste überwinden: Das Schlimmste, was Ihnen passieren kann, ist ein »Absturz«, mit dem alle ungespeicherten Daten gelöscht werden. Dies passiert fast unweigerlich allen Anfängern, selbst wenn alle erfahrenen Leute die Wichtigkeit des Sicherns betonen. Aber auch wenn dies sehr ärgerlich ist, werden Sie die großen Vorteile des Computers spätestens bei Ihrer zweiten oder dritten Arbeit zu schätzen wissen.

Untersuchungen (R. Tausch u. A. Tausch, 1977) zeigen, daß die *Verständlichkeit* eines Textes die Behaltensleistung der Leser wesentlich erhöht. Dies sollten wir beim Schreiben berücksichtigen. Die Verständlichkeit hängt dabei von folgenden Faktoren ab:

● Einfachheit: einfache Darstellung, kurze Sätze, geläufige Wörter, Erläuterung der vorkommenden Fachausdrücke, anschaulich, konkret.

● Gliederung: übersichtlich, gut gegliedert, gute Unterscheidung von wesentlichen und unwesentlichen Informationen, logische Abfolge der Inhalte.

- Kürze/Prägnanz: Angemessener sprachlicher Aufwand im Verhältnis zum Informationsziel. Zu weitschweifige Texte erschweren das Verständnis, ebenso aber zu knappe Formulierungen. Hier ist somit eine mittlere Ausprägung anzustreben.

- Zusätzliche Anregung: Verschiedene »Zutaten« wie Bilder, graphische Darstellungen, Beispiele, Berichte über Untersuchungsergebnisse, Zitate lockern den Text auf und machen ihn für den Leser interessanter und abwechslungsreicher. Zu viele »Zutaten« erschweren aber die Übersichtlichkeit.

Allgemein gilt beim Schreiben:

- Ein Satz sollte nur *einen* Gedanken behandeln, ein Abschnitt nur *ein* Thema erläutern. Für viele Schreibende bedeutet dies, daß sie ihre normalen Sätze aufteilen und mehr Absätze einschalten müssen.

- Bei der *Wortwahl* ein gebräuchliches einem weit hergeholten Wort vorziehen, eher *ein* Wort als eine Umschreibung verwenden. Vermeiden Sie vage, unbestimmte und abgenützte Wörter. Ein Synonymwörterbuch kann Ihnen dabei helfen.

- Achten Sie auf Abwechslung, gebrauchen Sie nicht immer wieder die gleichen Wörter, die gleiche Satzkonstruktion.

- Überlegen Sie sich, welche *Illustrationen, Tabellen* oder *graphischen Darstellungen* dem Leser behilflich sein könnten. Oft mühen wir uns vergeblich, einen Sachverhalt genau zu beschreiben, der treffend und allgemeinverständlich aus einer Zeichnung ersehen werden kann.

- Auch *Zitate* können als Illustrationen dienen, können etwas kurz und treffend ausdrücken. Allzu viele Zitate bergen die Gefahr in sich, daß der Text zerrissen wird, weil sie sich nicht in den Stil des Schreibenden einfügen. Maßvoll angewandt können sie jedoch einem Gedanken Gewicht geben, zusammenfassen, Unklarheiten beseitigen.

Garfield (zitiert in D. Soergel, 1971) nennt u.a. folgende »Zitierungsabsichten«:

- Übernahme ganzer Abschnitte, damit wichtige, bereits formulierte Gedanken nicht neu formuliert werden müssen;

- Quellennachweis für angegebene Daten, um die Überprüfbarkeit zu erleichtern;

- Hinweis auf neu erscheinende oder wenig bekannte Publikationen;

- Nachweis, wo eine Idee zum ersten Mal veröffentlicht wurde;

- Anerkennung von Pionieren oder Fachkollegen;

- Kritik an fehlerhaften Aussagen.

Beim Zitieren müssen bestimmte Regeln eingehalten werden. Zunächst einmal muß das Zitat als solches *gekennzeichnet* werden durch Anführungszeichen am Anfang und am Ende. Es muß wörtlich angegeben werden, wobei auch die Rechtschreibung vom Original übernommen wird. Lassen wir dazwischen einige Wörter oder Sätze aus, markieren wir die Stelle mit einigen Punkten. Dann fügen wir entweder in Klammern den Namen des Verfassers, Erscheinungsjahr des Buches und die Seitenzahl, auf der das Zitat steht, bei. Der Leser kann sich dann im Literaturverzeichnis alle weiteren Informationen beschaffen. Oder wir verweisen mit einem Sternchen oder einer Zahl auf eine Fußnote, die alle Angaben enthält.

Ähnlich gehen wir vor, wenn wir nur Gedanken, Beispiele, Experimente aus anderen Büchern übernehmen, ohne die gleichen Formulierungen zu verwenden. In diesen Fällen wird aber auf Hinweise auf die Seitenzahl und natürlich auf Anführungszeichen verzichtet.

Überarbeiten des Entwurfs

Machen wir uns dann nach einiger Zeit an das *Überarbeiten* des Entwurfs, sollten wir uns folgende Fragen stellen:

- Habe ich mich an die Grundthemen gehalten – oder sind zu viele Abschweifungen und Nebensächlichkeiten erwähnt?

- Ist der Sinn jedes Satzes klar? Oder gibt es Sätze, die zu lang und zu verwickelt sind? Weiß man, worauf sich jedes Pronomen bezieht?

- Bildet jeder Absatz eine logische Einheit, deren Sätze aufeinander aufbauen, oder sind unzusammenhängende Aussagen lose aneinandergereiht?

- Sind die Gedanken zu Ende geführt, oder bleiben sie in der Luft hängen? Ergeben sich die Übergänge von einem Absatz zum anderen durch den Inhalt, durch überleitende Formulierungen, oder kommen Gedankensprünge vor?

● Entspricht die Wirkung des Geschriebenen meinen Absichten? Oder ist die Lektüre langweilig oder schwerfällig?

● Habe ich daran gedacht, die Arbeit des Lesers durch Beispiele, Illustrationen oder Tabellen zu erleichtern?

Wir versetzen uns somit in die Situation der Lesenden und prüfen, ob alles verständlich und klar formuliert ist. Auch Kolleginnen oder Kollegen können diese Aufgabe übernehmen und uns auf Ungereimtheiten hinweisen. Eine gute Kontrolle stellt das laute Vorlesen der Arbeit dar: Wir hören Fehler und Schwerfälligkeiten leichter, als wir sie sehen.

Die meisten Korrekturen können auf dem ersten Entwurf angebracht werden. Vielleicht erweist es sich als notwendig, einzelne Seiten oder Abschnitte neu zu schreiben oder anders zusammenzustellen. Mit einem PC ist dies kein Problem, sonst arbeiten wir mit Schere und Klebstreifen, bis wir mit der Abfolge zufrieden sind.

Handelt es sich um eine Semesterarbeit oder sonst einen Bericht, der von einem Professor oder Vorgesetzten angenommen werden muß, lohnt es sich, alles sauber abzuschreiben (oder auszudrucken) und übersichtlich darzustellen. Untersuchungen haben gezeigt, daß das Aussehen einer Arbeit (Titelblatt, Einband, Darstellung usw.) die Note beeinflußt, ob dies der Beurteiler will oder nicht. Ob der Termin eingehalten und die Arbeit rechtzeitig abgegeben wird, wirkt sich ebenso auf den Gesamteindruck aus. Der Zeitplan kann uns helfen, diese Bedingungen zu erfüllen.

2.6 Halten eines Vortrags

Die Wahl des Themas, die Materialsuche und die Strukturierung des Stoffes erfolgt bei der Vorbereitung eines Vortrages auf die gleiche Weise wie beim Schreiben eines Berichts.

Achtung, Zeitnahme
Vierter Schnellesetest.

Unsere Gedanken sollten wir dann aber nicht in vollständigen Sätzen schriftlich niederlegen, sondern höchstens Stichworte notieren. Auf diese Weise können wir den geplanten Aufbau einhalten (was ganz frei Sprechenden nicht immer gelingt), ohne jedoch die Augen ständig aufs Blatt zu nageln und abzulesen. Vor allem komplizierte Erklärungen werden besser verstanden, wenn wir sie frei formulieren und somit den Hörern anpassen können. Nur auf diese Art wird der Vortrag auch wirklich zur menschlichen Begegnung mit dem Publikum. Geübte Rednerinnen und Redner sprechen *zu* den Hörern – nicht einfach *vor* ihnen –, sie gehen auf sie ein, erläutern einen Punkt besonders, wenn sie Schwierigkeiten beim Begreifen verspüren, wiederholen Erklärungen, wenn es notwendig scheint. All dies können sie nur tun, weil sie frei vortragen. Natürlich gehört dazu, daß sie die Zuhörer auch wirklich sehen und weder an die Decke, die Wand noch auf die Notizen starren.

Unterteilen Sie Ihre Notizen in Grundinformationen und Zusatzmaterial. Aus Nervosität sprechen wir im Ernstfall oft schneller als bei der Probe. Um nicht viel zu früh fertig zu sein, ist es gut, wenn wir noch etwas in Reserve haben.

Wenn Sie Ihren Vortrag zu Hause üben, kann ein Tonband helfen, die eigenen Schwierigkeiten zu erkennen. Vielleicht hören Sie auf diese Weise, daß Sie dazu neigen, Ihre Sätze nicht zu beenden, die gleichen Ausdrücke immer wieder zu verwenden oder zu schnell zu sprechen; Sie haben dann noch die Möglichkeit, diese Fehler auszumerzen. Auch ein Probevortrag vor Familienangehörigen oder Bekannten kann diesem Zweck dienen.

Wenn Sie den Vortrag mehrmals üben, versuchen Sie, Ihre Gedanken immer wieder anders zu formulieren und auf verschiedene Arten auszurücken. So gewinnen Sie Sicherheit und die Überzeugung, daß Sie Ihren Stoff wirklich beherrschen. Außerdem werden Sie beim Sprechen flexibler und können besser auf Ihr Publikum eingehen.

Die Zuhörenden sind, wie das Kapitel über das richtige Aufnehmen eines Vortrages (S. 167) zeigt, auf Hinweise des Dozenten angewiesen. Helfen Sie ihnen beim Verstehen des Stoffes, beim Notizennehmen, indem Sie Ihre Struktur erkennen lassen. Geben Sie eventuell am Anfang eine Übersicht oder am Schluß eine Zusammenfassung der wichtigsten Punkte. Heben Sie durch Betonung, unterschiedliches Sprechtempo, Pausen usw. Ihre Hauptgedanken hervor. Sie haben den Vortrag gut aufgebaut, sich den besten Einstieg ins Thema überlegt: Lassen Sie die Zuhörer von dieser Vorarbeit profitieren.

Gute Rednerinnen oder Redner schenken dem *Beginn* ihres Vortrags besondere Aufmerksamkeit, weil sie das Interesse ihres Publikums gewinnen wollen. Sie führen deshalb mit einer Anekdote, einer witzigen Bemerkung, einem besonders treffenden Beispiel in ihr Thema ein, bevor sie zu allgemeinen und abstrakten Darstellungen übergehen. In anderen Fällen setzen sie eine Übersicht, die praktische Anwendung ihrer Ausführungen an den Anfang, stellen einen Bezug zur Situation der Hörer her und wecken damit ihr Bedürfnis, mehr über das Thema zu erfahren.

Folgende Punkte sind außerdem zu beachten:

- Sprechen Sie laut genug, damit auch die Leute in den hintersten Bankreihen Sie verstehen.

- Man spricht anders, als man schreibt. Langen, komplizierten Sätzen kann zwar ein Leser folgen, weil er die Möglichkeit hat, die einzelnen Satzteile isoliert zu betrachten. Bei einem Vortrag empfiehlt es sich aber, kurze, klare Sätze zu machen.

- Erklären Sie Begriffe und Fachausdrücke, wenn Sie sie zum ersten Mal verwenden, vor allem, wenn Sie sich nicht an ein Fachpublikum wenden.

- Gedankensprünge verwirren die Hörer, die ja nicht zurückblättern und sich orientieren können. Bleiben Sie beim Thema, wiederholen Sie eine Angabe lieber, als sich auf das Gedächtnis der Hörer zu verlassen. Fassen Sie das Gesagte ab und zu zusammen.

- Bei schwierigen Sachverhalten hilft es den Hörern, wenn Sie das Gleiche in verschiedenen Worten mehrmals umschreiben.

- Vermeiden Sie lange Aufzählungen, legen Sie das Ganze lieber in einigen treffenden Beispielen dar.

- Bei längeren Reden braucht der Hörer ab und zu eine Atempause. Diese kann in Form von Abschweifungen, Anekdoten usw. in den Vortrag eingeflochten werden. Eine andere Möglichkeit ist das Einschalten von Übungen oder die Aufforderung zu Diskussionen, Fragen, Kommentaren.

- Überlegen Sie sich auch, welche Hilfsmittel den Vortrag auflockern und zum Verständnis des Stoffes beitragen können. Namen, Zahlen, Fachausdrücke usw. sollten möglichst an die Tafel geschrieben werden. Tabellen, graphische Darstellungen, Zeichnungen, die Sie eventuell mit Hilfe eines Overheadprojektors zeigen, veranschaulichen komplexe Tatbestände.

- Versuchen Sie, Ihre Gliedmaßen während des Sprechens unter Kontrolle zu halten und nervöse Gewohnheiten, wie wildes Gestikulieren, Zupfen an der Kleidung usw., auszuschalten.

Falls Sie die Aussicht, einen Vortrag zu halten, erschreckt, trösten Sie sich mit dem Gedanken, daß die meisten Leute bei einer solchen Aufgabe etwas nervös sind. Ein wenig Nervosität schadet auch nichts – es gilt hier dasselbe wie bei den Prüfungen (siehe folgendes Kapitel). Wenn aber die Angst unmäßige Formen annimmt, muß etwas dagegen unternommen werden. Üben Sie den Vor-

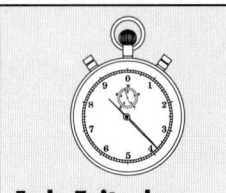

Ende Zeitnahme
Anzahl der Wörter:
ca. 860
Kontrollfragen auf
S. 234

trag erst im kleinen Kreis, vor Freunden oder Geschwistern – es ist meist das Unbekannte, das Furcht einflößt. Wir können uns auch klarmachen, daß wir uns selbst einfach zu wichtig und zu ernst nehmen; es geht bei einem Vortrag in erster Linie darum, daß Wissen vermittelt wird. Wenn wir uns darauf konzentrieren, den andern etwas mitteilen zu wollen, wenn es uns vor allem darum geht, daß sie über unser Gebiet etwas erfahren, dann steht der *Inhalt* des Vortrags und nicht der Eindruck, den wir machen, im Vordergrund. Deshalb ist es für Leute, die gegen Lampenfieber zu kämpfen haben, besonders wichtig, daß sie über Themen sprechen, für die sie sich begeistern können.

3. Prüfungen

Für viele Studentinnen und Studenten bedeuten Prüfungen eine undurchschaubare Angelegenheit, durchgeführt von sadistischen Professoren zum einzigen Zweck, die hilflosen Untertanen zappeln und in ihrem eigenen Saft schmoren zu sehen. Diesen bleibt nach dieser Ansicht nichts anderes übrig, als die Tortur über sich ergehen zu lassen und zu hoffen, sie würden keine bleibenden Schäden (lies: Durchfallen) davontragen.

Wer sich das Ganze aber einmal objektiv überlegt, wird einsehen, daß Prüfungen auch Chancen sein können. Gehen wir von der Voraussetzung aus, daß wir lernen *wollen,* geben uns Prüfungen Gelegenheit, unser Wissen zu messen, unsere Schwächen zu entdecken, aber auch zu zeigen, über welche Kenntnisse und Fertigkeiten wir verfügen (Feedback).

Prüfungen geben den Lernenden ein Etappenziel, das ihnen bekanntlich hilft (siehe Kapitel über Motivation), bei der Stange zu bleiben, auch wenn das Fernziel noch sehr weit weg ist. Die Lernenden werden gezwungen, den Lernstoff aufzufrischen, bevor er ganz in Vergessenheit geraten ist. Dadurch erhöhen sich die Chancen, daß die Kenntnisse zum bleibenden geistigen Besitz werden.

Da aber auch solche vernünftigen Überlegungen viele Lernende noch nicht von ihrem Schrecken vor allen Prüfungssituationen kurieren, werden hier einige Ratschläge erteilt, die der besseren Vorbereitung und dem Abbau der Angst dienen sollen.

3.1   Vorbereitung

Was wird verlangt?

In vielen Studiengängen finden Prüfungen erst nach mehreren Jahren statt. Wer das systematische Lernen bis dann aufschiebt, wird nicht nur unter großen Streß geraten, sondern letztlich wesentlich mehr Zeit aufwenden müssen. Effizienter ist es, wenn wir den Stoff laufend nicht nur aufbereiten und aktiv lernen, sondern bereits strukturieren und sicherstellen, daß wir alles verstanden haben und unsere Materialsammlung zuverlässig ist. Diskussionen, die aktive Teilnahme in Seminaren und Lerngruppen ermöglichen es uns, Lücken festzustellen und umgehend schließen.

Der Ausgang einer Prüfung hängt zum größten Teil von der Vorbereitung ab, davon, wie gut wir den Stoff verstanden und gelernt haben. Steht eine Prüfung bevor, gilt es somit zunächst, einen Überblick zu gewinnen. Dies bedeutet, daß wir uns so genau wie möglich orientieren, welche Kenntnisse verlangt werden. Meist macht der Lehrer oder Professor einige diesbezügliche Angaben. Andere Hinweise erhalten wir aus Diskussionen mit Kameraden, früheren Prüfungen bei einem bestimmten Examinator, eventuell aus festgelegten Prüfungsbestimmungen. Es lohnt sich, sich volle Klarheit darüber zu verschaffen – nichts ist unangenehmer, als kurz vor oder während der Prüfung zu entdecken, daß wir das falsche Gebiet gelernt haben.

Wichtig ist es auch, die Ansprüche und Gewohnheiten der Prüfenden zu kennen, ob sie Wert auf genaue Definitionen, Jahreszahlen, Namen usw. legen oder ob sie vor allem die großen Zusammenhänge hören wollen. Bringen Sie den Prüfungs*stil* in Erfahrung: Werden z.B. 20 Fragen gestellt, die mit einem Wort oder einer Zahl beantwortet werden können, oder müssen längere Erklärungen, Beschreibungen, Zusammenfassungen selbst formuliert werden?

Aufgrund der Ausführungen der Unterrichtenden, der Behandlung der einzelnen Gebiete in den Vorlesungen und Seminaren ist meist ersichtlich, welchen Aspekten sie besondere Bedeutung zumessen. Haben wir die Notizen gut geführt (vgl. S. 169), geben diese Aufschluß darüber, was wichtig ist und was gelernt werden muß. Ein Blick auf frühere Prüfungen und systematische Fehleranalysen können als Ausgangspunkt dienen – wir wollen schließlich nicht dieselben Fehler nochmals machen.

Haben die verschiedenen Sondierungen einmal festgelegt, was verlangt wird, kommt als nächster Schritt die Inventuraufnahme: Was kann ich bereits, an welche Dinge erinnere ich mich schwach, was habe ich überhaupt noch nie verstanden?

Wichtig ist eine realistische Selbsteinschätzung: Wir müssen genau wissen, wo wir stehen, und uns entsprechend verhalten. Dies ist gar nicht so einfach. Die Beobachtung zeigt, daß manche Lernende verbissen die kniffligsten Gebiete pauken, weil sie immer einen Absturz befürchten; andere sind unverbesserliche Optimisten: Sie vertrauen stets darauf, daß sie über ihre Lieblingsgebiete geprüft werden, und sind immer wieder aufs neue überrascht, wenn dem nicht so ist.

Auch die Zusammenarbeit, der Austausch mit anderen Kandidatinnen und Kandidaten ist wichtig und hilft uns beim Bewerten und Unterscheiden von Wesentlichem und Unwesentlichem.

Planung der Zeit

Das »Lernsoll«, die bei der Inventuraufnahme diagnostizierten Lücken zwischen verlangtem und bereits beherrschtem Stoff, setzen wir um in ein zeitlich verteiltes Wiederholungsprogramm für die verschiedenen Teilgebiete. Die Schätzung der benötigten Zeit ist schwierig, weil wir ja nicht wissen, wie lange wir brauchen, um etwas zu verstehen. Die Erfahrung zeigt, daß es viel Zeit braucht, um von einem groben Überblick zum Beherrschen des Stoffes zu kommen. Die »kleinen Reste«, d.h. die Bereiche, die sich dem spontanen Lernen verweigern, kosten Zeit. Wichtig sind deshalb ausreichende Reservezeiten. Planen Sie nicht zu lange Lernetappen, Pausen und einen rechtzeitigen Wechsel zwischen Schreiben und Rekapitulieren (vgl. S. 162).

Zwei Tage vor der Prüfung folgt dann noch eine Gesamtrepetition, wobei wir dann aber wirklich nur noch auffrischen, im Zusammenhang sehen sollten, nicht mehr ganz neue Kapitel in Angriff nehmen. Die unter Studierenden weit verbreitete Methode, alles in der Nacht vor der Prüfung zu büffeln, widerspricht nicht nur den Gesetzen der Lernpsychologie (siehe S. 51); sie ist auch sehr unökonomisch, weil wir auf diese Weise mehr Stunden aufwenden müssen und trotzdem schlechtere Resultate erzielen werden.

Am leichtesten wird uns natürlich die Prüfungsvorbereitung fallen, wenn wir den Stoff gar nie in Vergessenheit geraten ließen, sondern ständig aufarbeiteten. Es kostet weniger Mühe und Zeit, die neu vermittelten Kenntnisse des Tages am Abend nochmals durchzusehen, zu überdenken und in Beziehung zum bisherigen Wissen zu bringen. Jede nächste Unterrichtsstunde wird dadurch interessanter, weil wir die Voraussetzungen kennen und die Zusammenhänge überblicken. Aber nicht nur die einzelnen Fachlektionen können auf diese Weise der Repetition dienen: Ein lebendiges Wissen läßt sich anwenden – in anderen Fächern oder außerhalb der Schule.

Haben wir diese ständige Wiederauffrischung und bessere Verankerung aber versäumt, bleibt uns bei Ankündigung einer Prüfung nur die Gesamtrepetition.

Lernen von großen Stoffgebieten

Wie dies angepackt wird, hängt natürlich einerseits von der Art des Stoffes, andererseits von den verlangten Kenntnissen ab. Wenn große Gebiete gelernt werden müssen, nehmen wir uns unsere Fachbücher und Notizen am besten in der geschilderten Lesemethode (siehe S. 27) vor: Wir streben zunächst nach einem Überblick, suchen die Zusammenhänge, stellen uns Fragen, lesen dann gezielt und mit dem Blick auf das Wesentliche, halten inne und vergewissern uns, was wir verstanden haben. Haben wir das Buch oder Kapitel bereits einmal durchgearbeitet, kommt vor allem der letzte Punkt zur Anwendung. Auf diese Weise verlieren wir uns nicht in unwichtigen Details. Am besten lernen wir große Stoffgebiete in mehreren Durchgängen: Zuerst erstellen wir eine Übersicht, Zusammenfassungen, dann wiederholen wir anhand dieser Zusammenfassungen. Wichtig ist, Schwerpunkte zu setzen, abzuklären, wie viele Details erforderlich sind, und nicht einfach auf der ersten Seite mit Auswendiglernen zu beginnen. Wichtige Lücken, die z.B. beim gegenseitigen Abfragen festgestellt wurden, werden zum Schluß gefüllt. Berücksichtigen Sie die Gesetze der Lernpsychologie, und setzen Sie sinnvolle Gedächtnisstrategien ein. Entscheidend ist vor allem die eigene Struktur, die Einsicht: Wie kann ich gliedern, welche Verbindungen bestehen, was kann ich tabellarisch oder graphisch darstellen?

Positiv im Sinne einer Konzentration auf das Wesentliche wirkt es sich aus, wenn wir versuchen, sämtliche wichtigen Fakten auf einem Blatt zu notieren. Dies zwingt uns, eine Auswahl zu treffen; die notierten Punkte bleiben besser im Gedächtnis. Auch vor Prüfungen bewähren sich Mind maps, einerseits um den Stoff zu ordnen, eine Übersicht herzustellen, andererseits um uns selbst zu befragen: Wir prüfen, ob wir die Struktur aus dem Gedächtnis reproduzieren können und ob wir anhand der Mind maps die wichtigsten Daten und Zusammenhänge ergänzen können.

Jetzt ist auch die richtige Zeit, um die beim Notieren offengelassene Spalte C (siehe S. 171) mit eigenen Gedanken und Hinweisen auszufüllen. Beim Repetieren kann dann die Notizenkolonne zugedeckt und aufgrund der Schlagwörter rekapituliert werden.

Durchlesen allein hilft selten, vielmehr ist das Schwergewicht auf aktive Auseinandersetzung mit dem Stoff zu legen. Bei Aussagen und Beweisführungen können wir uns beispielsweise ab und zu überlegen, warum das Gegenteil nicht zutrifft.

Wenn das Ganze trotzdem kompliziert und undurchschaubar wirkt, können wir uns oft mit Tabellen oder Zeichnungen behelfen. Soll z.B. die Geschichte verschiedener Länder gelernt werden, zeigt die parallele chronologische Darstellung der Ereignisse in jedem Land, was vorher, was gleichzeitig und was nachher geschah. Es wird dann auch leichter fallen, die Jahreszahlen zu behalten, weil wir uns auf verschiedene Hinweise stützen können. Genauso lassen sich chemische Reaktionen, physikalische Gesetzmäßigkeiten oder geographische Tatsachen durch einfache Zeichnungen oder Tabellen leichter in den Griff bekommen. Der Stoff wird auf diese Weise zudem wirklich zu unserem geistigen Besitz, den wir anwenden und von verschiedenen Seiten her angehen können. Die Lernpsychologie (siehe S. 44) zeigt ja, daß sinnvolles Material wesentlich besser behalten wird als sinnloses. Wenn wir also in für uns unverständliche Gebiete eine Struktur bringen, helfen wir unserem Gedächtnis bei seiner Arbeit.

Beim Lernen von Definitionen besteht eine sinnvolle Gedächtnisstrategie darin, sich Gemeinsamkeiten und Unterschiede zu überlegen. Vermeiden Sie stures Auswendiglernen, da Sie sonst nicht flexibel auf Fragen eingehen können.

Lernen von Einzelfakten

Oft gibt es aber Dinge, die einfach mechanisch auswendig gelernt werden müssen, z.B. Namen, Hauptstädte, chemische Elemente, Jahreszahlen von Ereignissen, Vokabeln fremder Sprachen. Dann können wir aus dem Auswendiglernen wenigstens ein Spiel machen: Wir stellen Kärtchen her, die beidseitig beschriftbar sind. Auf die eine Seite schreiben wir einen zu lernenden Begriff, auf die Rückseite, wofür er steht, womit er in Beziehung gebracht werden muß, also z.B. vorne geschichtliches Ereignis, hinten entsprechende Jahreszahl, vorne ein deutsches Wort, hinten die fremdsprachliche Übersetzung. Mit diesem Kartenspiel können wir uns dann selbst befragen. Wir gehen den Stoß durch und versuchen bei Anblick der Vorderseite den Begriff auf der Rückseite zu reproduzieren. Dann kontrollieren wir; war es richtig, legen wir die Karte weg, war es falsch, stecken wir sie unten in den Stoß. Auf diese Weise verfahren wir, bis alle Karten weggelegt werden konnten. – Dieses Spiel wird mit Vorteil nicht stundenlang hintereinander gespielt, sondern vielleicht nur zehn Minuten auf einmal. Wir können ja die Karten während einiger Zeit mit uns tragen und sie jeweils hervornehmen, wenn wir irgendwo warten müssen…

Manche Lehrer empfehlen ihren Schülern auch, für diese Kärtchen einen Karteikasten zu basteln, der verschiedene Fächer aufweist: Die Kärtchen mit den neu gelernten Vokabeln kommen ins vorderste Fach und werden am nächsten Tag abgefragt. Wird ein Wort oder Begriff richtig erinnert, kommt das Kärtchen ein Fach weiter, sonst bleibt es vorne und wird am nächsten Tag erneut kontrolliert. Bei jedem Üben rutschen die gelernten Kärtchen weiter nach hinten, bis sie in den »Kärtchenhimmel«, das hinterste Fach gelangen. Kärtchen, die nicht richtig erinnert werden, kommen immer ins vorderste Fach zurück.

Zusammenarbeit

Wie bereits erwähnt (S. 60f.), empfiehlt sich gerade vor Prüfungen ein Wechsel zwischen Einzel- und Zusammenarbeit. Bei der Abklärung, was wir lernen müssen und was wir bereits beherrschen, helfen Diskussionen mit andern. Die Vertiefung ins Gebiet und das erste Lernen erfolgt dann am besten allein. Nachher können wir uns gegenseitig abfragen.

Eine gute Methode ist es auch, für einander ganze Prüfungen aufzustellen. Wir versuchen beispielsweise, über jedes Kapitel drei Fragen herauszufinden, die die anderen beantworten müssen. Wir kontrollieren auf diese Weise nicht nur, was wir wirklich können; sondern auch das Erfinden der Fragen selbst ist eine sehr gute Vorbereitung. Wir sehen den Stoff nämlich auf diese Weise einmal mit den Augen des Lehrers, wir überlegen uns, was das Wesentliche ist, was wir davon behalten sollten. Und vielleicht werden wir an der Prüfung befriedigt feststellen, daß viele Fragen gar nicht neu sind.

Auch wenn wir allein lernen, ist es empfehlenswert, selbst Prüfungsfragen zu erfinden. Dabei müssen wir uns der bereits erwähnten Gefahr bewußt bleiben, daß wir entweder dazu neigen, zu knifflige, detaillierte Fragen zu stellen, oder nur solche, die wir leicht beantworten können: Analysieren Sie dazu frühere Prüfungen.

Wichtig ist, daß wir die Termine für Diskussionen und Übungsprüfungen so ansetzen, daß uns nachher noch genügend Zeit bleibt, die auf diese Weise entdeckten Wissenslücken zu stopfen.

Auch das im vorangehenden Abschnitt geschilderte Lernspiel läßt sich in einer Gruppe verwenden. Ein »Spielleiter« hält den Kärtchenstapel bei sich und ruft den ersten Begriff (bzw. Vokabel, Formel etc.) aus. Wer zuerst die gesuchte Information liefert, erhält das Kärtchen. »Sieger« ist, wer am meisten Kärtchen sammeln kann. Falls die Gruppe keine Wettbewerbssituation entstehen lassen will, kann auch reihum abgefragt werden.

Falls Ihnen eine wichtige Prüfung bevorsteht, sehen Sie sich die nachfolgenden Hinweise für die Planung etwas näher an.

Planung für wichtige Prüfungen

.... Monate vor der Prüfung

Welche Gebiete werden verlangt?

_____

_____

_____

Davon beherrsche ich:	100%	ziemlich gut	in großen Zügen	andeutungs- weise	gar nicht

Durchzuarbeiten sind:

Gebiet	Fach- bücher	Umfang (Anzahl Kapitel, Seiten)	Notizen aus Kursen	geschätzte Stundenzahl für Bearbeitung

Stundenzahl Total: _____

+ Reserve (30 – 50%) _____

+ Zeit für Besprechung mit Kollegen _____

+ Zeit für Gesamtrepetition am Schluß _____

Bis zur Prüfung bleiben _____ Wochen. Aufwendung pro Woche somit _____ Stunden.
Folgende Zeiten reserviere ich für die Vorbereitung:

Montag _____

Dienstag _____

Mittwoch _____

Donnerstag _____

Freitag _____

Samstag _____

Sonntag _____

2 Wochen vor der Prüfung
Wo bestehen noch Lücken (durch Diskussionen, gegenseitiges Abfragen, Probeprüfung usw. abklären)?

_____

_____

_____

Zuteilung der Lernperioden:

_____

_____

_____

2 Tage vor der Prüfung
Gesamtrepetition

3.2 Bekämpfung der Prüfungsangst

Es soll Studierende geben, die schon Wochen vor einer wichtigen Prüfung kaum mehr schlafen. Fallen sie dennoch in einen erschöpften Schlummer, dann nur, um alsogleich aus einem Alptraum von Versagen und Durchfallen wieder hochzuschrecken. Ist der Termin endlich da, sind sie hohläugig und abgemagert. Ebensosehr leiden Familienangehörige und Freunde, bleibt ihnen doch nur die Wahl, auf Zehenspitzen oder Schleichwegen einen großen Bogen um das dumpf brütende Opfer zu machen oder aber unweigerlich in ein Gespräch über das schreckliche ihm bevorstehende Schicksal gezogen zu werden.

Achtung, Zeitnahme
Fünfter Schnellesetest.

Trotz dieser wochenlangen starren Ausrichtung auf die Prüfung geschieht es nur allzu oft, daß die Unglücklichen in der Prüfungssituation selbst von einer Lähmung überfallen werden und das ganze mühsam gepaukte Wissen wie weggeblasen ist.

Falls Sie sich in dieser Beschreibung erkannt haben, möchten Sie sicher gern wissen, ob sich ein solches Verhalten ändern läßt, ob etwas gegen Prüfungsangst unternommen werden kann.

Zunächst einmal sollten sich alle Lernenden klarwerden, daß sie lernen müssen, mit Prüfungen zu leben. Nicht nur die Schule hat Examen und Klausuren, auch später kommen wir immer wieder in Situationen, in denen wir uns unter Druck bewähren, vor Zeugen einen Beweis unseres Könnens liefern müssen – sei es, um den Führerschein zu erwerben, sei es, um eine Anstellung zu erhalten.

Ein *wenig* aufgeregt sind die meisten Leute in solchen Lagen, und das ist nur ein Vorteil. Untersuchungen zeigen, daß eine *mittlere* Motivation die besten Leistungen zeitigt. Sind wir überhaupt nicht motiviert, ist uns der Ausgang der Prüfung vollkommen gleichgültig, werden wir uns schwerlich anstrengen. Sind wir zu sehr motiviert, verkrampfen wir uns und hemmen damit unsere Produktivität. Dies gilt beim Sport, bei öffentlichen Auftritten ebenso wie bei Prüfungen. Eine nicht zu starke Motivation sorgt hingegen dafür, daß wir uns konzentrieren, voll einsetzen und dabei ganz über unsere Fähigkeiten verfügen können.

Die *extreme* Prüfungsangst ist ein psychologisches Problem. Sie entwickelt sich bei Jugendlichen, die überfordert werden und unter dem Eindruck stehen, von ihrer Umwelt nicht um ihrer selbst willen, sondern lediglich bei guten Leistungen akzeptiert zu werden. Die Angst gilt damit eigentlich nicht den Prüfungen, sondern dem Ausgestoßenwerden. Leiden Sie unter großen Versagensängsten und Blockierungen, suchen Sie eine studentische Beratungsstelle auf.

Zur Bekämpfung der »normalen« Nervosität hilft bereits die realistische Einschätzung der Lage: Wie wichtig ist die Prüfung, und was kann ich dabei erreichen? Wenn wir uns nicht darauf versteifen, in jedem Fach stets die Höchstnote anzustreben, sehen wir die ganze Veranstaltung mit nüchternen Augen.

Auch Prüfungen lassen sich üben. Wir bereiten, wie im vorangehenden Abschnitt erwähnt, mit Kollegen gegenseitig Prüfungsfragen vor und versuchen dann, diese schriftlich innerhalb einer bestimmten Zeit zu beantworten. Können wir dies, haben wir die Gewähr, daß wir das Gebiet (oder zumindest einen Teil davon) beherrschen und unsere Kenntnisse auch formulieren können. Treten hingegen einige Schwierigkeiten auf, wissen wir, wo wir ansetzen müssen, und haben noch Gelegenheit, diese Lücke zu stopfen. Auf diese Weise steigt unser Selbstvertrauen mit den erworbenen Fertigkeiten.

Wichtig zur Bekämpfung der Angst ist auch, daß wir neben unseren Vorbereitungen weiterhin ein normales Leben führen, trotzdem Sport treiben und Freunde treffen. Erstens hilft uns dies, Abstand von der Prüfung zu gewinnen und sie immer wieder für einige Stunden zu vergessen oder mindestens im richtigen Licht zu sehen. Zweitens lernen wir bekanntlich auch nicht mehr, wenn wir Tag und Nacht pausenlos büffeln, als wenn wir einen vernünftigen Ausgleich zwischen Lernzeit und Erholung herstellen. Wer das Gefühl hat, er habe einfach nur nachts Zeit zum Lernen, weil sein Tagesablauf auch ohne Prüfung schon voll besetzt ist, macht sich am besten für diese Zeit einen Stundenplan.

Lernen Sie nicht zu lange hintereinander das gleiche Gebiet, suchen Sie einen Wechsel zwischen Lesen und Schreiben, Fragen stellen und Antworten suchen. Treten Sie ab und zu mit Kolleginnen und Kollegen in Kontakt, um über deren Fortkommen zu diskutieren. Auf diese Weise verrennen Sie sich weniger und können sich auch nicht in extreme Angstzustände hineinsteigern.

Haben Sie einige Stunden mit gutem Erfolg gelernt, schalten Sie ab, machen einen Spaziergang oder gehen ins Kino. Wenn Sie wieder andere Leute sehen, vergessen Sie nicht, daß die Welt nicht nur um Ihre Prüfung kreist.

Haben wir auf diese Weise die Wochen vor dem großen Termin zugebracht, ohne uns aus unserem gewohnten Lebensrhythmus (und damit aus der Ruhe) bringen zu lassen, gilt es noch, den letzten Tag und die letzte Nacht bei psychischer Gesundheit zu überstehen. Am letzten Tag sollten wir das ganze Gebiet beherrschen (sonst haben wir unsere Zeit vorher schlecht eingeteilt). Es bleibt also nur noch eine kurze Repetition der wichtigsten Punkte, ein Wiederauffrischen. Dann schließen wir am besten unsere Bücher und verbringen die restliche Zeit auf angenehme Weise – bei unserem Lieblingssport, bei einem guten Essen, vor dem Fernseher. Gehen Sie früh zu Bett, ein klarer, ausgeruhter Kopf ist während der Prüfung viel wert!

Am Prüfungstag finden Sie sich mit Vorteil nicht zu früh im Lokal ein. Meist ist die Atmosphäre dort nur geeignet, Ihre Nervosität zu steigern. Lassen Sie sich auch jetzt nicht mehr auf Diskussionen über mögliche Fragen und Wissenslücken ein – Sie können nichts mehr lernen, höchstens noch das Gelernte durcheinanderbringen und die bis dahin bewahrte Ruhe gefährden!

Achten Sie aber darauf, daß Sie richtig ausgerüstet sind, also Notizpapier, gut funktionierendes Schreibzeug und alle erlaubten Unterlagen bei sich haben, damit Sie sich während der Prüfung nicht mehr um diese Dinge kümmern müssen.

Ende Zeitnahme
Anzahl der Wörter:
ca. 800
Kontrolle der
Behaltensquote S. 236

3.3 Während der Prüfung

Ist die »Stunde der Wahrheit« da, gilt es, sich auch weiterhin nicht aus der Fassung bringen zu lassen und auf seine Fähigkeiten zu vertrauen. Wenn die Fragen ausgeteilt oder angekündigt sind, gehen wir sie zuerst einmal in aller Ruhe durch. Sicher sind einige erwartete darunter, die wir uns während der Vorbereitung gestellt und beantwortet haben. Wahrscheinlich werden auch einige ganz unerwartete vorkommen, was uns aber nicht erschrecken muß.

Wichtig ist auch hier die Zeiteinteilung. Manche Prüflinge neigen dazu, vor Freude über eine erwartete und gut gelernte Frage einen Großteil der Gesamtzeit mit einer ausführlichen Antwort dazu zu verbringen und darüber die neun anderen ebenso wichtigen Fragen zu vergessen. Zählen alle Fragen oder Aufgaben gleich viel, teilen wir die erlaubte Zeit durch die Anzahl Fragen, wobei für ein Durchlesen am Schluß unbedingt ebenfalls noch Zeit gespart werden muß. Nehmen Sie alle Fragen in Angriff, es ist besser, einzelne Punkte nicht ganz erschöpfend zu behandeln, als auf einige Fragen überhaupt nicht einzugehen.

Manchmal wird die Reihenfolge der Beantwortung dem Prüfling überlassen. Dann werden wir natürlich die (für uns) leichtesten Fragen zuerst beantworten. Haben wir diese unter Dach, stärkt dies das Selbstvertrauen und beruhigt die Nerven.

Müssen die Fragen in einer vorgeschriebenen Reihenfolge beantwortet werden, bleibt uns gleichwohl die Möglichkeit, bei einer schwierigeren Frage zunächst Platz offenzulassen oder für jede Aufgabe eine neue Seite zu beginnen. Sonst laufen wir Gefahr, uns allzulange die Zähne auszubeißen und wertvolle Zeit verstreichen zu lassen, ohne zu einem Resultat zu kommen. Haben wir aber zuerst alle anderen Fragen beantwortet, können wir mit neuem Mut und mit besserem Überblick über die noch vorhandene Zeit zu der Knacknuß zurückkehren. Berücksichtigen Sie auch die im Kapitel über das Problemlösen beschriebenen Prinzipien.

Falls Sie während der Prüfung plötzlich von einem Nervositätsanfall überfallen werden, schalten Sie einen Moment ab. Legen Sie Ihr Schreibwerkzeug auf die Seite, schauen Sie vom Blatt weg, und entspannen Sie Ihre Muskeln. Wenn Sie sich gut vorbereitet haben, besteht kein Grund zur Aufregung. Fallen Ihnen einige Details nicht sofort ein, braucht Sie dies nicht aus dem Konzept zu bringen. An manche Dinge erinnern wir uns plötzlich wieder, während wir uns mit etwas anderem beschäftigen. Wenden Sie sich also in einem solchen Fall den Fragen zu, die Sie sofort beantworten können.

Behalten Sie immer die Frage im Auge, während Sie die Antwort schreiben. Damit verhindern Sie, daß sie plötzlich abschweifen und ganz irrelevante oder nebensächliche Punkte ausführlich zu diskutieren beginnen.

Werden von Ihnen längere Ausführungen, Erklärungen und Abhandlungen verlangt, lohnt es sich, die Gedanken zuerst auf einem Notizblatt zu skizzieren. Überlegen Sie sich den besten Aufbau. Beginnen Sie nicht einfach zu schreiben, auch wenn Sie viel über das betreffende Gebiet wissen: Eine durchdachte, gut strukturierte Antwort kommt besser an als ein seitenlanger Wortschwall. Auch während Prüfungen kann es sich bei längeren Ausführungen lohnen, zuerst für sich ein Mind map zu machen, um sich über die Gliederung klarzuwerden.

Kurze, klare Sätze, eine gegliederte, übersichtliche Darstellung bestätigen den Eindruck, daß Sie das Gebiet beherrschen. – Bemühen Sie sich auch, leserlich zu schreiben – Sie erbittern den Korrigierenden unnötig, wenn er Zeit verliert mit dem Entziffern und Auffinden der gewünschten Informationen.

Einige Minuten vor Ende sollten Sie mit dem Durchlesen Ihrer Arbeit beginnen. Prüfen Sie Ihre Ausführungen auf Flüchtigkeitsfehler und Klarheit, kontrollieren Sie, ob Sie alle Fragen und Teilfragen im verlangten Sinn beantwortet haben.

Mündliche Prüfungen

Bei mündlichen Prüfungen sind wir etwas mehr vom Fragenden abhängig. Andererseits ist ein Gespräch mit ihm möglich, lassen seine Reaktionen meist erkennen, ob wir uns auf dem richtigen Weg befinden. Bitten Sie den Professor um Auskunft, wenn Sie die Frage nicht richtig verstanden haben, oder formulieren Sie sie um, wenn Sie nicht sicher sind. Keinesfalls sollten Sie einfach schweigen, wenn Sie nicht wissen, welche Antwort von Ihnen erwartet wird.

Es bringt jeden Examinator zur Verzweiflung, wenn Geprüfte stumm bleiben, ihnen jedes Wort entlockt werden muß oder wenn sie ständig versichern, daß sie es eben noch gewußt haben ... Natürlich dürfen Sie zuerst in Ruhe nachdenken; dann aber sollten Sie selbständig formulieren. Versuchen Sie, möglichst genau auf die Frage einzugehen und nicht abzuschweifen. Oft werden wir auch nach unserer Beziehung zum Gebiet gefragt oder können einen eigenen Aufbau einbringen: Auf solche Fragen können wir uns vorher einstellen und verschiedene Möglichkeiten üben. Besser ist es, sich vorsichtig an das Thema heranzutasten.

Versuchen Sie aber andererseits auch nicht, mangelndes Wissen mit einem Redeschwall zu überdecken – Sie könnten durchschaut werden. Auch bei mündlichen Prüfungen wirkt eine klare, überlegte Antwort besser als lange, wirre Ausführungen. Werden ausführliche Auskünfte verlangt, geben Sie am besten erst einen kurzen Überblick über die geplante Gliederung (z.B. »Es lassen sich bei diesem Problem folgende Aspekte unterscheiden ...«), bevor Sie auf die einzelnen Punkte näher eingehen.

Schlußwort

Wenn Sie das Buch ganz durchgelesen haben, sind Sie mit einer Fülle von Informationen und Ratschlägen konfrontiert worden. Nicht alle werden Ihnen gleichermaßen nützlich sein oder können von Ihnen sofort in Tat umgesetzt werden.

Gehen Sie nach dem Durcharbeiten des Buches nochmals zurück zu dem von Ihnen am Anfang (S. 21) ausgefüllten Fragebogen. Überlegen Sie sich bei jedem Punkt, ob Sie sich immer noch gleich verhalten wie zum Zeitpunkt der Beantwortung und ob dieses Verhalten zweckmäßig ist. Wenn Sie jede Frage auf diese Weise durchgehen, entspricht dies einer Art Gesamtrekapitulation des Buches. Sie können damit überprüfen, wo Sie von der Lektüre profitiert haben und beeinflußt wurden.

Der Zweck des Buches ist erfüllt, wenn es Sie angeregt hat, Ihre Arbeitsweise in Frage zu stellen und Ihren Bedürfnissen besser anzupassen.

Anhang

Übungen, Kontrollfragen und Auswertungen

Beispiele von Fragen, die vor der Lektüre der Abschnitte 1.2 und 1.3 (»Lesen« und »Nachbereitung«) gestellt werden könnten:

– Wie soll ich ein Fachbuch lesen, damit ich den Inhalt auch wirklich verstehe?
– Was versteht man unter Rekapitulieren?
– Wie macht man beim Lesen Notizen?
– Wie bringt man Markierungen an?
– Wie kann man schneller lesen?
– Ist für mich eine Steigerung des Lesetempos von Interesse?
– Was gehört zur Nachbereitung?
– Wie setzt man sich kritisch mit der Lektüre auseinander?
– Welche Bücher lassen sich in der geschilderten Weise lesen?
  Worin unterscheidet sich diese Lernmethode von meinem bisherigen Vorgehen?

Einige Beispiele von Fragen, die vor dem Lesen des Abschnittes 2.1 (»Arten des Lernens«) des Kapitels »Ergebnisse der Lernpsychologie« gestellt werden können:

– Was ist klassische Konditionierung?
– Wer lernt auf diese Weise?
– Was ist operante Konditionierung?
– Worin unterscheidet sich die operante Konditionierung von der klassischen Konditionierung?
– Was versteht man unter Lernen durch Einsicht?
– Wer lernt durch Einsicht?
– Welche Lernarten benützt der Mensch?
– Wie lassen sich die Erkenntnisse der Lernpsychologie praktisch anwenden?

Rekapitulation des Abschnittes 2.1.1 (»Die Klassische Konditionierung«) des Kapitels »Ergebnisse der Lernpsychologie«

Fassen Sie den Inhalt dieses Abschnittes zusammen:

_____

_____

_____

_____

_____

Können Sie jetzt den Begriff »klassische Konditionierung« definieren?

_____

_____

_____

_____

Nennen Sie einige praktische Anwendungsmöglichkeiten, die Sie persönlich aus der Kenntnis des Phänomens der klassischen Konditionierung sehen:

_____

_____

_____

_____

Rekapitulation des Abschnittes 2.1.2 (»Die Operante Konditionierung«) des Kapitels »Ergebnisse der Lernpsychologie«

Fassen Sie den Inhalt dieses zweiten Abschnittes kurz zusammen:

Geben Sie eine Definition für die operante Konditionierung:

Wodurch unterscheiden sich klassische und operante Konditionierung?

Rekapitulation des Abschnittes 2.1.3 (»Lernen durch Einsicht«) des
Kapitels »Ergebnisse der Lernpsychologie«

Geben Sie eine stichwortartige Zusammenfassung des gelesenen Textes:

✎ _____

_____

_____

Wodurch unterscheidet sich das einsichtige Lernen vom Lernen durch Konditionierung?

✎ _____

_____

_____

Welche Vorteile weist das einsichtige Lernen gegenüber der Konditionierung
auf?

✎ _____

_____

_____

Sie haben jetzt den ganzen Abschnitt 2.1 des Kapitels »Ergebnisse der
Lernpsychologie« gelesen. Prüfen Sie jetzt, welche der von Ihnen anfangs formulierten Fragen Sie beantworten können:

✎ _____

_____

_____

Schreiben Sie eine knappe Zusammenfassung des ganzen Kapitels: Welche Lernarten wurden besprochen, wo kommen sie zur Anwendung, wie verhalten sie sich zueinander?

Beantworten Sie dann den nachfolgenden Fragebogen, um Ihre Behaltensquote festzustellen. Kreuzen Sie unter den zur Auswahl stehenden Antwortmöglichkeiten die Ihnen richtig scheinende an.

1. Wie nennt man eine Reaktion, die immer auf einen bestimmten Reiz erfolgt (z.B. Vorschnellen des Beines auf einen leichten Schlag gegen das Knie, Schließen des Auges auf einen Luftstoß etc.)?
   a) ☐ unbedingter Reflex
   b) ☐ bedingte Reaktion
   c) ☐ absoluter Reflex
   d) ☐ klassische Reaktion

2. Wie nennt man in diesem Fall den Reiz, der diese Reaktion bewirkt?
   a) ☐ unkonditionierter Stimulus
   b) ☐ konditionierter Stimulus
   c) ☐ instrumentaler Stimulus
   d) ☐ operanter Stimulus

3. Was versteht man unter klassischer Konditionierung?
   a) ☐ Verbindung eines Reizes mit der zum Erfolg führenden Handlung
   b) ☐ Messung der Speichelabsonderung bei der Fütterung von Hunden
   c) ☐ Koppelung eines unkonditionierten Reizes mit einem neutralen Reiz
   d) ☐ Verbindung einer bedingten Reaktion mit einem neutralen Stimulus

4. Was ist das Ergebnis einer klassischen Konditionierung?
   a) ☐ Man kennt die Größe des Hungers eines Versuchstieres
   b) ☐ Die erfolgreiche Handlung wird ohne Versuch-und-Irrtum-Phase sofort ausgeführt
   c) ☐ Die konditionierte Reaktion wurde verstärkt
   d) ☐ Die unkonditionierte Reaktion erfolgt auch auf den neutralen Reiz

5. Was ist operantes Verhalten?
   a) ☐ Durchführung einer Operation
   b) ☐ Eine erfolgreiche Handlung wird durch den Erfolg in einer früheren Situation wieder hervorgerufen
   c) ☐ Verstärkung der Anstrengung, zu einem Ziel zu gelangen, nachdem eine verstärkte Motivation eingeführt wurde
   d) ☐ Eine bestimmte Handlung wird so lange versucht, bis sie zum Ziele führt

6. Ein hungriger Fisch, der unruhig in einem Versuchsbecken herumschwimmt, stößt zufällig gegen ein Drähtlein und erhält darauf einen Futterwurm. Nachdem dies einige Male geschehen ist, stößt er sofort gegen diesen Draht, wenn er in hungrigem Zustand in dieses Becken gesetzt wird. Wie nennt man diesen Vorgang?
   a) ☐ klassische Konditionierung
   b) ☐ Lernen durch Einsicht
   c) ☐ Lernen am Erfolg
   d) ☐ unbedingter Reflex

7. Kurz bevor ein starker Lufthauch gegen das Auge einer Versuchsperson geblasen wird, ertönt jedesmal ein Gong. Nach einigen solchen Versuchen zeigt sich der Lidschlußreflex, der zuvor nur auf das Blasen erfolgte, schon auf das Ertönen des Gongs. Wie nennt man diesen Vorgang?
   a) ☐ klassische Konditionierung
   b) ☐ operantes Verhalten
   c) ☐ Lernen am Erfolg
   d) ☐ unbedingter Reflex

8. In welcher Experimentalsituation erhöht man die Wahrscheinlichkeit des Auftretens einer Reaktion, die zuerst zufällig erfolgte?
   a) ☐ klassische Konditionierung
   b) ☐ vermittelte Assoziation
   c) ☐ operante Konditionierung
   d) ☐ bedingter Reflex

9. Wer löste die Idee der Lehrmaschinen und Lehrprogramme aus?
   a) ☐ Pawlow
   b) ☐ Skinner
   c) ☐ Thorndike
   d) ☐ McConnell

10. Wer schrieb als erster über das Lernen am Erfolg?
   a) ☐ Pawlow
   b) ☐ Skinner
   c) ☐ Thorndike
   d) ☐ McConnell

11. Auf welche Weise übertrug Skinner die Resultate seiner Tierversuche auf seine Studenten?

12. Mit welchem Namen ist der Begriff des konditionierten Reflexes verbunden:
   a) ☐ Pawlow
   b) ☐ Skinner
   c) ☐ Thorndike
   d) ☐ McConnell

Richtige Antworten:

   1. a)
   2. a)
   3. c)
   4. d)
   5. b)
   6. c)
   7. a)
   8. c)
   9. b)
   10. c)
   11. durch die Einführung von Lehrprogrammen und Lehrmaschinen
   12. a)

Rekapitulation des Abschnittes 2.2 (»Speichern und Reproduzieren«) des Kapitels »Ergebnisse der Lernpsychologie«

Nennen Sie mindestens vier Faktoren, die das Behalten beeinflussen:

✎ _____

_____

_____

_____

_____

_____

Überlegen Sie sich einige praktische Anwendungen für Ihre persönliche Situation, die sich aus der Kenntnis der Lernpsychologie ergeben:

✎ _____

_____

_____

_____

_____

_____

220

Rekapitulation des Abschnittes 2.3 (»Das Lernplateau«)
des Kapitels »Ergebnisse der Lernpsychologie«

Fassen Sie den Inhalt dieses Abschnittes kurz zusammen:

Beantworten Sie dann zur Repetition des ganzen Kapitels den folgenden Fragebogen.

1. Welche der folgenden Inhalte werden 30 Tage nach dem Lernen noch am besten erinnert?
   a) ☐ Prosatexte
   b) ☐ Gedichte
   c) ☐ sinnlose Silben
   d) ☐ Prinzipien

2. Welche der folgenden Inhalte werden am schnellsten vergessen?
   a) ☐ Prosatexte
   b) ☐ Gedichte
   c) ☐ sinnlose Silben
   d) ☐ Prinzipien

3. Wenn man an einem Stoff interessiert ist, vergißt man ihn viel weniger schnell.
   a) ☐ richtig
   b) ☐ falsch

4. Eine Zahlenreihe wird besser behalten, wenn man ihre Gesetzmäßigkeit kennt, als wenn man sie auswendig lernt.
   a) ☐ richtig
   b) ☐ falsch

5. Wenn man jeden Tag gleich viel übt, macht man beim Lernen gleichmäßige Fortschritte.
   a) ☐ richtig
   b) ☐ falsch

6. Vergessen kann man am besten als passives Verlieren des gelernten Materials charakterisieren.
   a) ☐ richtig
   b) ☐ falsch

7. Vier Schüler lernen französische Vokabeln, bis sie sie fehlerlos hersagen können. Fritz lernt nachher noch eine Seite englische Wörter, Max löst Mathematikaufgaben, Heinz liest die Zeitung und Peter macht einen Mittagsschlaf. Dann werden alle über die französischen Vokabeln abgefragt. Wer kann sie wahrscheinlich noch am besten?

   ✎ _____

   _____

   _____

   _____

8. Wer kann sie wahrscheinlich am schlechtesten?

   ✎ _____

   _____

   _____

   _____

9. Zwei Schülerinnen lernen die geographische Lage verschiedener Städte. Ursula hat vom Lehrer eine Karte bekommen, auf der Länder, Berge, Seen und Städte in verschiedenen Farben übersichtlich eingetragen sind. Monika erstellt sich mit Hilfe von Atlas und Geographiebuch selbst eine Skizze. Wer erinnert sich nach einer Woche vermutlich noch besser an die Lage?
   a) ☐ Ursula
   b) ☐ Monika

10. Die Ursache eines Lernplateaus kann ein zu hoher Schwierigkeitsgrad der zu lernenden Aufgabe sein.
    a) ☐ richtig
    b) ☐ falsch

11. Was versteht man unter »Lernplateau«?
    a) ☐ Erreichen der oberen Leistungsgrenze beim Erlernen einer Tätigkeit
    b) ☐ Stehenbleiben auf einer gewissen Stufe nach anfänglich guten Lern-
       fortschritten
    c) ☐ Absinken des Interesses an einem Stoff
    d) ☐ Vergessen des Gelernten nach einer bestimmten Zeit

12. Intellektuelle Probleme werden am besten behalten, wenn man möglichst frühzeitig mit Auswendiglernen beginnt.
    a) ☐ richtig
    b) ☐ falsch

Richtige Antworten:

1. d)
2. c)
3. a)
4. a)
5. b)
6. b)
7. Peter
8. Fritz
9. b)
10. a)
11. b)
12. b)

Schnelleseübungen

Tragen Sie in der Tabelle auf der nächsten Seite Ihre Zeit in Sekunden ein, wenn Sie eine Übung im Schnellesen durchführen. Teilen Sie sodann die Gesamtwortzahl des Textes durch Ihre Zeit und multiplizieren Sie mit 60. Diese Rechnung ergibt Ihre Lesegeschwindigkeit, d.h., sie zeigt an, wie viele Wörter Sie pro Minute lesen. Wenn Sie also beispielsweise für den ersten Test von ca. 560 Wörtern 160 Sekunden brauchten, beträgt Ihr Tempo

$$\frac{560 \cdot 60}{160} = 210/\text{Wörter pro Minute}$$

Dies würde der durchschnittlichen Leistung eines Erwachsenen entsprechen, der zwar oft liest, aber kein besonderes Training durchgemacht hat. Ein solches Tempo läßt sich durch entsprechende Übung noch gewaltig steigern.

In die Kolonne »Fassungskraft« tragen Sie sodann das Resultat des Behaltenstests ein. Auf diese Weise erhalten Sie Einblick in Ihre Fortschritte beim schnelleren Lesen und besseren Behalten. Denken Sie dabei daran, daß Schwankungen auch auf den unterschiedlichen Schwierigkeitsgrad der Texte zurückgeführt werden können. Lassen Sie sich also von scheinbaren Rückschlägen nicht entmutigen.

Schnellesetabelle

Datum	Text	Zeit in Sekunden	Anzahl Wörter	Tempo (Wörter pro Minute)	Fassungskraft (Maximum: 100)

Sie können Ihre Fortschritte in Lesetempo und Fassungskraft
auch graphisch darstellen:

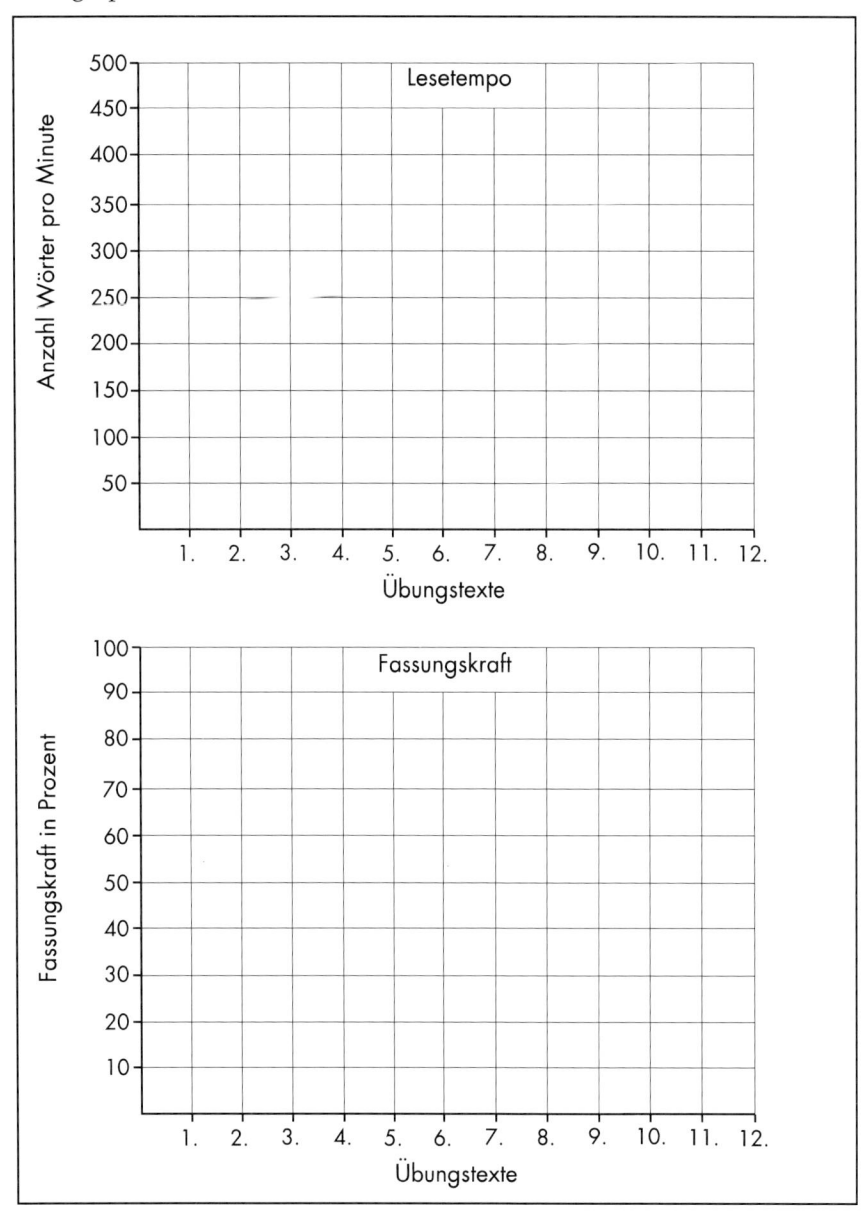

Erster Schnellesetest zur Gehirnforschung

1. Wie nennt man die Gehirnhälften?

_____

_____

_____

2. Welche Körperseite kontrolliert die linke Gehirnhälfte?

_____

_____

_____

3. Welche Unterschiede hat man festgestellt?
   linke Hälfte   rechte Hälfte

_____

_____

_____

_____

4. Wie kam es zu diesen Ergebnissen?

_____

_____

_____

5. Welche Lerntypen werden unterschieden?

✎ _____

_____

_____

6. Das Gehirn arbeitet linear
   ☐ stimmt   ☐ stimmt nicht

7. Welche Schlußfolgerungen für das Lernen ergeben sich daraus?

✎ _____

_____

_____

Richtige Antworten:

1. Hemisphären
2. die rechte Körperseite
3. linke Hälfte   rechte Hälfte
   verarbeitet nacheinander   gleichzeitig
   Einzelheiten   ganzheitlich
   Logik, linear   räumliche Orientierung
   Sprache, Rechnen   Farben, Musik, Muster
   Ordnung, Analyse   Phantasie, Spekulation
4. durch Beobachten von Ausfällen nach Verletzungen oder Operationen
5. – Lernen durch logisches Denken, Analyse
   – Lernen durch Intuition, Experimente
   – Lernen durch schrittweises Vorgehen, systematisches Planen
   – Lernen durch Diskussion, Austausch, Bewegen, Fühlen
6. stimmt nicht
7. eigenen Lerntypus erkennen und bewußt einbeziehen

Geben Sie sich für jede richtige Antwort 10 Punkte, bei Frage 3 bei jedem richtig benannten Unterschied 10 Punkte (maximal 40).

228

Zweiter Schnellesetest zu Datenbanken

1. Was versteht man unter einer Datenbank?

_____

_____

_____

2. Wie unterscheiden sich On-Line- und Off-Line-Datenbanken?

_____

_____

_____

3. Seit wann gibt es On-Line-Datenbanken?

_____

_____

_____

4. Wie unterscheiden sich Referenzdatenbanken und Source-Datenbanken?

_____

_____

_____

5. Was sind Informationsvermittler?

_____

_____

_____

6. Was sind Profildienste?

_____

_____

_____

7. Was benötigt man für eigene On-Line-Datenbankabfragen?

_____

_____

_____

8. Was ist Btx?

_____

_____

_____

9. Was bedeutet CD-ROM?

_____

_____

_____

10. Wie werden CD-ROM genutzt?

_____

_____

_____

_____

Richtige Antworten

1. Datenbanken sind systematisch geordnete und auf magnetisch/optischen Speichern erfaßte Informationen.
2. On-Line: Der Nutzer nimmt Verbindung zu einer externen Datenbank auf.
   Off-Line: CD-ROM-Datenbank, nicht an Großsystem angeschlossen.
3. Seit über 20 Jahren.
4. Referenzdatenbanken speichern Hinweise auf Informationen, die noch beschafft werden müssen (z.B. Literaturdatenbanken).
   Source-Datenbanken enthalten die eigentlichen Informationen.
5. Informationsvermittler sind Fachleute, die Zugang zu On-Line-Datenbanken haben und für Kunden Suchaufträge durchführen.
6. Profildienste sind von Informationsvermittlern für Kunden regelmäßig erstellte Datenbankabfragen gemäß deren Interessengebieten.
7. einen PC oder ein EDV-Terminal, einen Akustikkoppler oder ein Modem
8. Btx oder Videotex ist ein Datenbanksystem, das über das Telefonnetz betrieben wird.
9. CD-ROM: CD = Compact Disc
   ROM = read only memory
10. Zur Nutzung der CD-ROM benötigt man einen PC mit einem speziellen Laufwerk.

Geben Sie sich für jede richtige Antwort 10 Punkte.

Dritter Schnellesetest »Die Planung der Zeit«

1. Was versteht man unter einem Plan?

2. Welche Arten der Planung werden unterschieden?

3. Womit befaßt sich die erste Art der Planung?

4. Womit die zweite?

5. Wozu dient die Planung?

6. Welche Ursachen können für das Nichteinhalten des Planes verantwortlich sein?

✎ _____

_____

_____

_____

7. Welche Vorbereitungen dienen der Erstellung eines Planes?

✎ _____

_____

_____

_____

Richtige Antworten:

1. Voranschlag, wie mit vorhandenen und erreichbaren Mitteln eine Absicht verwirklicht werden kann.
2. Lang- und kurzfristige Planung.
3. – Stecken eines Fernzieles, Planen auf lange Sicht.
   – Klarstellen der Maßnahmen und Etappen, die der Erreichung dieses Fernzieles dienen.
4. Planung der Zeit, des Wochen- und Tagesablaufs.
   Unterteilung der Woche in Arbeitszeit und Erholung.
5. – Vernünftige Zeiteinteilung, rechtzeitige Erledigung aller Aufgaben.
   – Ausgewogenes Arbeitsprogramm.
6. – Unrealistisches, zu großes Programm.
   – Falsche Arbeitsmethoden, mangelnde Selbstdisziplin.
7. Erstellen von Tagesrapporten.

Geben Sie sich für jede richtige Antwort 10 Punkte, bei den Fragen 3, 5 und 6 für jede Teilantwort 10 Punkte.

Vierter Schnellesetest »Halten eines Vortrags«

1. Komplizierte Erklärungen sollte man
   a) frei formulieren
   b) vom Blatt ablesen

2. Beim Üben eines Vortrags sollte man
   a) möglichst immer die gleichen Sätze machen
   b) immer wieder anders formulieren
   c) auswendig herzusagen versuchen
   d) ablesen

3. Welche Möglichkeiten hat ein Redner, um den Zuhörern Hinweise über die Struktur seines Vortrags zu geben? Nennen Sie vier verschiedene Punkte.

_____

_____

_____

_____

4. Geben Sie fünf der erwähnten neun Tips über das Halten eines Vortrags wieder (betreffend Stil, Gesten, Erklärungen, Aufbau usw.).

_____

_____

_____

_____

5. Welcher Ratschlag wurde für Leute gegeben, die besonders große Angst vor dem Halten eines Vortrages haben?

Richtige Antworten:

1. a)
2. b)
3. – Übersicht, Inhaltsverzeichnis am Anfang
   – Zusammenfassung am Schluß
   – Sprechtempo
   – Pausen
   – Betonung
   – Formulierungen
4. – laut genug sprechen
   – kurze, klare Sätze
   – Fachausdrücke definieren
   – keine Gedankensprünge
   – schwierige Sachverhalte mehrmals umschreiben
   – keine langen Ausführungen
   – Atempausen durch Auflockerung, Übung, Diskussionen
   – technische Hilfsmittel zur Illustration
   – Vermeiden nervöser Gewohnheiten
5. – sich besonders für den Inhalt interessieren, sich mitteilen wollen; vorher üben

Geben Sie sich für jede richtige Antwort 10 Punkte, bei Frage 3 für jede Teilantwort 5 Punkte (maximal 20 Punkte), bei Frage 4 für jede Teilantwort 10 Punkte (maximal 50 Punkte).

Fünfter Schnellesetest »Bekämpfung der Prüfungsangst«

1. Warum schadet eine begrenzte Aufregung vor Prüfungen nichts?

_____

_____

_____

_____

2. Wie kommt man zu einer realistischen Einschätzung der Lage?

_____

_____

_____

_____

3. Woher kommt die extreme Prüfungsangst?

_____

_____

_____

_____

4. Warum hilft vorheriges Üben der Prüfungssituation?

_____

_____

_____

_____

5. Was sollte man neben den Prüfungsvorbereitungen nicht vergessen?

6. Was kann man tun, wenn man das Gefühl hat, zuwenig Zeit für alle Vorbereitungen zur Verfügung zu haben?

7. Wie gestaltet man die einzelnen Lernperioden am besten?

8. Am besten konzentriert man sich während der letzten Tage ganz auf die bevorstehende Prüfung.
   a) stimmt
   b) vielleicht
   c) stimmt nicht

9. Wie übersteht man den letzten Tag vor der Prüfung am besten?

10. Unmittelbar vor der Prüfung lassen sich von den Kollegen meist noch wertvolle Hinweise aufschnappen.
    a) stimmt
    b) vielleicht
    c) stimmt nicht

Richtige Antworten:

1. motiviert zu größerem Einsatz und deshalb besserer Leistung
2. sich überlegen, was auf dem Spiel steht und was zu erwarten ist
3. Angst vor Überforderung und Ausgestoßenwerden
4. wir gewinnen Sicherheit und entdecken Lücken
5. Entspannung, Hobbys, Sport, Kontakt mit Kollegen
6. Stundenplan für diese Zeit aufstellen
7. Wechsel zwischen Lesen und Schreiben, Fragen und Antworten
8. c)
9. kurze Gesamtrepetition, rechtzeitig zu Bett
10 c)

Geben Sie sich für jede richtige Antwort 10 Punkte.

Lösung der Aufgabe auf S. 92:

Die Seiten eines großen Dreiecks berühren die vier Punkte:

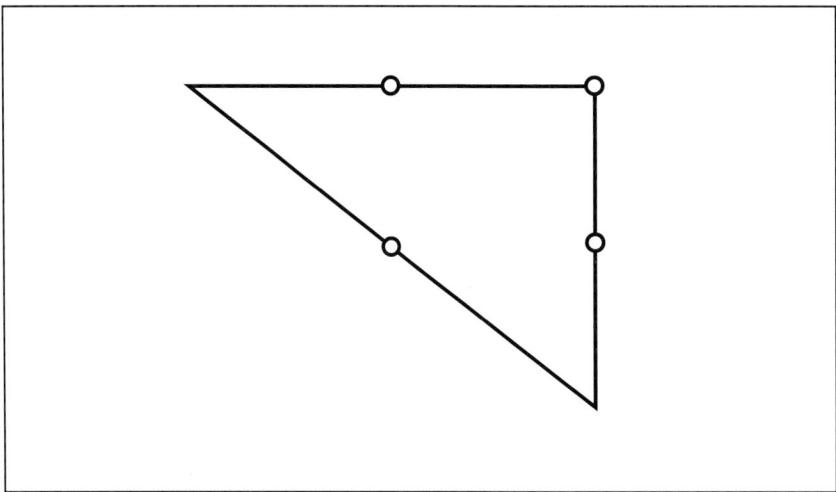

Lösungsvorschlag: Literatur zum Thema »Lernpsychologie«

– Ein Ausgangspunkt kann das Literaturverzeichnis dieses Buches sein. Darin findet man zum Bereich Lernpsychologie die Bücher von W. Correll, K. Foppa, H. Dahmer, H. Mandl, F. Vester. Sie können in der Bibliothek ausgeliehen, durchgesehen und ihre Literaturverzeichnisse auf weitere Werke geprüft werden.

– In den Bibliotheken werden psychologische Grundlagenwerke (Handbücher, Lexika) auf wichtige Informationen einerseits, auf Literaturhinweise andererseits durchgesehen.

– Das Schlagwortverzeichnis der Bibliothek wird auf folgende Begriffe durchgesehen:
  – Lernpsychologie
  – Lernen
  übergeordneter Begriff:
  – Psychologie
  Spezialgebiete:
  – Gedächtnis
  – Auswendiglernen
  – Lernstörungen
  – Lernmotivation
  – Behalten
  – Konzentration
  – Lernforschung
    usw.

– Eigene Datenbankabfrage oder Abfrage über Informationsvermittler in Bibliothek oder Dokumentationsstelle zum Bereich Lernpsychologie.

Fragen zur Rekapitulation des Kapitels »Zeiteinteilung«

1. Welche Leute profitieren am meisten vom Erstellen eines Stundenplanes?

2. Nennen Sie vier der erwähnten Vorteile eines Stundenplanes:

3. Wenn Sie einen Stundenplan erstellen, welche Zeiten tragen Sie zuerst ein?

4. Wann planen Sie das Studium eines Faches, das in Diskussionen oder einem Seminar bearbeitet wird?

5. Wann planen Sie das Studium eines Faches, das hauptsächlich durch Vorlesung vermittelt wird?

_____

_____

_____

_____

6. Während der Ferien ist die Planung der Zeit besonders wichtig.
   a) stimmt
   b) stimmt nicht

7. Wenn das Studium eines Gebietes fünf Stunden erfordert, erledigt man dies am besten an einem Nachmittag durchgehend.
   a) stimmt
   b) stimmt nicht

8. Pausen sind eine Zeitverschwendung und lenken ab:
   a) stimmt
   b) stimmt nicht

9. Welche Ratschläge wurden für Leute gegeben, die Mühe mit dem »Anfangen« haben?

_____

_____

_____

_____

10. Am besten beginnt man mit der schwierigsten Arbeit, um diese möglichst bald hinter sich zu haben:
   a) stimmt
   b) stimmt nicht

Richtige Antworten:

1. alle Leute, die ihren Tag ganz oder teilweise frei einteilen können, die vorübergehend stark überlastet sind, oder die viele verschiedene Aufgaben erledigen müssen
2. – spart Zeit und Anstrengung durch Einschränkung der Wahl
   – Möglichkeit der gezielten Vorbereitung
   – bessere Abwehr gegen Ablenkungen und Zeitverschwendung
   – ausgewogener Tages- und Wochenablauf, gute Abfolge, alles zu günstigster Zeit
   – gleichmäßige Arbeitsbelastung, Vermeidung von Stoßzeiten
3. alle festen Termine wie Schulstunden, Arbeitsstunden
4. vor der Stunde oder am Vorabend
5. nach der Stunde, möglichst noch am gleichen Tag (Überarbeiten von Notizen)
6. a)
7. b)
8. b)
9. – vorgenommene Zeit einhalten
   – erst hinsetzen, wenn man wirklich bereit ist
   – nur kurze Lernperioden planen
10. b)

Verzeichnis der verwendeten und weiterführenden Literatur

Bono, Edward de: *In 15 Tagen Denken lernen.* Deutsch von Margaret Carroux. Reinbek bei Hamburg, Rowohlt Verlag, 1970

Bono, Edward de: »Teach your Child how to Think«, Penguin Books, London, 1992

Correll, Werner: *Lernpsychologie.* Grundfragen und pädagogische Konsequenzen. 6. Auflage, Donauwörth, Ludwig Auer, 1968

Dahmer, Hella: »Effektives Lernen – Anleitung zu Selbststudium, Gruppenarbeit und Examensvorbereitung« Schattauer Verlag, Stuttgart, 3. Aufl. 1991

Ebeltoft, Arne: »*Kommunikation und Zusammenarbeit in der Schule*», aus dem Norwegischen übersetzt. Weinheim und Basel, Beltz, 1974

Eberlein, Gisela: »*Gesund durch Autogenes Training*«, Düsseldorf, 1973

Foppa, Klaus: *Lernen, Gedächtnis, Verhalten.* Ergebnisse und Probleme der Lernpsychologie. Köln und Berlin, Kiepenheuer & Witsch, 1965

Forsberg, Börje, und Meyer, Ernst (Hrsg.): »*Einführung in die Praxis der schulischen Gruppenarbeit*». Heidelberg, 1973

Fromm, Erich: »*Haben oder Sein. Die seelischen Grundlagen einer neuen Gesellschaft*». Lizenzausgabe für den Buchclub Ex Libris, Zürich, 1978

Gibson, Eleanor J., und Levin, Harry: «*Die Psychologie des Lesens*», aus dem Amerikanischen übersetzt von Kurt Schmid und Barbara Fox. Stuttgart, Klett-Cotta, 1980

Graf, Otto: *Arbeitszeit und Arbeitspausen,* in: »Handbuch der Psychologie«, Band 9, Göttingen, 1961

Grandjean, Etienne: *Physiologische Arbeitsgestaltung.* Leitfaden der Ergonomie. 2. Auflage, Thun und München, Ott-Verlag, 1967

Handbuch der Psychologie, Band 9: Betriebspsychologie. Hrsg. von A. Mayer und B. Herwig, Göttingen, C. J. Hogrefe, 1961

Hare, A. Paul: *Handbook of Small Group Research.* New York, Free Press of Glencoe, 1962

Hofstätter, Peter R.: *Gruppendynamik.* Die Kritik der Massenpsychologie. Rororo-Taschenbuch 38, Reinbek bei Hamburg, 1957a

Hofstätter, Peter R.: »*Psychologie*«. Fischer-Lexikon, 1957b

Kagan, Jerome, und Haveman, Ernest: *Psychology.* An Introduction. New York, Harcourt, Brace & World, 1968

Kliemann, Horst: *Anleitungen zum wissenschaftlichen Arbeiten.* Praktische Ratschläge und erprobte Hilfsmittel. 6. Auflage, Freiburg, Rombach & Co., 1966

Köpping, Walter: »*Mit Freude lernen. Die Arbeit mit Buch und Zeitung*«. Materialsammlung – Rede – Diskussion – Versammlung. Köln, Bund-Verlag, 1977

Krech, David, Richard Crutchfield und Egerton Ballachey: *Individual in Society.* A textbook of social psychology. New York, McGraw-Hill, 1962

Kugemann, Walter F.: *Kopfarbeit mit Köpfchen.* Moderne Lerntechnik. 4. Auflage, München, J. Pfeiffer-Verlag, 1966

Laisiepen, Karl et al.: »*Grundlagen der praktischen Information und Dokumentation*«. München, Verlag Dokumentation, 1972

Lindgren, Henry Clay: *The Psychology of College Success.* A dynamic approach. New York, John Wiley & Sons, 1969a

Ders.: *An Introduction to Social Psychology.* New York, John Wiley & Sons, 1969b

Mace, Cecil Alec: *The Psychology of Study.* Penguin Book Ltd., Harmondsworth, England 1932 und 1968

Maddox, Harry: *How to Study.* Pan Books Ltd., London, 1963 und 1967

Mandl, Heinz, und Friedrich, Helmut F. (Hrsg.) »Lern- und Denkstrategien; Analyse und Intervention«, Göttingen, Verlag für Psychologie, Dr. C. Hogrefe, 1992

Mann, Leon: »*Sozialpsychologie*«. Aus dem Englischen übertragen von Wolfgang Kramer. Weinheim und Basel, Beltz, 1972

Morgan, Clifford und James Deese: *How to Study.* New York, McGraw-Hill, 1957

Naef, Regula D.: *Stichwort Gymnasium.* Gymnasiallehrer und Gymnasiasten antworten auf Fragen zur Schule und zum Unterricht. Weinheim und Basel, Beltz, 1971

Norman, Donald A.: *Memory and Attention.* An introduction to human information processing. New York, John Wiley, 1969

Ott, Ernst: *Optimales Lesen.* Ein 25-Tage-Programm. Stuttgart, Deutsche Verlags-Anstalt, 1970

Parreren, C. F., van, J. Peeck und E. Velema: *Erfolgreich studieren.* Praktische Hinweise für das Hochschulstudium. Wien, Herder & Co., 1969

Pauk, Walter: *How to Study in College.* Boston, Houghton Mifflin Company, 1962

Pietrasinski, Zbigniew: *The psychology of efficient thinking.* Aus dem Polnischen übersetzt von Boguslaw Jankowski. Oxford u.a. Pergamon Press, 1969a

Ders.: *The art of learning.* Aus dem Polnischen übersetzt von Waclaw Skibicki. Oxford u.a. Pergamon Press, 1969b

Preston, Ralph, und Morton Botel: *How to Study.* Chicago, Science Research Ass. Inc., 1956 und 1967

Race, Phil: »500 Tips for Students«. Oxford, Blackwell Publishers, 1992

Robinson, Francis: *Effective Study.* Revised edition 1961. New York, Harper & Row

Rogers, Carl R.: »*Lernen in Freiheit; zur Bildungsreform in Schule und Universität*«. München, Kösel-Verlag, 1974

Schräder-Naef, Regula: »*Von der Mittelschule zur Hochschule*«. Ergebnisse einer Befragung zur Reform der gymnasialen Oberstufe, zur Studienwahl und zu Übertritts- und Studienproblemen. Bern, Stuttgart, Haupt, 1980

Schräder-Naef, Regula: »*Schüler lernen Lernen*«, 4. Auflage 1991, Weinheim und Basel, Beltz

Schräder-Naef, Regula: »Keine Zeit? Sinnvolle Zeiteinteilung im Alltag« 3. Auflage, Weinheim und Basel, Beltz, 1993

Schräder-Naef, Regula: »Informationsflut«. Weinheim und Basel, Beltz, 1993

Schräder-Naef, Regula: »Lerntraining für Erwachsene«, Weinheim und Basel, Beltz, 2. Aufl. 1993

Schultz, J. H.: »*Das Autogene Training*«. Stuttgart, 14. Auflage 1973

Smith, Robert M.: Learning How to Learn Applied Theory for Adults Open University Press Ballmoor, 1983

Soergel, Dagobert: »*Dokumentation und Organisation des Wissens; Versuch einer methodischen Grundlegung am Beispiel der Sozialwissenschaften*«. Berlin, 1971

Tausch, Reinhard, und Tausch, Anne-Marie: »*Erziehungspsychologie*«. Begegnung von Person zu Person. Göttingen, Hogrefe, 8. Auflage 1977

Ulich, Eberhard: *Periodische Einflüsse auf die Arbeit.* (Jahres-, Wochen- und Tagesschwankungen) in: »Handbuch der Psychologie«, Band 9, Göttingen, 1961

Vester, Frederic: »*Denken, Lernen, Vergessen*«. Was geht in unserem Kopf vor, wie lernt das Gehirn und wann läßt es uns im Stich. Stuttgart, Deutsche Verlags-Anstalt, 1975

Vogt, W.: *Die zeitliche Inanspruchnahme der ETH-Studenten durch das Studium.* Zusammenfassender Bericht über die Erhebung vom Sommersemester 1963. Hrsg. vom Betriebswissenschaftl. Institut der ETH, Zürich

Wilson, John, Mildred Robeck und William Michael: *Psychological Foundations of Learning and Teaching.* New York, McGraw-Hill, 1969

Zielke, Wolfgang: *Schneller lesen – besser lesen.* München, Verlag Moderne Industrie, 1966

Ders.: *Leichter lernen – mehr behalten.* München, Verlag Moderne Industrie, 1967a

Ders.: *Schneller lesen – selbst trainiert.* München, Verlag Moderne Industrie, 1967b

Register

WBELTZ WEITERBILDUNG

Wolfgang Hovestädt
Sich selbst organisieren
Weg vom Zeitdruck: Wie man sich die Arbeit erleichtern kann.
128 Seiten. Zahlr. Abb. Pappband.
ISBN 3-407-36331-1

Wie kommt es, dass manche Leute in den 168 Stunden einer Woche so viel schaffen? Warum erscheinen andere dagegen stets gestresst und abgehetzt?
Dauerstress, Arbeitsüberlastung, Hektik und überladene Schreibtische sind Symptome, die Zeit und Energie fressen. Sie kosten Nerven, belasten das Arbeitsklima und die Ergebnisse. Was fehlt, sind Techniken, mit denen man die eigene Zeit und die Aufgaben besser in den Griff bekommen. Denn eines hat man nirgends gelernt: *Wie plant und organisiert man seine Arbeit?*
Mit diesem Buch können Sie Ihren persönlichen Leistungshemmnissen auf die Spur kommen. Anhand praktischer Beispiele hilft es Ihnen, die Möglichkeiten zur Verbesserung der eigenen Arbeitsorganisation zu erkennen und anzuwenden.

Aus dem Inhalt:
Ziele setzen und einhalten; Arbeitsabläufe verbessern; Grundregeln und Techniken zur Zeitplanung.

Martin Hartmann
Rüdiger Funk
Horst Nietmann
Präsentieren
Präsentationen: Zielgerichtet und adressatenorientiert.
189 Seiten. Pappband.
ISBN 3-407-36319-2

»Wer eine ›Dramaturgie der Präsentation‹ sucht, wird hier fündig! In der Verschränkung von Ziel, Inhalt und Methode ist dieses Buch Spitzenklasse, immer wieder mit Gewinn zu Rate zu ziehen.«
Wolfgang Beywl, Contraste

»Ein empfehlenswertes Buch für alle, die ihre Präsentation verbessern wollen.«
Betriebliches Vorschlagswesen

»Das Buch ist erfreulich verständlich und systematisch aufbereitet.«
Themenzentrierte Interaktion

Aus dem Inhalt:
Vorbereitung der Präsentation; Aufbau und Durchführung der Präsentation; Fragen und Diskussion; Visualisierung und Einsatz von Medien; Lampenfieber; Rhetorik, Mimik, Gestik und Üben; Gestaltung optimaler Rahmenbedingungen für eine Präsentation; Checkliste.

Ulrich Lipp / Hermann Will
Das große Workshop-Buch
Konzeption, Inszenierung und Moderation von Klausuren, Besprechungen und Seminaren.
299 Seiten. 170 Abb. Pappband.
ISBN 3-407-36321-4

Workshops und Klausuren sind spezielle Arbeitstreffen. Sie sind aber nur dann erfolgreich, wenn Arbeitstechniken und Dramaturgie stimmen. Die Autoren öffnen in diesem Buch ihren gut gefüllten Werkzeugkasten des Moderatorenhandwerks. Nicht nur Workshops, sondern auch Besprechungen, Tagungen und Seminare werden dadurch lebendiger und effektiver.

»Wenn jemals das gern zitierte Schlagwort ›Aus der Praxis für die Praxis‹ zutraf, dann bei diesem Buch.«
Dr. M. Madel, Seminarführer

»Ein empfehlenswertes Buch ...«
management & seminar

Aus dem Inhalt:
Workshop-»Philosophie«; Ablaufpläne von Workshops; Diskussionsformen; Kartenabfrage, Zuruflisten, Blitzlicht, Mind-Mapping; Bewerten und Entscheiden; Visualisieren und Dokumentieren; Umsetzung anschieben; Krisenmanagement; Workshop-Exoten.

Kris Cole
Kommunikation klipp und klar
Besser verstehen und verstanden werden.
212 Seiten. 50 Abb. Pappband.
ISBN 3-407-36324-9

Kommunikative Fähigkeiten sind ein wichtiger Erfolgsfaktor. Ob mündlich oder schriftlich, symbolisch, nonverbal, absichtlich oder unabsichtlich, aktiv oder passiv: Kommunikation ist eine notwendige Voraussetzung für jede Aktivität.
Kris Cole hat in diesem Buch alle relevanten Theorien und Konzepte der Kommunikation zusammengestellt. C.G. Jung, die Verhaltenspsychologie, das Neurolinguistische Programmieren (NLP) und die Transaktionsanalyse (TA) bilden die Basis, auf der sie mit einer gehörigen Portion gesundem Menschenverstand und Humor die grundlegenden Techniken einer erfolgreichen Kommunikation erläutert.

Aus dem Inhalt:
Grundlagen der Kommunikation; Gute Informationenen senden; Gute Informationen empfangen; Körpersprache; Professioneller Schriftverkehr.

Beltz Verlag · Postfach 100154 · 69441 Weinheim

B0174

W BELTZ WEITERBILDUNG

Theo Gehm
Kommunikation im Beruf
Hintergründe, Hilfen, Strategien.
228 Seiten. Pappband.
ISBN 3-407-36329-X

»Theo Gehms Publikation ist gleichzeitig Ratgeber und Lehrbuch. (...) Der Band ist klar strukturiert und in kurze, auch einzeln konsultierbare Abschnitte unterteilt, die zusätzlich vertiefende Übungen anbieten. Das stark auf die Praxis ausgerichtete Buch kann allen Berufsleuten helfen, ihr kommunikatives Verhalten zu verbessern und ihre Gespräche bewußter zu führen.«
Der kleine Bund

»Theo Gehm versteht es, psychologische Theorien einfach und spannend darzustellen. Der Leser erhält auf diese Weise viel Hintergrundwissen und eine Reihe praktischer Anleitungen zur Gestaltung seiner eigenen Kommunikation im Beruf.«
Personalwirtschaft

Aus dem Inhalt:
Dissonanz und ihre Folgen; Zielorientierte Gesprächsvorbereitung; Kommunikationstechniken; Frageformen und ihr gezielter Einsatz; Öffnende Gesprächsführung und aktives Zuhören.

Gabriele Stöger
Besser im Team
Stärken erkennen und nutzen.
142 Seiten. 27 Abb. Pappband.
ISBN 3-407-36327-3

Lernen Sie sich und Ihr Team besser kennen. In diesem Buch wird eine Persönlichkeitstypologie entwickelt, die es erlaubt, Ihre eigenen Stärken und Schwächen sowie die Ihres Teams zu erkennen. Zahlreiche Fallbeispiele erleichtern die Umsetzung in die Praxis.
Damit Teams wirklich effektiv zusammenarbeiten, müssen sich die Teammitglieder optimal aufeinander einstellen können. Die unterschiedlichen Persönlichkeiten müssen mit ihren spezifischen Stärken voll zur Entfaltung kommen. Teamleader können über die angebotene Persönlichkeitstypologie ihre Teammitglieder sowie auch künftige Bewerber treffsicher einschätzen. Dies hilft ihnen die Ressourcen der Mitarbeiter zu nutzen, indem sie wissen, wen welche Aufgabe anspricht.

Aus dem Inhalt:
Woher kommt Ihr Ärger; Lernen Sie sich kennen; Fragebogen zur Analyse Ihres Persönlichkeitstyps; Die Persönlichkeitstypen; Lernen Sie Ihr Team kennen; Fallbeispiele.

Bodo G. Toelstede
Das Verhandlungskonzept
Hart in der Sache – menschlich im Dialog.
276 Seiten. 36 Abb. Pappband.
ISBN 3-407-36330-3

Verhandeln ist eine Fähigkeit, die jeder beherrschen sollte. Doch nur wenige Menschen haben das Verhandeln wirklich gelernt. Ein erfolgreiches Verhandeln auf der Basis der Gewinner-Gewinner-Strategie besteht aus Kommunikationsfertigkeiten und einer Verhandlungsmethodik, die alle Beteiligten zufrieden stellt.
Bodo G. Toelstede hat ein Verhandlungskonzept entwickelt, kurz »K.E.R.Z.E.« genannt, das als Wegweiser dient, um in Zukunft klüger und geschickter verhandeln zu können. Es ist verblüffend leicht anzuwenden und bringt mit Sicherheit Erfolg.

Aus dem Inhalt:
K.E.R.Z.E. – das Erfolgskonzept für Verhandlungen; K. – Kommunikationsebenen unterscheiden; E. – Erwartungen des Verhandlungspartners; R. – Reeller Nutzen und reale Vorteile für alle Beteiligten; Z. – Zweckmäßige, zielorientierte Alternative; E. – Entscheidung (Handlung), Ergebniskontrolle; Schwierige Verhandlungssituationen und -partner.

Michael Reddy
Mitarbeiter beraten
Kollegiale Hilfe zur Selbsthilfe.
197 Seiten. 22 Abb. Pappband.
ISBN 3-407-36328-1

Der Mensch ist der wichtigste Aktivposten eines Unternehmens. Erfolg und Misserfolg hängen davon ab, ob ein effektives und relativ zufriedenstellendes Arbeiten möglich ist. Unter diesen Gesichtspunkten kann Beratung als ein besonders kostengünstiges Mittel zur Verbesserung der Arbeitsleistung angesehen werden. Doch eine gute Beratung will gelernt sein.
Michael Reddy versteht darunter in erster Linie die Hilfe zur Selbsthilfe. Die Betroffenen sollen in die Lage versetzt werden, selbst die Lösung ihres Problems herbeizuführen.
Er beschreibt ausführlich die drei wichtigsten Phasen des Beratungsprozesses mit den dazugehörigen Fähigkeiten, Techniken und Einstellungen, die ein guter Berater haben sollte. Zahlreiche Beispiele aus der Praxis verdeutlichen die Ausführungen.

Aus dem Inhalt:
Was ist Beratung und wie wirkt sie? Die drei Phasen der Beratung; Die Beratungstechniken; Eigenschaften eines Beraters; Karriereberatung; Beratung und das Unternehmen.

Beltz Verlag · Postfach 100154 · 69441 Weinheim

WBELTZ WEITERBILDUNG

Paul Gamber
Ideen finden, Probleme lösen
Methoden, Tips und Übungen
für einzelne und Gruppen.
172 Seiten. 35 Abb. Broschiert.
ISBN 3-407-36323-0

Die Veränderungen in der Arbeitswelt und die zunehmende Verbreitung von Teamarbeit bringen es mit sich, dass immer mehr Menschen an der Lösung von komplexen Problemen in ihrem Arbeitsbereich aktiv mitwirken müssen.
In diesem Buch wird gezeigt, wie Probleme gezielt erkannt und Schritt für Schritt gelöst werden können. Oft ist die systematische Bearbeitung von Problemen schon der erste Schritt zur Lösung. Bewährte Methoden und Techniken werden ausführlich erläutert und der Prozeß des Problemlösens in fünf Schritten besonders praxisnah behandelt: Definieren, Ideen finden, Auswählen, Neudefinieren, Anwenden (D.I.A.N.A.). Dazu Tipps, wie Problemlösungen erfolgreich präsentiert werden können.

Aus dem Inhalt:
Was ist kreatives Problemlösen? »Denkblockaden« überwinden; Kreatives Arbeiten in der Gruppe; D.I.A.N.A. – fünf Schritte des Problemlösens.

Hermann Will
**Mini-Handbuch
Vortrag und Präsentation**
Für Ihren nächsten Auftritt
vor Publikum.
68 Seiten. Broschiert.
ISBN 3-407-36332-X

»An einen guten Vortrag erinnert man sich nicht immer, einen schlechten aber vergißt man nie!« Darum lohnt sich das Vorbereiten auf den Auftritt vor Publikum.

»Jeder der vorträgt, sollte zumindest dieses Minihandbuch einmal gelesen haben, es lohnt sich.« *Deutsche Apotheker Zeitung*

»Die Texte sind knapp und prägnant formuliert. Damit eignet es sich ganz besonders als Nachschlagewerk für Teilnehmer von Präsentationstechnik-Seminaren oder Rhetorikkursen. Es ist aber auch ideal als schnelle Auffrischung für alle diejenigen, die nicht ständig Vorträge halten müssen.« *Windmühle*

Aus dem Inhalt:
Nutzenorientierung: Was haben meine Zuhörer vom Vortrag? Der rote Faden: Vortragsgliederung; Aktivierung: Wie halte ich meine Zuhörer aufmerksam und aktiv? Sprache und Sprechweise: Bin ich verständlich?

Gudrun F. Wallenwein
Spiele: Der Punkt auf dem i
Kreative Übungen
zum Lernen mit Spaß.
252 Seiten. 28 Abb. Broschiert.
ISBN 3-407-36318-4

Viele Versuche wurden in den letzten Jahren unternommen, um herauszufinden, wie unser Gehirn funktioniert, wie es arbeitet und welche Bedingungen gute Ergebnisse fördern. Das »spielende Lernen« spielt dabei eine wichtige Rolle. Spielen kann uns lern- und aufnahmebereit machen, kann uns positiv öffnen, uns den Arbeits- und Lernstress nehmen. In diesem Buch hat Gudrun F. Wallenwein in eigenen Trainings erprobte Spiele und Übungen gesammelt, die in den unterschiedlichsten Situationen eingesetzt werden können.

»... eine gelungene Zusammenstellung für alle, die bereit sind, mit etwas Kreativität das Lernen mit dem Spaß zu verbinden.« *Handbuch für Personalentwicklung und Training*

Aus dem Inhalt:
Der Seminarbeginn; Spiele in und nach der Pause; Spiele am Ende eines Seminartages; Konzentrationsspiele; Lernspiele; Kommunikationsspiele; Kreativspiele; Entspannung.

Birgit B. Lehner
Selbstsicher handeln
Erfolgreich in Beruf und Alltag.
166 Seiten. Broschiert.
ISBN 3-407-36308-7

Strategien zur Konfliktbewältigung, Hinführung zum selbstbewußten Handeln in Berufs- und Alltagssituationen. Beispiele, Übungen und Fragebogen helfen den Lesern, innere Selbsicherheit so aufzubauen, dass sie souverän agieren können.

»Mit Hilfe vieler Bausteine und Übungen wird Leserinnen und Lesern selbstsicheres Verhalten, selbstbewußte Kommunikation sowie die Wahrnehmung und Diagnose von Konflikten nahegebracht.« *Erwachsenenbildung*

Aus dem Inhalt:
Merkmale selbstsicheren Verhaltens; Selbstbewusste Kommunikation; Gespräche selbstsicher führen; Wahrnehmung und Diagnose von Konflikten; Selbstsicheres Handeln in beruflichen Gesprächssituationen; Selbstsicher in Alltagssituationen; Weg in eine lebendige Partnerschaft.

Beltz Verlag · Postfach 100154 · 69441 Weinheim

B0176